经济社会统筹发展研究丛书

民族山区精准扶贫与片区发展问题调查研究：以湖北省为例

程　蹊　陈全功◎著

本书得到湖北省社科基金项目（2013166/2015181）、国家民族事务委员会民族问题研究后期资助项目（2016-GMH-009）支持，受中南民族大学学术团队和中国少数民族经济重点学科建设项目资助

科学出版社

北　京

内 容 简 介

"片区发展"与"精准扶贫"是新时期国家推动民族地区快速发展、同步小康建设两项工作的重大举措。本书以湖北省为例，反映地方政府推进两项工作中的成效、问题与困难，并提出相应政策措施、建议。全书由九章构成，包括湖北民族山区区域性贫困及代际传递现状、精准扶贫精准脱贫的关键性措施（精准识别、产业扶贫、电子商务扶贫、金融扶贫、健康和教育扶贫）考察，基层减贫政策资源分配、村组带头人建设，以及武陵山片区全面建成小康社会情况、片区资源配置和片区规划实施情况评估。

本书运用经济学、社会学、政治学、公共管理学等多学科基本理论阐释相关问题，具有一定学术价值；同时，反映湖北武陵山民族地区两项工作的最新情况，具有一定现实意义；可作为研究少数民族和民族地区经济社会发展的学者，以及政府部门领导干部的参阅资料。

图书在版编目（CIP）数据

民族山区精准扶贫与片区发展问题调查研究：以湖北省为例 / 程蹊，陈全功著. —北京：科学出版社，2018.1
（经济社会统筹发展研究丛书）
ISBN 978-7-03-055868-8

Ⅰ. ①民… Ⅱ. ①程… ②陈… Ⅲ. ①山区-少数民族-民族地区-扶贫-研究-湖北 Ⅳ. ①F127.63

中国版本图书馆 CIP 数据核字（2017）第 304843 号

责任编辑：徐 倩 / 责任校对：孙婷婷
责任印制：吴兆东 / 封面设计：无极书装

科 学 出 版 社 出版
北京东黄城根北街 16 号
邮政编码：100717
http://www.sciencep.com

北京建宏印刷有限公司 印刷
科学出版社发行 各地新华书店经销
*

2018 年 1 月第 一 版 开本：720×1000 B5
2018 年 1 月第一次印刷 印张：12 1/2
字数：244 000
定价：**86.00 元**
（如有印装质量问题，我社负责调换）

总　序

实现民族复兴的中国梦，是中华民族肩负的历史使命。所谓中华民族的复兴，就是毛泽东所说中华民族"有自立于世界民族之林的能力"①的体现。中国梦体现了中华民族的整体利益，是全国各族人民的共同理想。实现中国梦需要全国各族人民的共同努力。完成社会主义现代化的建设任务，则是对中华民族"有自立于世界民族之林的能力"的最好证明。不过，在辽阔的中华大地上，目前经济社会发展还不平衡，欠发达的地区主要分布在少数民族集中居住的民族地区。所以我们必须更加自觉地把统筹兼顾作为深入贯彻落实科学发展观的根本方法，统筹城乡发展、区域发展、经济社会发展、人与自然和谐发展、国内发展和对外开放，为实现民族复兴的中国梦铺就和谐相处的局面。

中南民族大学作为国家民族事务委员会直属的综合性高等院校，始终坚持"面向少数民族和民族地区，为少数民族和民族地区的经济与社会发展服务"的办学宗旨，始终立足于民族地区重要现实问题和迫切发展需求，创新民族理论、丰富学术研究、服务发展实际。学校地处湖北省武汉市光谷腹地，也承担着为地方经济与社会发展服务的任务。

长期以来，中南民族大学经济学院将经济学基本原理与方法运用于分析民族地区的经济问题和城市经济问题，为民族地区社会发展、区域经济发展服务。最近，他们又顺应时代要求，精心组织，稳步实施，编写完成了"经济社会统筹发展研究丛书"。该丛书陆续推出的论著，对当前民族地区和城市经济发展中的热点问题进行了深入研究，发现新问题、揭示新规律、总结新经验、探索新路径，为区域经济跨越式发展闯出新路子积极建言献策。与此同时，借此丛书，也可以展示经济学院研究成果，激发研究热情，活跃学术氛围。

民族地区的经济发展，关系到区域经济的协调发展，关系到国民经济和社会全局的战略性发展，关系到中华民族复兴目标的实现。这是时代赋予我们的庄严使命，希望经济学院再接再厉，坚持有所为，有所不为，人无我有，人有我优，

---

① 毛泽东：《毛泽东选集》第 1 卷，人民出版社 1991 年版，第 161 页。

人优我特的原则，把研究工作不断推向深入，为建设特色鲜明、人民更加满意的高水平民族大学做出更大的贡献！

李金林

中南民族大学校长、教授

2013 年 7 月 4 日

目　　录

第一章　民族山区区域性贫困及代际传递状况考察 ················· 1

　　第一节　区域性集中贫困的一般概况 ························· 1

　　第二节　湖北山区少数民族贫困代际传递现状调查 ············· 5

第二章　民族山区精准扶贫的主要措施与问题调查 ················ 25

　　第一节　精准扶贫精准脱贫的主要措施与工作亮点 ············ 25

　　第二节　精准扶贫精准脱贫工作中的主要问题 ··············· 33

　　第三节　推进精准扶贫精准脱贫工作的对策建议 ············· 48

第三章　民族山区产业扶贫开发的关键措施考察 ················· 55

　　第一节　民族山区主导产业的选择与转换 ··················· 55

　　第二节　民族山区电子商务扶贫实践 ······················· 63

　　第三节　宣恩县金融扶持特色产业发展调查 ················· 68

　　第四节　恩施市龙凤镇聚焦农业减贫的经验 ················· 71

第四章　民族山区健康与教育扶贫问题调查 ····················· 74

　　第一节　民族山区健康扶贫及现状考察 ····················· 74

　　第二节　民族山区教育扶贫及其效果调查 ··················· 81

第五章　民族山区减贫政策资源分配与村组带头人建设 ··········· 88

　　第一节　基层政策资源与利益分配问题 ····················· 88

　　第二节　资产收益扶贫与村级减贫政策资源的分配 ··········· 95

　　第三节　农民专业合作社与村组带头人的建设 ·············· 103

第六章　片区发展现状评估：以恩施州小康建设为例 ············ 108

　　第一节　湖北民族山区全面建成小康社会现状评估 ·········· 108

　　第二节　全面建成小康社会进程中的主要困难 ·············· 114

　　第三节　推进全面建成小康社会的对策思路 ················ 120

第七章　片区发展的资源及优化：以试验区为例 ················ 125

　　第一节　试验区建设中的两大资源配置机制 ················ 125

　　第二节　试验区经济资源配置现状 ························· 137

　　第三节　试验区资源配置中的主要问题及优化建议 ·········· 144

第八章　片区发展与精准扶贫协同推进：以武陵山片区为例·············· 152

　　第一节　武陵山片区规划实施总体概况 ·························· 152

　　第二节　国家片区规划实施效果考察 ···························· 159

　　第三节　片区规划实施过程中的困难与问题 ······················ 166

　　第四节　片区规划与精准扶贫协同推进的建议 ···················· 171

第九章　总结 ·· 177

　　第一节　民族山区推进两项工作中存在的困难和问题 ·············· 178

　　第二节　协同推进两项工作的对策建议 ························ 179

参考文献 ·· 181

附录 ·· 187

后记 ·· 193

目　录

第一章　民族山区区域性贫困及代际传递状况考察 …………………… 1

　第一节　区域性集中贫困的一般概况 ………………………………… 1

　第二节　湖北山区少数民族贫困代际传递现状调查 ………………… 5

第二章　民族山区精准扶贫的主要措施与问题调查 …………………… 25

　第一节　精准扶贫精准脱贫的主要措施与工作亮点 ………………… 25

　第二节　精准扶贫精准脱贫工作中的主要问题 ……………………… 33

　第三节　推进精准扶贫精准脱贫工作的对策建议 …………………… 48

第三章　民族山区产业扶贫开发的关键措施考察 ……………………… 55

　第一节　民族山区主导产业的选择与转换 …………………………… 55

　第二节　民族山区电子商务扶贫实践 ………………………………… 63

　第三节　宣恩县金融扶持特色产业发展调查 ………………………… 68

　第四节　恩施市龙凤镇聚焦农业减贫的经验 ………………………… 71

第四章　民族山区健康与教育扶贫问题调查 …………………………… 74

　第一节　民族山区健康扶贫及现状考察 ……………………………… 74

　第二节　民族山区教育扶贫及其效果调查 …………………………… 81

第五章　民族山区减贫政策资源分配与村组带头人建设 ……………… 88

　第一节　基层政策资源与利益分配问题 ……………………………… 88

　第二节　资产收益扶贫与村级减贫政策资源的分配 ………………… 95

　第三节　农民专业合作社与村组带头人的建设 ……………………… 103

第六章　片区发展现状评估：以恩施州小康建设为例 ………………… 108

　第一节　湖北民族山区全面建成小康社会现状评估 ………………… 108

　第二节　全面建成小康社会进程中的主要困难 ……………………… 114

　第三节　推进全面建成小康社会的对策思路 ………………………… 120

第七章　片区发展的资源及优化：以试验区为例 ……………………… 125

　第一节　试验区建设中的两大资源配置机制 ………………………… 125

　第二节　试验区经济资源配置现状 …………………………………… 137

　第三节　试验区资源配置中的主要问题及优化建议 ………………… 144

第八章 片区发展与精准扶贫协同推进：以武陵山片区为例················· 152

  第一节 武陵山片区规划实施总体概况 ·················· 152

  第二节 国家片区规划实施效果考察 ···················· 159

  第三节 片区规划实施过程中的困难与问题 ················ 166

  第四节 片区规划与精准扶贫协同推进的建议 ·············· 171

第九章 总结 ··· 177

  第一节 民族山区推进两项工作中存在的困难和问题·········· 178

  第二节 协同推进两项工作的对策建议 ·················· 179

参考文献 ··· 181

附录 ··· 187

后记 ··· 193

第一章 民族山区区域性贫困及代际传递状况考察

民族地区的减贫与发展一直是党中央和政府最关心的国家大事。习总书记一再强调，全面建成小康社会"最艰巨最繁重的任务在农村、特别是在贫困地区""一个民族都不能少""决不能让一个苏区老区掉队"；并就全国开展精准扶贫精准脱贫工作多次做出重要指示，如"要把扶贫攻坚抓紧抓准抓到位，坚持精准扶贫，倒排工期，算好明细账，决不让一个少数民族、一个地区掉队"。近年来，在中央政府的大力支持下，湖北民族地区①经济社会发展较快，人民群众生活有较大程度提高，但由于历史欠账太多，仍然存在大量贫困人口，减贫与发展任务相对较重。本章主要对湖北省民族地区的区域性贫困现状予以说明，对体现贫困深度的贫困代际传递状况进行调查研究。

第一节 区域性集中贫困的一般概况

一、湖北民族地区贫困现状

湖北民族地区包括一州两县②，以及分散全省山区的 12 个民族乡（镇）和 37 个民族村（街），主要聚居着土家族、苗族、侗族等少数民族，自治地方区域面积 2.95 万平方千米，约占全省总面积的六分之一，均属武陵山区，是中国中部、西部两个经济带的接合部。2014 年底，民族自治地方的 10 个县市有常住人口 389.1 万人，占全省总人口的 6.7%，总体特征是山大人稀，生产生活条件比较恶劣。

2014 年，恩施州地区人均生产总值 18463 元，农村居民人均可支配收入 7194 元，分别是全省平均水平的 39.2%、65.9%；长阳县的地区人均生产总值、农村居

---

① 我国少数民族人口主要集中在西南、西北、东北、中南地区，民族地区与山区的空间分布具有较高重叠性。从地形地貌看，除青藏高原、云贵高原、南疆荒漠、蒙古草原外，少数民族聚居区基本上为山区。目前，全国 14 个集中连片特困地区中除大别山、罗霄山、吕梁山外，其余 11 个均为民族地区；这些民族地区中，除南疆三地州、西藏外，9 个为民族山区。湖北民族地区所辖地域与湖北民族山区所覆盖地理区位完全相同，因此，本书中"湖北民族地区"与"湖北民族山区"概念所指区域相同。

② 一州两县是指恩施土家族苗族自治州（以下简称恩施州），宜昌市下辖的长阳土家族自治县（以下简称长阳县）、五峰土家族自治县（以下简称五峰县）。

民人均可支配收入分别是 28 473 元、7448 元，是全省平均水平的 60.4%、68.7%；五峰县的地区人均生产总值、农村居民人均可支配收入分别是 29 477 元、7164 元，分别是全省平均水平的 62.5%、66.0%。民族地区经济发展水平与全省平均水平相比还有一定差距（表 1-1）。

表 1-1　2014 年湖北民族地区主要经济发展指标

地区	地区人均生产总值/元	占全省平均水平比例/%	农村居民人均可支配收入/元	占全省平均水平比例/%
全省	47 144.6		10 849.1	
恩施州	18 463	39.2	7149	65.9
长阳县	28 473	60.4	7448	68.7
五峰县	29 477	62.5	7164	66.0

资料来源：《2015 湖北统计年鉴》

湖北民族地区[①]区域性贫困问题比较严重。民族自治地方的 10 个县市中有 9 个属国家扶贫开发工作重点县，6 个属省级重点县，全部是国家集中连片特困地区范围县市。2014 年，咸丰、巴东、鹤峰三县的贫困发生率排在全省前五位；除利川市、宣恩县外，其余 8 个县市的贫困发生率均排在全省 90 个县级行政单位的前 20 位之列（表 1-2）。

表 1-2　湖北民族地区贫困发生率及排位情况

县级单位	贫困发生率/%	排位
咸丰县	42.48	2
巴东县	41.40	3
鹤峰县	36.35	5
五峰县	34.19	9
建始县	29.94	16
来凤县	29.29	18
恩施市	28.20	19
长阳县	27.71	20
宣恩县	27.49	21
利川市	25.95	23

资料来源：湖北省扶贫开发办公室《2014 年湖北省扶贫开发建档立卡数据》（内部资料）

2014 年，湖北民族地区纳入贫困建档立卡的贫困户有 38.9 万户，贫困人口 123.88 万人，贫困发生率达到 31.16%，远超过全省 14.70%、全国 7.2% 的贫困发生率。其中，长阳县贫困人口 9.48 万人，贫困发生率 27.71%；五峰县贫困人口 6.32 万人，贫困发生率 34.19%；恩施州贫困人口 108.08 万人，贫困发生率 31.34%。

---

① 以下除特别说明外，湖北民族地区指一州两县共 10 个县市。

　　湖北民族地区 2783 个行政村中，792 个为重点贫困村，占到 28.46%。对比湖北省四个集中连片特困地区，民族地区的贫困村比例是最高的，而且贫困户规模、贫困人口规模远高于秦巴山区、大别山区和幕阜山区（表 1-3）。

表 1-3　湖北民族地区与省内其他片区贫困面比较

地区	贫困县总数/个	贫困村		贫困户		贫困人口	
		总数/个	占行政村比重/%	总户数/万户	占农户比重/%	总人数/万人	贫困发生率/%
全省合计	31	4821	19.15	191.51	18.29	580.69	14.70
四片区合计	31	2442	25.76	112.43	31.27	354.22	26.31
武陵山区	11	839	28.26	41.62	33.32	131.46	30.63
民族地区	10	792	28.46	38.90	34.10	123.88	31.16
长阳县	1	39	25.32	2.97	27.32	9.48	27.71
五峰县	1	24	24.74	2.14	36.15	6.32	34.19
恩施州	8	729	28.79	33.79	34.74	108.08	31.34
秦巴山区	8	510	24.58	28.42	40.38	88.32	33.51
大别山区	8	859	24.53	30.71	25.50	96.76	21.01
幕阜山区	4	234	25.08	11.68	26.68	37.69	19.53

　　资料来源：湖北省扶贫开发办公室《2014 年湖北省扶贫开发建档立卡数据》（内部资料）

　　注：湖北省武陵山区包括民族自治地方的一州两县（10 个县市）和秭归县，共 11 个县市；统计湖北民族地区数据时剔除秭归县，故与湖北省武陵山区数据不同

　　湖北民族地区贫困不仅面广规模大，而且程度深，存在较大比例的低保户、五保户，以及老龄贫困户。他们不具备生产创收能力，温饱问题还未得到有效解决，呈绝对贫困状态。这些家庭贫困持续时间长，呈长期贫困状态。据调查，贫困户中三分之一为长期贫困户，一般经历过三代以上的贫困，时间跨度达到八十多年（图 1-1、图 1-2）。

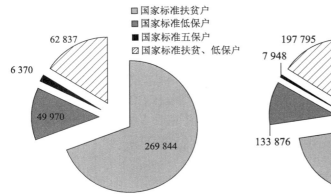

图 1-1　2014 年湖北民族地区贫困户构成
（单位：户）

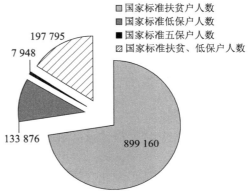

图 1-2　2014 年湖北民族地区贫困户人数构成
（单位：人）

湖北民族地区贫困户致贫原因复杂，既有因路、因水、因土地、因灾害等自然条件而贫困的，也有因劳动力、资金、技术等生产要素缺乏而贫困的，还有因病、因学、因残等外部因素而贫困的。很多贫困户陷入贫困的原因不是单一的，往往是多种原因造成的，呈复合性贫困特点。致贫原因前六位依次为：疾病、缺资金、缺技术、缺劳力、学业、残疾残障（图1-3）。

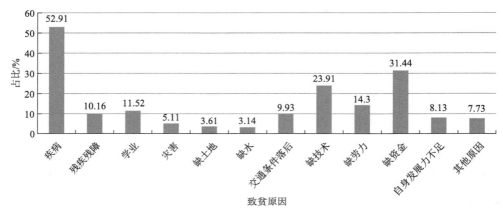

图 1-3　2014 年湖北民族地区贫困户致贫原因统计

湖北民族地区为病所困问题突出。2014 年在 123.88 万人贫困人口中，长期慢性病患者有 28.50 万人，占贫困总人口的 23.0%；患有大病的 9.52 万人，占 7.7%；残疾人 8950 多人，约占 0.7%，三者相加约共有 38.91 万人，占贫困人口的 31.4%，超过三成人因身体健康状况而贫困。

二、民族山区区域性贫困的特征

自然地理条件、历史文化和制度变迁等多方面因素，导致湖北民族山区贫困具有以下特征。

一是地理性强。在空间分布上，贫困人口分布在一个由主要山脉所形成的区域内，跨州跨县，呈集中连片状；而且，深度贫困群众基本上居住在最偏远的高寒山区、深山区。在形成原因上，最直接的致贫因素是恶劣的自然地理条件，民族山区大多是生态脆弱区和生态保护区，有的根本不适合人类生存。连片山区的地理特征，也决定了居住该区域的少数民族群众与外界连接不畅，相对封闭，贫困发生率高。

二是民族性浓。湖北武陵山区世代居住着少数民族群众，因而其贫困具有一定的群体性和民族性。如果按照民族人口占比匡算，片区内少数民族贫困群众接近 124 万人，远高于汉族人口的贫困发生比例。

三是程度深。与非少数民族、非山区人口相比，山区少数民族群众贫困程度要深得多，表现为：①贫困发生率高，贫困人口占本民族人口比例高；②贫困状况恶劣，有的还处于温饱边缘，是社会的最底层；③贫困代际传递现象明显，有些家庭世代贫困；④容易返贫，难以找到有效的、根本性的脱贫对策。

总之，湖北民族山区的贫困形势非常严峻，该地区既是国家也是全省扶贫攻坚的重点和难点所在，特别是地区内贫困代际传递现象严重，影响恶劣：①让部分少数民族群众和干部丧失信心，影响扶贫开发工作开展；②加大社会差距，造成社会不稳定；③损害各民族团结进步共同繁荣的利益。

第二节　湖北山区少数民族贫困代际传递现状调查

一、贫困代际传递现象及其研究情况

贫困代际传递（intergenerational transmission of poverty，IGT of poverty）是指贫困状况及导致贫困的因素，在家庭内部由父母传递给子女，使子女在成年后重复父母的境遇——继承父母的贫困和不利因素，形成多代贫困的恶性遗传。它是刻画深度贫困或长期贫困的最核心概念，这种贫困称为代际贫困。

（一）国外研究

贫困代际传递研究可追溯至 1953 年发展经济学家纳克斯（Ragnar Nurkse）在《不发达国家的资本形成》一书中提出的"贫困恶性循环"理论。此后，社会学家布劳（P. M. Blau）和邓肯（D. Duncan），人类学家刘易斯（Oscar Lewis），经济学家贝克尔（G. S. Becker）、托马斯（N. Tomers）和阿玛蒂亚·森（Amartya Sen）等从不同学科角度进行论述。他们认为"贫困陷阱"是由多种原因造成的，比较有影响的观点包括要素短缺论、贫困文化论、功能贫困论、社会排斥论和能力贫困论。这一时期，学术界并未区分"贫困陷阱"和"贫困代际传递"，未形成独立的、系统性的贫困代际传递理论。

20 世纪 90 年代，英国、美国等国的一些学者在大量田野调查基础上，对撒哈拉以南非洲、东南亚地区社会底层阶级的贫困代际传递问题进行了研究，取得了一些很有影响力的研究成果（Rodgers，1995；Aliber，2001；Harper et al.，2003；Moore，2004），从而掀起贫困代际传递研究的热潮。设在英国曼彻斯特大学的长期贫困研究中心（Chronic Poverty Research Centre，CPRC）聚集了一大批专家，将贫困代际传递列为该机构中心研究工作，设置网站、举办国际会议，发表了一系列研究成果。

国外的研究可概括为四个方面：一是研究框架，即研究代际传递什么、怎样传递和哪些因素会影响传递。专家们认为，贫困代际传递的内容或者影响因素包括金融、物质和环境资本、人力资本、社会文化政治资本（Bird，2005；Bird et al.，2011），既有家庭内因素（Peterman，2011），也有家庭外因素，如战争冲突、饥荒、政府治理失灵（Bird et al.，2011）。二是研究对象和研究区域，研究焦点是发展中国家的妇女和儿童（Behrman et al.，2010），对发达国家的研究侧重于对其应对政策的总结和借鉴（Jenkins and Siedler，2007；Grant et al.，2011）。三是探寻合适的研究方法，主要运用定量和定性结合（quantitative and qualitative，Q2）的研究方法，逐步侧重数量和微观数据的方法（Behrman，2006；Jenkins and Siedler，2007）。四是提出政策建议，发展型社会政策旨在提高贫困人口与家庭的发展能力、机会和权利（Hall and Midgley，2004），成为国际社会上制定减贫政策和行动方案的理论依据。

（二）国内研究

国内学者非常重视农村贫困问题研究，但是对更细化深入的贫困代际传递现象研究起步较晚，进入 21 世纪后才关注这一理论，如李晓明（2006）、张兵（2008）等介绍了贫困代际传递的概念、特征和国外研究情况。最近一些学者开始研究贫困代际传递的影响因素（陈文江和杨延娜，2010），并重点关注女性和儿童（朱玲，2008；韩春和陈元福，2011），提出通过教育、医疗保障、赡养模式的改革破解贫困代际传递（王瑾，2008）。总体上，国内研究还没有形成体系，也没有深入到家庭调查层面，仅仅从社会公平和社会流动角度进行探讨。

（三）研究评述

目前，国际上已经形成较系统的贫困代际传递理论，而国内仍停留在理论引入阶段，还没有结合我国国情进行深入调查研究。关于此论题，至少有三个方面值得关注。

一是要结合我国连片特困山区和少数民族群体进行研究。山区在中国版图中占据主体地位，它的面积占全国陆地领土面积的三分之二以上[①]，是贫困人口的集中地；而少数民族人口虽占全国人口比例不高，但贫困人口比例较高。新时期，少数民族山区是贫困的集中区，代际贫困问题比较严重。

二是要考虑贫困代际传递的地域性、民族性、制度性等特定因素。影响贫困代际传递的因素很多，但以上三个因素是山区少数民族贫困代际传递的典型内容

---

① 按照陈国阶等（2010）的界定，广义山地包括山地、高原、丘陵三种地形，非山地包括盆地和平原，前者占全国面积的 69.2%。

和影响因素。

三是要结合贫困代际传递的内在机理和外部条件提出长远性、根本性的阻断对策。目前，国内的扶贫开发政策带有"普适性""经济性"，在社会差距不断拉大、社会不公平因素增多的大环境下，这些政策对贫困代际传递的阻断作用有限。我们理解，阻断贫困代际传递是一项系统工程，要"多管齐下"，特别要突出个体能力建设，提供发展机会，保障参与权利。

但是，从目前的研究及实践来看，我们对湖北山区少数民族的贫困代际传递现象关注较少，也没有反思国家实施三十多年的扶贫开发政策为何难以解决贫困代际传递问题。当前，国家提出"到2020年全面建成小康社会""让广大人民群众共享改革发展成果""促进各民族共同繁荣发展"，湖北省也提出了相应的奋斗目标，因此，我们有必要进行深入的调查研究，找出解决贫困代际传递问题的对策。2009年、2010年和2013年，我们三次就此论题在武陵山区内长阳县、宣恩县展开实地调查，获得相应资料和数据，得到一些有意义的发现。

二、湖北山区少数民族贫困代际传递状况调查

（一）调查地基本情况

我们所调查的长阳县、宣恩县均位于少数民族山区，是国家扶贫开发工作重点县。长阳县地处鄂西南武陵山区，位于清江中下游，东连宜都市，西接恩施州巴东县，南抵五峰县，北邻秭归县和点军区。境内山脉呈东西走向，地势自西向东呈阶梯状逐级下降，土地面积3430平方千米。2010年末总人口40.61万人，其中乡村人口34.06万人，区域内土家族为世居少数民族，第六次全国人口普查长阳县以土家族为主的少数民族人口数为26.44万人，占全县总人口的65.1%。

宣恩县位于武陵山区，东接鹤峰县，西邻咸丰县，东北、西北及北部与恩施市相接，西南同来凤县毗连，东南与湖南龙山、桑植等县接壤。境内东南部、中部和西北部边缘，横亘着几条东北至西南走向的大山岭，土地面积2730平方千米，海拔在800米以上的山地面积占70%。2010年末总人口35.56万人，其中乡村人口27.88万人，境内有土家族、侗族、苗族等世居少数民族，少数民族占总人口的81.2%，有两个侗族民族乡。调研地全县农村贫困状况见表1-4。

表1-4　2010年调查地全县农村贫困状况

项目	长阳县	宣恩县
总人口/万人	40.61	35.56
乡村人口/万人	34.06	27.88
贫困人口/万人	16.80	12.09

续表

项目	长阳县	宣恩县
贫困发生率/%	49.32	43.36
农民人均纯收入/元	3610	3240
城乡收入比	3.28 : 1	3.33 : 1
农村居民恩格尔系数/%	41.5	49.9
农村低保人口/万人	2.93	2.58
农村低保人口占乡村人口比重/%	8.6	9.3

资料来源：长阳县扶贫开发办公室、统计局，宣恩县扶贫开发办公室、统计局相关资料

　　2009 年我们调查了长阳县资丘镇招徕河村，该村地处高山，地理位置偏远，距离镇两小时车程，是"整村推进"工作村。该村 4 组有 54 户农家共 220 人，均为土家族。按照贫困线新标准，54 户均为贫困户，贫困人口为 220 人；54 户中，三代同堂的有 29 户。2010 年和 2013 年我们调查了宣恩县万寨乡的伍家台村，长潭河侗族乡的猫子庄村、两河村，以及椿木营乡的长槽村、范家坪村等五个村，距离乡政府 2～3 小时车程。但这五个村目前发展状况出现分化：伍家台村、长槽村、范家坪村有特色产业（茶叶、高山蔬菜、烟叶种植业），因而贫困状况不甚严重；猫子庄村和两河村则贫困人口较多，是"整村推进"工作村。

　　调查长阳县和宣恩县 42 户样本农户的贫困状况见表 1-5。

表 1-5　调查样本农户的贫困状况

村庄	农户/户	人口/人	贫困户/户	贫困人口/人	民族
招徕河村 4 组	5	29	5	29	土家族
猫子庄村 6 组	12	78	12	78	侗族
两河村 2 组	10	66	3	22	侗族
伍家台村 3 组	8	52	1	3	土家族
长槽村 1 组	1	5	无	无	汉族
范家坪村 3 组	6	38	无	无	土家族

（二）山区少数民族贫困代际传递的现状

1. 一般概况

1）调查样本贫困代际传递现状

　　据调查，长阳和宣恩两县六个村在 20 世纪 80 年代前均是贫困村，贫困人口较多，温饱问题难以解决。随着经济社会发展，六个村均发生了一些变化：①交

通道路条件有所改善，由原来的泥泞山路到目前的毛坯土路或硬化水泥路通向村委会所在地；②居住条件有一定变化，部分农户从砖土瓦屋、茅草屋到两层水泥楼房或小木楼；③生产条件有所变化，由纯劳力到小型机械耕作；④创收方式多样化，不再以种植、养殖为主，打工者增多。因而，六个村的贫困状况也有所改善，大部分群众的温饱问题已经得到解决，少数贫困群众也有政府的低保政策保证温饱，处于转化提升阶段。

但是，如果与东部地区或其他发达地区横向比较，或者用"全面建成小康社会"目标衡量，长阳县和宣恩县的贫困问题仍然比较严重，这六个调查村仍然都属于贫困村。特别是在42户样本农户中，2013年前纳入建档立卡的贫困户有35户，比例高达83.3%；2015年经过"精准识别"后有21户为贫困户，比例为50%。这些贫困农户是典型的长期贫困户，贫困持续的时间长，从20世纪80年代国家开始扶贫到如今，前后三十余年；如果追溯历史，他们的贫困持续时间更长，长达六七十年，两三代人都处于贫困之中。猫子庄村6组12户少数民族群众，因为道路不通无法运送建筑材料，居住在树皮盖的木楼中，生活条件异常艰苦。

访谈发现，山区少数民族贫困代际传递现象非常普遍。两县42户样本户反映在1949年前父辈均是贫困家庭，到自己这一代有所变化：2000年前处于贫困的有41户，2013年前仍然贫困的有35户，2015年认定为贫困户的有21户。

2）山区少数民族贫困代际传递的规模和比例

调查发现，山区少数民族群众发生贫困代际传递的比例非常高。目前仍然处于贫困状态的农户，基本上都是世代贫困，代际传递的比例高达80%以上。在受访的猫子庄村6组100%贫困户承认其上代也是贫困户。这一比例比王海港（2005）研究的我国农村家庭贫困代际传递比例要高得多[①]。我们的调查印证了贫困动态学中关于贫困代际传递具有地域性特征的结论。那些没有发生代际传递、目前处于贫困的农户，由于家庭发生了较大变故，如重大疾病、遭受较大自然灾害，因病因灾返贫。据有关部门统计，我国各地返贫率平均达到15%左右，最高达20%（陈端计等，2006），武陵山区恩施州的各县市农村的返贫率平均达到15%，偏远村落达到20%左右（谭贤楚，2012）。按照恩施州扶贫开发办公室统计，该州基本上每年返贫人口在20万人以上，返贫率超过15%。因此，我们用80%的比例来估算2010年山区少数民族的贫困代际传递状况：长阳县有13.4万人、宣恩县有9.7万人，湖北武陵山区有157.2万人。

2. 典型案例

由于缺乏历史统计资料，我们以口述史方法，访谈户主家族史，共调查 42

---

① 王海港（2005）研究发现，我国农村家庭贫困的代际传递比例在38%左右。

户农户，其中 1 户为汉族家庭，已经脱贫，其余 41 户少数民族家庭中有 6 户已经脱贫。这 42 户均发生过贫困的代际传递情形，选取覃某军、秦某松两户为例。

1）覃某军家族贫困史

覃某军家户主覃某军 47 周岁，妻子覃某娥 43 周岁，儿子 23 岁未成家，外加父母 2 人，均超过 65 岁。按照农村分家约定，父亲由覃某军赡养，母亲由覃某军大哥赡养但居住在覃某军家，是三代同堂户。覃某军家在 2004 年、2007 年贫困建档立卡中均被评定为贫困户，因此 5 人均统计为贫困人口。按照新贫困标准，覃某军家目前仍为贫困户，属长期贫困户。覃某军家族贫困情况见图 1-4。

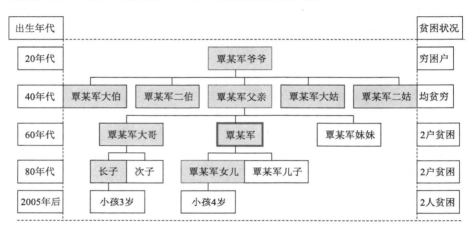

图 1-4　覃某军家族的贫困变迁情况

阴影表示该户为贫困户，加粗表示该户为样本户

就覃某军来说，从其出生时家境贫寒到 20 世纪 80 年代成家及子女出生，家庭状况一直不好；如今，"上有老、下有小"情况更不容乐观，家庭并没有摆脱贫困境况。以他个人来看，贫困伴随至今已有四十多年。

追溯覃某军家族情况，更说明了贫困的代际传递现象。覃某军爷爷辈于 20 世纪 20 年代出生，为地主家打工，后生育覃某军父亲等子女五人，在 50 年代家庭划为"贫农"成分。60 年代，覃某军兄妹三人出生，家庭仍然贫困。三人中，妹妹后来出嫁到外地，没有确切的统计数据，据介绍其家境较富裕，脱离贫困；大哥仍在农村务农，养育两个儿子，长子已成家生子，均为贫困户。覃某军女儿读完初中后就近出嫁成家，生育小孩一人，据介绍家境也不好，属于贫困户；儿子从职业技术学院毕业后就外出打工，户口仍然落在农村，故仍统计为贫困人口。因此，覃某军家族爷爷、父亲、自己、孩子，四代贫困，时间长达八十多年，人口多达 16 人，为典型的长期贫困家族。

覃某军家族有一个家庭已经摆脱了贫困，即覃某军妹妹，外嫁他地及其他原因而没有陷入长期贫困。还有两人短期内可能摆脱贫困，其儿子和小侄子（大哥次子）均在外地工厂和建筑工地打工，有一定的手艺和技术，收入来源为工资性收入，每年均超过一万元。只是由于农村贫困人口统计以户为单位，此两人仍被统计为贫困人口，实则为脱贫人口。

2）秦某松家族贫困史

秦某松家是四代同堂户。与覃某军家类似，其祖辈也是贫困户，到秦某松父亲一代，男丁有两个留活，但其叔叔为聋哑人未成家，靠父亲供养。秦某松一代有三人，其大姐出嫁当地，家庭情况到如今仍然为贫困；妹妹出嫁到外地，据说家庭较好，已经脱离贫困。秦某松生育两个儿子，均已经成家。大儿子家有 4 口人，为贫困户；二儿子与父母、爷爷辈生活在一起，养育 3 个孩子，全家共 10 口人，为贫困户。也就是说，秦某松家族自父亲、自己到儿子这三代，均贫困；如果加上目前秦某松的 5 个孙子辈小孩，贫困状况就延续了四代；前后也是历经六十多年，无法脱贫。秦某松家族贫困情况见图 1-5。

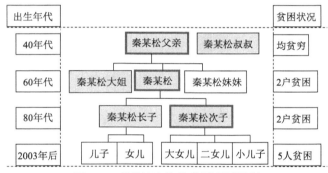

图 1-5　秦某松家族的贫困变迁情况

阴影表示该户为贫困户，加粗表示该户为样本户

秦某松家族贫困的一个重要原因是人口多，且有一个聋哑残疾人，家庭负担比较重。而且秦某松家族中有知识、懂技术的劳动力较少，创收能力有限。加上为两个孩子操办婚事，直接导致欠债较多，脱贫难度增大。

（三）山区少数民族贫困代际传递的方式、特征

1. 传递的方式

调查发现，山区少数民族群众贫困代际传递的主要方式或者内容有以下三个方面。

1）传统创收方式的传递

从创收方式来看，山区少数民族群众主要以种植和养殖获得收入。据历史统计资料，1957～1975 年，农业收入占总收入的 77.2%，个别年份达到 98%；农民

人均总收入 72.4 元、纯收入 42.6 元，几乎 100%来自农业生产①。改革开放后，农民创收方式逐渐丰富，但仍然以农业种植、林业采伐采集、畜禽养殖为主。少数民族群众习惯于守着几分水田和林地，种植水稻、玉米、土豆、红薯，养几头猪和几只鸡，日出而作、日落而息，过着简单的农耕生活。

过去，山区少数民族农户的孩子很少走出大山，父母一辈的生产生活方式经耳濡目染传递给他们，他们也习惯于通过农业生产来获得收入，解决温饱问题。调查发现，大多数贫困农户的生存状况与其祖辈和父辈比起来没有太大的变化。越是贫困家庭，其创收方式越单一，以农业种植和牲畜养殖为主。在生产成本不断上升、工农产品价格倒挂的今天，依靠这种创收方式就难以逃脱贫困命运。如图 1-6 所示，湖北山区农民家庭收入中占主要的仍然是经营性收入（农业生产）。

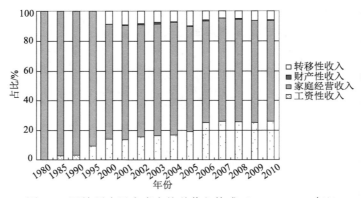

图 1-6　恩施州农民家庭人均总收入构成（1980～2010 年）

近年，随着"打工经济"推广，山区少数民族群众开始走出大山，外出务工，在一定程度上缓解了家庭贫困状况，但仍未从根本上阻断贫困的代际传递。这是因为少数民族群众务工收入并不高，其收入很大一部分要用作下一代的教育支出，另一部分用于家庭建设，如盖房子。这样，打工所得基本所剩无几。而且，务工人员达到一定的年龄后，或者由于长期的体力劳动身体无法承受高负荷的工作时，他们只能返回家中继续务农，形成"青年外出—中年盖房—老年回家"的基本模式。新生代农民工并没有改变自己和家庭的贫困状况，贫困代际传递仍在继续。

2）传统观念的传递

调查发现，贫困会通过出生养育、思想观念等途径传递给下一代。

首先是生育观念的传递。在山区，绝大部分少数民族群众认为家庭孩子越多

越好，哪怕再穷，也要多生孩子，而且以男孩为大。以调查样本户猫子庄村6组彭某新户为例，他一共有八个兄弟，自己排行老六，至今还有两个兄弟未婚，均是贫困人口。彭某新婚后单独立户，生育两男一女，都在上小学，至今家庭贫困。而彭某新的父母、大哥一家四口、老七、老八一家三口总共10人仍然居住在一栋简易木楼中，居住条件相当恶劣。在猫子庄村，20～35岁的成年人基本上都有四个以上的兄弟姐妹，他们的祖辈和父辈一般都有六个左右的兄弟姐妹。多养孩子、养男孩，这一传统生育观念不断传递，既导致人口增加，也导致孩子一出生就面临着贫困的生活，贫困也就传递给下一代。

其次是教育观念的传递。调查发现，山区少数民族群众对教育和培训的看法与其他地区、非贫困户不同，他们普遍认为读书的用处不大，能识几个字就行，没有太大兴趣和能力供孩子们读书；对学手艺、技术，一方面缺乏资金，另一方面觉得是徒劳，还不如在家安安心心种地，因而很少送孩子去培训。这一教育观念不断强化和传递，导致"读书无用论"在山区少数民族群众中相当流行，很多小孩初中未毕业或者毕业后就回家务农或者打工，劳动力素质普遍不高，家庭贫困在所难免。宣恩县2013年上半年贫困人口的文化程度见图1-7。

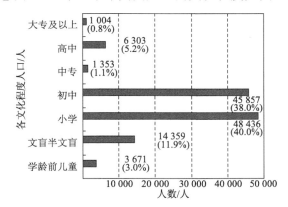

图1-7 2013年上半年宣恩县贫困人口文化程度统计
括号内为该文化程度人数占比

教育观念的传递，导致贫困人口受教育程度较低。在图1-7中，小学和初中文化程度人口数、占比均较大，文盲半文盲的人数比中专、高中及以上水平的人的总和还要多。这些文化程度低的劳动力，在农业种植结构调整中无所适从，外出打工只能从事报酬最少、体力劳动强度最大的工作，而且经常被解雇；因而，这些贫困人口创收能力有限，难以摆脱贫困命运。

3）有限资源的传递

Moore（2005）和 Bird（2005）曾总结代际传递的内容包括金融、物质、环境资本，人力资本，以及社会、文化和政治资本。我们在调查中发现，山区少数民族贫困群众代际传递的内容中，财产类的大多是房屋、土地、家畜等，货币价值比较低，将近三分之一的农户还反映继承了父辈的债务。至于父辈的人力资本（如身体条件、技能知识）、社会文化资本（如人际关系、价值观、贫困文化）等内容基本上都传递下来，没有多大变化，从而使得贫困一代传递一代，向上流动的机会和概率非常小。

以调查样本中的覃某军和秦某松两户为例。据他们介绍，自己成家时（20世纪80年代中期），由上代传递下来的物质财产极少，反而还有沉重的债务和负担；可以说，一成家即让整个家庭陷入贫困之中，徒增一人贫困人口。待他们的子女长大成家（21世纪初），他们能给子女的也非常少：女儿出嫁仅给彩电、衣柜等嫁妆及彩礼，价值也就两万元左右；儿子结婚成家时分一点房屋、田地和生产工具，还附带张罗婚事所欠下的债务1万~2万元。可以说，传递给后代的物质和金融财产极少，不足以帮助他们摆脱贫困。两个贫困家庭的代际传递情况见表1-6。

表1-6　两个代表性贫困家庭的代际传递情况

代际传递的内容	覃某军家		秦某松家	
物质及金融财产	土屋4间		土屋2间	
	耕地2亩、林地10亩		耕地2亩、林地4亩	
	生猪1头、耕牛1头，部分生产工具		部分生产工具	
	结婚债务1000元		结婚债务1000多元	
人力及社会资本	小学毕业，老亲戚		初中未毕业，老亲戚	
文化资本	土家族风俗		土家族风俗	
代际传递的内容	女儿	儿子（与父母住）	大儿	二儿（同住）
物质及金融财产	嫁妆及彩礼价值2万元	1座楼房	1间平房	4间平房
		耕地5亩、林地25亩	耕地2亩、林地3亩	耕地4.5亩、林地7亩
		生猪2头		生猪2头、耕牛1头
		盖房子债务2万元	结婚债务1.5万元	结婚债务2万元
		爷爷、奶奶、父母的赡养负担	需赡养2人	需赡养3人
人力及社会资本	初中毕业	大专毕业，外地打工	初中毕业，外地打工	初中毕业，泥瓦工
	夫家亲戚	无其他社会关系	老家亲戚、妻家亲戚	老家亲戚、妻家亲戚
文化资本	土家族风俗	土家族风俗	土家族风俗	土家族风俗
家庭贫困状况	贫困	贫困，5人	贫困，4人	贫困，10人

注：1亩≈0.067公顷

父母是否将一些较高的人力资本和社会资本传递给下一代呢？调查发现，这些家庭由于贫困和见识问题，很少能帮助孩子通过接受较高层次教育、社会交往关系而走出农村、走出贫困。大部分贫困家庭父母视"将孩子拉扯长大、身体没有大的疾病、接受义务教育"为抚养责任，帮助孩子成婚成家为最终目标。因此，父母年轻时处于什么状况，其孩子成家时也基本处于什么状况，人力资本和社会资本没有多大变化，无益于其后代脱贫。

2. 传递的特征

1）双向性

山区少数民族的贫困代际传递与代际支持并存。一方面，上代向下一代传递：父母→子女的传递。贫困的父母为了一家人的生存，不得不减少对孩子健康、教育等方面的资金支出。由于没有接受文化教育，也没有机会接受技术培训，子女别无选择，只能依靠种地谋生，继承了导致祖辈和父辈贫困的一切不利条件和因素，贫困传递下来。另一方面，子女一代要赡养扶助父母：子女→父母的支持。"养儿防老"观念在山区少数民族农户中生根发芽，代代相传，已成社会伦理要求。调查中发现，农村社会养老保险制度虽已在山区推行，但由于所保金额有限，群众要想生活得衣食无忧还得依靠子女的赡养。如果子女这一代仍然没有摆脱贫困，其传递路径将加入"子女→父母"过程，子女贫困导致了父母的持续贫困或再度陷入贫困。

2）综合性

少数民族贫困代际传递不仅是指物质财产的继承，还包括身体健康状况、思想观念、生产生活方式、人际关系的传承，即物质、人力、社会三种资本的传递，是多种综合要素的传递。山区少数民族农户，父母一代传递给子女一代的三种资本相当有限，对子女摆脱贫困的帮助不太大。相反，一些比较落后的思想观念，如生育观念、教育观念，以及封闭保守的意识，被传递给下一代，反而有害于脱贫。

3）负面性

贫困状况从上一代传递到下一代，必然会对个人、家庭、社会产生极大的负面影响。对个人来说，长期的贫困会使人失去斗志。对家庭来说，长期的贫困使家庭不得不减少对孩子健康、教育的投入以维持基本的温饱支出，这将对整个家庭持续性增收带来负面影响。对社会来说，大量贫困者的存在和代代延续，必将给社会稳定带来隐患并增加社会负担，其后果无疑是负面性的。

贫困代际传递的双向性、综合性、负面性决定了阻断其传递任务的艰巨性。要阻断山区少数民族长期的贫困代际传递，既需要政府相关政策的扶持又需要当地群众自己的努力。

三、山区少数民族贫困代际传递的影响因素

贫困在代际传递，从根本上说是由其内在机制决定的。在山区少数民族社会，存在着一套家庭伦理和民族文化传统所形成的准则、规则、信念和实践，左右着不同层次家庭和不同层次社会之间的相互关系。具体说，它包括两个方面。一是家庭伦理关系中，父母提供给子女基本生活所需、教育，帮助其自力更生，传承其剩余财产；子女将来对父母进行赡养、扶助，决定着父母老年时的生活状况。二是少数民族的风俗习惯规定。大多数少数民族文化强调父母对子女、子女对父母的双边义务。在这两个带有"代际合约"（intergenerational contract）性质的经济伦理准则共同作用下，代际传递和代际支持得以运行，贫困可能在代际传递。

调查发现，贫困在代际传递，还取决于一些外部因素，如自然地理条件、人文素质、减贫产业和示范带头人等方面。

（一）自然地理条件恶劣

山区少数民族群众所处的地理位置和自然条件都比较恶劣。他们大多居住生活在偏离中心城镇的深山区、石山区、高寒区、库区、牧区、边境区，存在着常见的"四差"：一是交通条件差，基本上不通公路；二是居住环境差，土屋茅屋、人畜混居；三是饮水质量差，常年饮用高氟缺碘水；四是抗御自然灾害能力差，农业生产基本上是"望天收"，因灾返贫情况严重。恶劣的自然地理条件不仅导致父母一代贫困，并使得下一代出生后就受到制约，继承父代所遭遇的不利因素，从而继承了父代的贫困境遇。

湖北武陵山区的道路交通网络尚未形成，存在县际公路未连通、公路等级偏低等问题，截至 2016 年，有五个县未通高速公路，三个县未通国道，六个县未通铁路；未通沥青（水泥）路的行政村 1330 个，占行政村总数的 44%，不通公路的自然村占村总数的 30.6%。此外，修筑质量差、级别低，养护管理跟不上，导致抗灾能力弱，很多道路经不起自然灾害的侵袭，遇到暴雨或泥石流便路断车阻、交通中断，人员及货物进出困难；农村群众购买生活用品、生产资料和销售农产品，主要还是依靠肩挑背驮。

以调查样本猫子庄村为例，该村位于宣恩县长潭河侗族乡集镇东部 40 千米，距县城 80 千米，海拔 1800 多米；全村面积 13 平方千米，辖七个村民小组，共 143 户、555 人，人口密度为 42 人/千米^2。该村现有耕地面积 1449 亩，其中水田 313 亩，旱地 1136 亩；有效灌溉面积 250 亩，人均耕地 2.6 亩。该村 2012 年人均纯收入 2058 元，现有贫困人口 80 户、310 人，约占猫子庄村总人口的 56%。该村贫困户基本上都是世代贫困。村民普遍反映不通公路、出行不便，导致居住条件差、收

入低；而且，子孙后代不得不忍受如此恶劣条件。2012 年，猫子庄村村民自发筹钱劈山开路，但是由于资金有限，目前还只是沙石路，下雨天仍然不方便通行。

湖北民族山区的饮水问题也相当突出，导致居民身体健康状况欠佳。据统计，湖北武陵山区饮水不安全人口达 174.96 万人，占乡村总人口的 39.6%（湖北省扶贫开发办公室，2012）。宣恩县还有 75% 以上的组、自然村落没有解决安全饮水；63% 以上的村、集镇的饮水条件得不到有效保障。调查样本村中的猫子庄村，至今村民用竹筒从高山处引泉水至家中，并没有完善的管道设施，给村民用水带来了困难，致使人畜饮水紧张，30% 以上农户季节性缺水。

调查发现，湖北山区少数民族贫困状况分布呈现出"县城—远郊区—偏远区"特征，贫困人口的比例随着与县城的距离加大而逐步增大，越是偏远的地方贫困比例越高，长期贫困人口比例越高，贫困代际传递的概率和比例也越高。这"三高"说明了恶劣自然地理条件已成为贫困决定因素。可以说，自然地理条件就是一种资本——与物质财产资本、人力资本、社会资本相提并论的地理资本（geographic capital），它把多种差异集合在空间地理位置之中。例如，经济社会发展中的教育、卫生、社会保障、政治等在城乡之间、贫富人群之间的各种差别，均浓缩在地理资本概念之中。地理位置偏远，集合多种差异而成的地理资本也就越低；反之，地理资本越高。而且，这一资本是不容易改变的，它会转化为经济、政治方面因素，进而在贫困的发生过程、传递过程中占决定性和统治性地位（表 1-7）。

表 1-7　偏远山区的劣势与主要衡量指标

劣势	主要衡量指标
偏远与隔离 （位置劣势）	村庄到基础设施（如公路、卫生服务等）的距离，教育的可获得性（包括到学校距离、成本）
贫乏的农业生态与恶劣的气候条件 （生态劣势）	土地的可利用性和质量，雨量线及其变化性（特别是在灌溉农业为主的地方）
脆弱的经济整合 （经济劣势）	与市场的连通性（包括自然连通，如到最近农资市场的距离；人为连通，如财政、进入市场的机会成本）
缺乏政治性优惠 （政治劣势）	与执政党发展思路相反的地区，或者被认为低投资回报的地区

资料来源：根据 Burke 和 Jayne（2008）、Bird 等（2007）和 CPRC（2005）相关内容整理

（二）人文素质薄弱

人文素质因素是人力资本的具体体现，包括人的习俗、性格、文化素养、思想意识、教育水平等方面。山区少数民族群众人文素质薄弱，不利于脱贫，成为贫困代际传递的深层次因素。

1. 文化贫困

文化贫困既包括了教育和科学技术的落后，也包括了价值观念、体制机制、发展战略、知识创新的落后等。深度的文化贫困使得贫困人口与社会主流文化相脱节。尤其是边远的少数民族山区，由于与外界隔离，与社会主流文化脱节，在各个方面都落后于当代经济社会发展，进而影响到自身的生存和发展，逐渐地形成了一种宿命感，由此构成恶性循环。

以调查样本长潭河侗族乡猫子庄村6组和两河村2组为例。猫子庄村6组贫困农户普遍表现为听天由命、安于现状。他们把贫困归咎于命运，面对贫困无所作为、无可奈何，逐渐形成了一种惰性；同时，他们对外来文化有着本能的排斥。因而，贫困农户普遍形成"靠山吃山"观念，不愿走出大山去外面闯，一味地坐等救济、坐吃救济、吃光用光救济再要救济。这种文化贫困致使贫困状况一代又一代地传递下去。

对比而言，两河村2组农户们虽然居住在更加偏远的深山，但他们并不甘于贫困的生活，更不愿将自己的贫困状况传递给下一代，这种信念推动着他们不断地走出去，向外界学习，并寻找脱贫致富的方法。该组10户家庭都有子女外出打工，与外界有了更深的接触，学到了外部先进的知识和技术，不但使得他们的思想观念更加地贴近社会，同时也使得他们的子女受到了更好的教育。2012年，该组村民自行筹资，自愿出劳动力，劈山填壑，修通了长达六千米的山石公路。如今，该小组村民热情高涨，普遍相信他们的下一代不会再贫困。

2. 教育成本大

教育是社会实现向上流动的重要途径。民众一旦没有机会接受教育，或者接受较低层次的教育，就会在激烈的社会竞争中被淘汰，难以摆脱原来的窘况。

调查发现，湖北山区少数民族群众的教育水平低，受教育机会少。这主要表现在学校分布不合理，教师数量不足、老龄化。以猫子庄村为例，该村小学与周边的大龙村、卧龙村合并成一个小学后，仅办一至三年级；高年级孩子必须到长潭河侗族乡政府所在地上学。这样，该村适龄儿童都需要走两三小时山路上学；高年级小学生住读，至少需要一位家长租房陪读，接受教育的成本大大增加。因此，有些贫困家庭不得不让孩子辍学。

山区教师数量不足，教师难以留住。目前宣恩县农村小学、初中和高中教师数量都不足，所差的教师主要由特岗计划的支教生顶替，少数聘请了临时代课教师。但是由于地处边远少数民族贫困地区，生活环境恶劣，工资水平偏低，很多聘请来的教师和"三支一扶"的教师都不会留太久。而且，乡村教师老龄化严重，素质教育难以推行。据统计，2011年全县小学专任教师1072人，50岁以上466人，占总数的43.5%，而有的农村小学教师全部是50岁以上的教师。教师老龄化，教师与学生之间难免产生隔阂、缺乏交流，教育质量难以提高。

山区孩子接受高质量教育的机会少、成本大，会引发家长对教育的误解。本来那些贫困家庭的父母，因家庭条件差、兄弟姐妹多，很早就辍学；而到现在境况没有太大变化，加之学校资源配置不合理、教育质量与城市存在很大的差距，因此他们不会让孩子得到更高层次的教育，这必然导致下一代文化水平低，加大了贫困代际传递的概率。因此，要斩断边远山区少数民族贫困代际传递的链条，改善教育势在必行。

（三）减贫产业难形成

产业是创收之本。山区农民要脱贫致富，必须寻找到合适的产业；产业不合理，不仅导致本代人贫困，还为后代埋下隐患，后代也会因此而贫困。

湖北少数民族山区的产业结构不优，工业反哺农业能力不足。武陵山区工业发展起步晚，工业化水平低，2010 年三次产业结构比为 29.7∶30∶40.3，工业增加值占地区生产总值的比重为 30%。与全省 13.6∶49.1∶37.3 相比，第一产业高出 16.1 个百分点，第二产业低 19.1 个百分点。工业基础薄弱，没有骨干产业支撑，缺少龙头企业带动，工业对农业的拉动作用不强，为农村剩余劳动力转移创造的就业机会不多，实现以工促农、工业反哺农业的能力十分有限（湖北省扶贫开发办公室，2012）。

以调查样本中的两个村为例。一个是宣恩县万寨乡伍家台村，该村 20 世纪 90 年代之前是有名的贫困村，受访的 3 组 8 户少数民族农户均表示以前是贫困家庭，存在贫困代际传递情形。在 90 年代中期，该村利用"伍家台贡茶"历史品牌，大力发展茶叶种植；并在企业引导、政府支持下，迅速成为创收的主导产业。2012 年，该村实现茶叶种植全覆盖，人均 1.8 亩；全村总收入 3444.81 万元，人均纯收入 5224 元。现有茶叶加工企业 32 家，其中规模以上两家，产值过 5000 万元的企业一家。企业与产业的壮大，辐射带动了该村乃至乡内外十多个村的茶叶基地扩张，并使得外出劳动力回流。村企常年容纳该村 130 名劳动力就业，月收入 3000 多元，并依托企业培训基地培养了大批的种植、采摘、生产、管理、营销等技术能手。据介绍，伍家台村民人均纯收入已突破万元大关，真正实现全面建成小康社会的目标，彻底改变了该村贫困代际传递的历史。

另一个是长潭河侗族乡猫子庄村。该村位处高山，耕地稀少，居住分散，没有形成什么特色产业，农民创收无门。农户们主要以种植玉米、水稻为收入来源，由于土地贫瘠、产量较低，仅能实现自给自足。村民们也曾学习其他村寨，尝试着种植烟叶，试图以烟叶种植作为扶贫产业进行开发。但是由于土地成分不同，不适合种植烟叶，最终以失败告终。主导产业的缺乏，使得村民收入单薄，生产生活条件无法得到改善，贫困在多代间传递。

湖北民族山区如何脱贫致富？说一千道一万，最终还是要靠强有力的产业带动。万寨乡伍家台村与长潭河侗族乡猫子庄村就是很好的对比，扶贫产业的缺乏、现有扶贫产业创收不持久，也是贫困代际传递的重要因素之一。因此，如何帮助山区贫困农户找到合适产业，是基层政府扶贫开发工作的重点。

（四）示范带头人缺乏

摆脱贫困离不开外界的帮扶，离不开示范带头人的作用。山区少数民族如果有能人能够为大家着想，愿意出力出资，就会带动村民，鼓足干劲、不断尝试，最终可能实现脱贫致富；如果没有一个能人带领，大家彼此情况类似都比较贫困，就会丧失信心，贫困面貌难以改变。我国政府实施了多年的扶贫开发政策，为什么山区仍然存在如此大规模的贫困人口，并且贫困在代际传递？其原因之一是这些政策没有得到有效执行和落实，政策资源被浪费或被个别人捕获。因此，山区示范带头人对摆脱贫困代际传递非常重要。

以长潭河侗族乡两河村为例。该村村主任张某是一位热心、有头脑、肯干事的干部。2011年以前，他都在外地打工，见识了"大世面"，也有一定积蓄；后被村民推选为村主任后，担负起示范带头人的角色，带领2组居民修建住房，申报"特色民居示范基地"；他号召村民办"农家乐"、种花种树，准备走"乡村旅游"的发展道路。他还整合各种扶贫资金，改善饮水条件和农田水利，安装主引供水管，解决了村民的饮水问题和农田灌溉问题。如今，2组居民基本上实现脱贫，世代贫困得以阻断。在他的带领下，大山深处的3组和4组村民自发组织，沿大峡谷劈山开路近6千米，为村民出入带来了方便，降低了运输成本；并种植烟叶100亩，高效经济林500亩，贫困户开始有了较稳定的收入。

调查中，村民们普遍感谢政府出台了多项有利于农民的支持政策，但反映这些政策很多没有得到有效落实。某些村干部利用其职权，侵吞扶贫资金，胡乱分配，导致真正的贫困户没有得到帮扶。可以说，越是偏远贫困山区，越需要能干、公平的村干部将有限的扶贫资源合理配置，帮助那些真正的贫困户走出世代贫困窘况。

总之，造成山区少数民族贫困代际传递的因素是多重的，这些因素相互影响、相互作用，导致这一地区和群体的贫困更加复杂与深重。因此，要阻断山区少数民族贫困的代际传递，必须充分考虑这些因素，根据实际情况找出合适的解决方法。

四、阻断山区少数民族贫困代际传递的对策

（一）加大基础设施建设的投入力度

湖北山区少数民族贫困之所以会形成，乃至在代际传递，很大一部分原因为

所处的地理位置偏远，地理资本薄弱。因此，要加大投入，继续做好基础设施建设工作。

一是加快村组公路建设，缩短村民外出时间。目前，武陵山贫困地区很多村组仍处于未通公路或者仅通沙石路的状态。根据亚洲开发银行的研究，在中国，公路投资每增加 1 万元就可以让 3.2 人贫困人口摆脱困境（亚洲开发银行，2004）。按此计算，如果湖北武陵山区每年增加 1000 万元公路投资，就会有 3200 人脱贫。为此，湖北各级政府应加大对武陵山区村组的公路投资，加快推进水泥路入村入组工程，切实解决村民出行难的问题，用公路带动当地乡村经济发展，使贫困代际传递问题得以解决。

二是加强乡镇卫生院改扩建，增强其提供预防保健和基本医疗服务等公共卫生服务的能力。让村民的看病就医得到基本的保障，在治疗现有病症的同时预防可能性疾病。同时应加大对村民的卫生教育宣传力度，让村民充分了解花小钱、省大钱的疾病预防道理，降低村民因病返贫的可能。

三是加大武陵山地区农村教育文化基础设施建设力度。大力实施武陵山地区农村中小学危房改造、武陵山地区农村寄宿制学校建设和武陵山地区农村中小学现代远程教育工程。从教育方面提高阻断贫困代际传递的可能性，让子代在教育上得到相应保障的同时为家庭减轻负担。

（二）加强教育培训工作

调查中发现，文化教育和职业技能培训对阻断贫困代际传递非常重要。一些已经摆脱世代贫困的农户，其共同的特征是接受过良好的教育或者职业技能培训。由于生活所迫，一些贫困家庭的青年不得不外出打工，其间学习了机械操作、茶叶种植、牲畜养殖等专业技能，并通过运用这些职业技能取得了一定的收入；在积累一些资本后，他们选择了回乡进行投资，将已学到的职业技能与山区特色相结合，形成特色产业，并借此脱贫致富。而且，已经摆脱贫困代际传递的村民思想上比较开放，认识到只有通过自身的努力及学习专业技能才可以真正脱贫致富。因此，要对山区少数民族贫困农户进行教育培训，引导其奋发图强，以自身力量解决贫困代际传递问题。

一是加大对山区少数民族贫困儿童基础教育的投资，为他们完成九年义务教育、接受职业技能培训提供条件和便利。目前，湖北武陵山区仍有大量学校无法解决住宿问题，许多中小学生上学要走较远的山路。同时，受生源数量限制，在村组开设中小学会造成教育资源重复。因此，我们建议：①对离学校 5000 米以上的学生应按当地的标准给予适当的中餐补贴和交通补贴，鼓励学校提供营养餐，保证学生的身体成长需求；②在中心村镇兴修一所小学和初中住宿制校区，减免贫困家庭孩子的住宿费，让偏远山区的儿童完成九年义务教育。

二是加大对务工人员职业技能培训的投入，从而提高贫困人口技能。湖北武陵山区很多贫困家庭的子女外出打工时并未接受过任何职业技能培训，造成他们找工作困难及工作收入水平偏低。因此，基层政府每年要对外出打工人员进行调查统计，了解其急需学习的技术，安排统一的职业技能培训。同时，上级部门要加大对职业技术学校和学生的补贴，提供先进的教学设备，聘用优秀的专业教师，提高职业技能培训质量。

三是对仍在家乡务农人员进行思想引导，让其自发寻找脱贫致富之路。当前，部分山区少数民族贫困户由于长期受到政府的扶持，靠领救济金过日子，形成了"等靠要"的懒惰思想。因此，要做好宣传工作，树立榜样，让村民从自身出发，不等不靠，充分发挥主观能动性，从而从根本上解决贫困的代际传递问题。

（三）强化村镇干部队伍建设

村级领导作为最基层的政府代表对阻断贫困代际传递起着至关重要的作用。如果村干部踏实肯干，有想法、有作为，甘为群众服务，将带领贫困群众走出贫困陷阱；如果村干部作风浮夸，不肯想办法、找路子为村民解决问题，将会对贫困代际传递起着强化作用。因此，构建合格的村干部队伍，发挥领路人作用，将有助于山区的贫困代际传递问题的解决。

一是要充分发扬民主，让村民自由选举有才能的人作为村干部。乡镇有关部门要提前摸底，了解每个山村内有哪些敢想敢做、能干务实、作风正派的村民，有哪些外出打工、学习了技术的能手，进而提名进行村委会选举。充分发扬民主精神，会使当地贫困代际传递问题尚未得到解决的村民选举他们最认可的"能人"为村干部，带领大家摆脱长期贫困。

二是建立有效的考核机制，奖励先进、惩罚落后。调查中，部分村民反映一些已解决贫困代际传递的"能人"并不想回村任干部，因为他们认为村里当前没有公正的干部评判标准，优秀村干部讨不到任何好处，干好干坏一个样。因此，政府应该出台相应的赏罚措施，以帮助多少人摆脱贫困为标准考核村干部。这样，一方面可以留住人才，使其带领村民脱贫致富；另一方面，对不作为干部进行惩罚，增强其作为村干部的责任感。

三是切实加强监督工作，让有限的扶贫资金落到实处。县市级政府要经过细致的调查和回访，严格审批村镇所上报的扶贫项目，不定期检查项目资金的分配情况，以保证扶贫资源在基层得到公正配置。我们建议：①县级政府办公室、审计局要选派一名专职人员定期到村入户回访，了解扶贫资金使用情况；②每组公推一名年长村民，负责各级扶贫资源及分配情况的查询工作；③设立专门举报信箱，对村干部进行监督。

（四）帮助发展合适产业

产业是阻断贫困代际传递的抓手。但是，如何选择一个合适的产业，并搭建和经营好相关的后续销售网络，是困扰湖北山区发展的一个难题。

当前，一些山区政府领导在扶贫开发过程中，不考虑当地实际情况，拍脑袋、越俎代庖为贫困村选择产业和开发项目。例如，湖北武陵山区某县为一个"二高山"①村规划了种植木瓜的产业项目，要求农户大面积种植。一时间，该村开山伐木，忙得热火朝天。但最后事与愿违，该地土质不适合种植木瓜，并且销路没打通，又没有配套的产品加工企业，造成农户极大损失。农户们再也不相信政府，又砍掉木瓜树，重新种植玉米。

山区有独特的气候和自然条件，因此，政府要帮助贫困村庄发展产业，首先，要结合当地资源，考虑实际，选择合适的产业，做好合理规划。宣恩县的伍家台村和范家坪村是产业扶贫的成功典范。通过"伍家台贡茶"、高山蔬菜、烟叶的种植，并搭建相关的产业链条，这两个贫困村产生了巨大的产业收入，当地居民找到了脱贫致富的有效途径，从根本上解决了务农不赚钱、打工赚不够的长期贫困现象。

其次，要利用好林地资源，为经济发展和摆脱贫困寻找新路径。湖北武陵山区农用田地分为农耕田和林地两部分，那些贫困山区的农户往往只寄希望于依靠农耕田脱贫致富，显然这条路十分艰难。下一步要加大对现有资源的利用率，利用好已有林地资源，种植林果木、观赏木、药材等，开发新的致富路径。

（五）推行发展型综合政策

20 世纪 90 年代以来，欧美一些发达国家为解决贫困问题，实施了一系列新的发展政策，从经济领域延伸到社会领域、文化领域、政治领域，政策目标从个人福利服务转为通过提升个人能力、减少不公平和歧视来推进机会公平，通过推进特殊群众的参与来促进个人的参与能力。其在政策内容和操作上，改变了再分配这种单一机制，将劳工政策（如最低工资）、促进就业政策（如小额信贷和公共财政）、税收政策等纳入其中。在这种政策体系中，经济政策和社会政策是整合的，很难对二者做出泾渭分明的区分（张秀兰和徐月宾，2007）。这种发展型综合政策对阻断山区少数民族贫困代际传递有较强的借鉴意义。

一是要突破单纯的经济扶贫思维，构建立体的、多层次的发展型减贫政策体系。在这一政策体系中，要包括环境改善、福利保障、能力提高、机会获得和权利保障等五类政策；实施以能力提高、机会平等为核心的帮扶措施。

---

① 为当地俗称，指海拔 800～1200 米的高山。

二是减贫政策的瞄准对象要提前和集中。具体来说：①不再以地区为减贫的瞄准对象，不以"整村推进"为抓手，而是瞄准那些贫困家庭和个体，特别是妇女儿童；②加大对儿童营养改善、早期开发和教育的补贴，为妇女提供非农就业机会，为妇女健康提供保障；③对世代贫困户进行重点扶持，将年龄超过 50 周岁的人口均纳入低保范围，减轻家庭养老负担。

三是要开辟让穷人说话的渠道，保障其相应权益，让他们参与到减贫行动之中。具体是：①要建立世代贫困农户资料卡，对其家庭状况进行追踪调查和统计；②要安排专人倾听贫困农户意见，识别真正的贫困人口，落实具体的帮扶政策；③让贫困农户自愿选择产业项目，自主创新、自主努力，切实提供公平发展机会。

总之，贫困代际传递现象在湖北山区少数民族村庄中大量存在。就规模和比例来看，世代贫困人口大约超过 150 万人，当前仍然处于贫困的家庭 80%是世代贫困户。就传递方式看，主要是通过生产生活、生育养育、资源继承、风俗习惯传统和观念意识的潜移默化。就传递的内容来说，不仅有物质财产，还有人力资本、社会政治资本，特别是所处的地理位置资本；上代将贫困状况和贫困资源传承给下一代，使得下一代在起点上就开始出现贫困。

山区少数民族贫困代际传递之所以发生，是由其家庭伦理关系、民族文化传统所形成的类似契约性质的规则、准则、机制所决定的，同时受到自然地理条件、人文素质、主导产业、政府帮扶等外部因素的影响。因此，我们要关注两个方面：一是贫困农户的起始状态和起始条件，二是少数民族和山区这两个特殊的外部作用。第一个方面是决定要素，它决定了贫困是否会在代际传递。少数民族群众处于赤贫状态，100%决定了其后代会发生贫困，因为父母长辈根本没有什么财产、资产和资本传递给后代，为后代创造更优越的脱贫条件。第二个方面是制约和影响要素，因为少数民族的家庭伦理和民族文化两个契约将会驱动着上代贫困状态传递到下代，使得贫困代际传递仅在内部循环；又因为山区的地理因素会将所要传递的内容维持在既定范围内，形成一种维持力量（maintainer），使得贫困传递过程中不会增加新的内容，失去了突破代际贫困的机会和条件。

因此，要阻断贫困代际传递，就要打破其维持力量。一是可以从地理环境改善入手，加大对基础设施建设的投入，修路架桥，改变山区弱势，破除地理因素禁锢。二是可以从能力提升入手，加强教育培训工作，关注妇女儿童，改变"起始条件"。三是可以构建综合性发展政策，帮助贫困农户选择合适产业，提高社会福利，公平分享扶贫资源。

第二章　民族山区精准扶贫的主要措施与问题调查

2014 年开展精准扶贫精准脱贫工作以来，湖北民族地区一州两县的扶贫工作得到空前重视，一系列扶贫政策措施得以实施，区域贫困状况有所减缓。在推进此项工作过程中，也暴露出诸如政策措施不精准、体制机制不顺畅、地方操作不规范、社会参与不积极等问题。特别是为加快民族地区按期"脱贫摘帽"，湖北省委、省政府根据上级精神出台了一些新的政策措施，但在与县乡和村级基层组织扶贫工作的衔接上还存在一定困难。本章根据调查①中干群反映的新情况新问题，提出相应的对策建议。

第一节　精准扶贫精准脱贫的主要措施与工作亮点

一、精准扶贫精准脱贫的主要措施

自 2014 年始，湖北民族地区各县市把精准扶贫精准脱贫工作作为地方政府工作的重点，提高认识，积极行动，努力探索，稳妥有序地推进该项工作的开展。综合整个片区情况，各县市均在 2014 年底初步完成了贫困对象的精准识别工作；目前正积极部署和落实驻村帮扶工作进入精准扶持环节，产业、教育、社会保障等扶贫脱贫措施有序推进，处于落实精准扶贫各项政策和措施的关键阶段。

（一）贫困精准识别和建档立卡

精准识别贫困对象是精准扶贫的前提。一直以来，我国扶贫部门对贫困对象的识别比较粗糙。2011～2013 年，全国采取的方式是按年人均 2300 元不变价格的贫困线来识别贫困人口，由村里上报具体扶贫对象。这样，整体上大致知道有多少贫困人口，但对每一个对象的致贫原因、自身条件、脱贫意愿等信息都无从得知，很难制定相应脱贫策略，扶贫效果不明显。2013 年我国政府曾尝试将农村最低生活保障线和扶贫线相结合的"两项制度"有效衔接进行试点。实践表明，它对识别极端贫困人口有一定效果，但是对普通贫困人口识别不出来，同时也因

---

① 本次调查为 2016 年 5 月湖北省人民代表大会民族宗教侨务外事委员会组织开展，调查地点为长阳县、五峰县、宣恩县、鹤峰县、利川市、恩施市等。

程序比较烦琐，涉及部门较多，操作性不是很强。2014 年开始的精准扶贫工作首先就是要通过有效、合规的程序，把贫困居民识别出来，然后为之建档立卡、规范管理，以免做糊涂账，之后才能有效地进行后续扶持工作。

国务院扶贫开发领导小组办公室（以下简称国务院扶贫办）印发的《建立精准扶贫工作机制实施方案》对精准识别的要求是：通过申请评议、公示公告、抽检核查、信息录入等步骤，将贫困户和贫困村有效识别出来，并建档立卡。湖北民族地区各县市按照上级要求，学习毕节"四看"识别法①，通过驻村工作队和村干部努力，把本地贫困对象确定出来。在这一过程中，各县市探索了具有推广价值的识别措施。

1. 长阳县和鹤峰县高位推动调研识别

长阳县级主要领导亲自带队，县、乡、村三级干部 5000 余人夜宿农户，脚量万家，对全县 10 万余户、31 万多人的个人信息、家庭情况、经济状况进行全面调查，重点核查。在学习毕节经验的基础上，提出"四看四算"方法（看房屋算家当、看产业算后劲、看劳力算收入、看医教算支出）识别贫困对象。2015 年 7 月上旬，县委领导深入都镇湾镇璞岭村开展调研，撰写的《璞岭村调查》得到湖北省委、宜昌市委主要领导的充分肯定，省委办公厅印发该调查报告供全省各地学习借鉴。

类似长阳县高位推动调研的还有鹤峰县，该县党政领导带头到乡镇、到村到户调查研究，带头联系帮扶贫困村和贫困户，把识别与帮扶工作结合起来，起到了很好的效果。调研中该县下坪乡上村群众反映，村干部和驻村工作队逐一与村内贫困群众交流，了解农户家庭人口、耕地面积、经济收入、劳动力就业、受教育程度、邻里关系、致富产业、发展愿望等基本情况，掌握各项惠民补贴、惠农贷款的落实情况，摸清贫困对象的家底。这样，他们不仅识别出贫困对象，弄清楚规模范围，还把致贫原因、扶贫方向初步确定下来，工作效率大大提高。

2. 恩施市瞄准特殊困难对象

湖北民族地区的贫困分层特征比较明显。因此，可以将不同贫困群体识别出来。恩施市主要做法是将特殊贫困群众识别出来。2014 年 4 月 22 日，《恩施州瞄准特殊困难对象实施精准扶贫实施方案（试行）》出炉，决定按照农业人口 3.5%（约 12.34 万人）的总规模识别认定特殊困难对象，建立与生活困难保障"兜底线"逐步相适应的生活困难保障机制。此后，恩施市按照"瞄准特困对象，实行兜底

---

① 毕节在扶贫工作实践中探索总结出"四看"识别法："一看房"——通过看农户的居住条件和生活环境，估算其贫困程度；"二看粮"——通过看农户的土地情况和生产条件，估算其农业收入和食品开支；"三看劳动力强不强"——通过看农户的劳动力状况、劳动技能掌握状况和有无病残人口，估算其务工收入和医疗支出；"四看家中有没有读书郎"——通过看农户受教育程度和在校生现状等，估算其发展潜力和教育支出。

保障，开展精准扶贫，同步建成小康"的思路，在全州率先开展针对农村特殊困难对象的精准扶贫工作。恩施市龙凤镇制订《龙凤镇综合扶贫改革试点定向（精准）扶贫实施方案》，要求按照"分类指导、精准扶贫、梯次推进、特困先行"的工作要求，结合扶贫开发与社会保障有效衔接机制，瞄准对象，开展定向的精准扶贫。

建档立卡是对贫困对象精准识别的阶段性、可视性成果。通过建档立卡数据，可以清晰了解贫困对象的基本情况，以及贫困对象的变动。因此，将贫困对象识别出来后进行台账管理是精准扶贫的重要一环。国务院扶贫办《建立精准扶贫工作机制实施方案》要求，将贫困户和贫困村识别出来后建档立卡，将相关数据录入电脑，全国联网运行。湖北民族地区各县市准确识别贫困对象和致贫原因，并将相关资料建档立卡，录入国家"扶贫开发建档立卡信息采集系统"，且于2015年底完成此项工作。有些县市已经将辖区内贫困户相关信息公开，上网即可查询了解该区域内贫困村、贫困户、贫困人口的有关资料。调研发现，各贫困村及乡镇以上扶贫部门基本上做到户有表、村有簿、乡有册、县有档，构建扶贫攻坚数据库，为精准扶贫精准脱贫提供决策依据。

（二）大力抓好驻村帮扶和精准管理工作

2015年，湖北民族地区各县市工作重点转向精准扶持、精准管理和精准考核的环节。在推动精准扶持工作中，主抓两个方面：一是驻村帮扶，搞好扶贫"滴灌"管道；二是针对不同贫困原因实施不同帮扶措施，即实施"五个一批"扶持措施。其中，驻村帮扶工作已经于2015年6月底全部完成，针对不同原因实施不同帮扶的"五个一批"措施正大力实施。

1. 建制村和贫困户帮扶全覆盖

干部驻村帮扶是提高扶贫有效性和针对性的重要举措。2013年底，中共中央办公厅、国务院办公厅印发《关于创新机制扎实推进农村扶贫开发工作的意见》，把健全干部驻村帮扶机制作为六项工作机制创新之一，要求在各省（自治区、直辖市）现有工作基础上，普遍建立驻村工作队（组）制度，确保每个贫困村都有驻村工作队，每个贫困户都有帮扶负责人。湖北民族地区各县市把同步驻村工作队作为精准扶贫的"管道"，向每一个建制村派驻了驻村工作队，对每个贫困户都安排帮扶责任人，实现了对贫困村、贫困人口的全覆盖。例如，恩施州全州共组建738个工作队开展驻村帮扶，组织5.4万名干部参与结对帮扶，确保全州729个贫困村都有驻村工作队，每个有贫困户的建制村至少有一个定点联系单位，每个贫困户都有帮扶责任人，做到"不脱贫不脱钩"、工作队不撤出。长阳县统筹安排行政机关、事业单位、人民团体、企业和村组干部、龙头企业、专业合作社等广泛参与，在全县 154 个建制村全部安排驻村工作队，实现扶贫工作力量的全覆盖。

2. 同步落实精准管理和考核工作

精准扶贫是一项综合扶持工程，需要综合管理的理念和标准。在力抓驻村帮扶工作的同时，湖北民族地区各县市同步抓好扶贫的精准管理和精准考核工作，以此来实现精准扶贫的责任性、透明性和保障性。

精准管理主要有两项任务：一是对扶贫对象进行全方位、全过程的监测，实现动态管理；二是落实国家有关扶贫资金运用、扶贫项目管理等方面的要求。实践中，民族地区各县市通过建立强有力的组织体系，实行分工负责制，将扶贫脱贫的重点环节进行有效管理。其中，扶贫部门承担了精准管理的主体工作。地市级、县级扶贫开发办公室把建档立卡工作作为扶贫对象管理的主要抓手，把项目库管理作为扶贫资金管理的主要内容，努力将各项工作做到规范化、透明化。

精准考核主要是对精准识别、帮扶和管理，以及扶贫工作情况进行量化考核，保证各项扶贫政策落到实处。实践中，各地相继出台了详细的地方考核办法，建立了相应的绩效考核体系和约束机制，将精准扶贫精准脱贫工作逐步落实。2015年 8 月，湖北省委组织部、省扶贫开发办公室联合下发《湖北省贫困县党政领导班子和领导干部经济社会发展实绩考核评价办法》，2015～2020 年，对全省 37个贫困县的党委、政府领导班子和主要领导进行年度评价考核，主要考核"扶贫政绩"。考核内容包括经济社会发展和精准扶贫两方面，总分值为 100 分，经济社会发展考核仅占 30%的权重，精准扶贫占 70%的权重。扶贫方面的考核内容由"扶贫成效""基本生产生活条件、公共服务改善和产业发展""资金投入和管理""扶贫开发主体责任落实""约束条件"五个指标组成。湖北恩施州、宜昌市均出台具体的考核细则。例如，恩施州 2015 年 5 月制定出台《恩施州县市党政领导班子和领导干部精准扶贫目标责任考评办法》、《恩施州州直单位精准扶贫目标责任考评办法》和《恩施州乡镇（街道办事处）精准扶贫暨经济社会发展绩效综合考评办法》三个考评办法将贫困村、贫困户的减少作为重要考核标准。考核办法就是一个指挥棒，指引着全省民族地区现阶段精准扶贫工作有序、有效地开展。

（三）根据不同致贫原因实施不同扶持措施

精确扶持，是精准扶贫的关键，是片区扶贫和区域发展的最重要落实途径。因此，在贫困对象被识别出来以后，就要相应地针对扶贫对象的贫困情况确定责任人和帮扶措施，确保帮扶效果。从目前湖北民族地区来看，贫困县、贫困村、贫困户三级贫困对象的精准扶持措施和方法还在不断探索之中，总体上是坚持了习近平总书记强调的"实事求是，因地制宜，分类指导，精准扶贫"的工作方针；实施"五个一批"措施，即发展生产脱贫一批、易地搬迁脱贫一批、生态补偿脱贫一批、发展教育脱贫一批、社会保障兜底一批，实现贫困人口精准脱贫。

1. 为因病致贫户搭建医保低保救助平台

湖北民族地区致贫原因排在第一位是疾病，大病、慢性病患者家庭约占贫困户的三成。这种贫困是实实在在的特殊性贫困，是最低层次、最难脱贫的贫困，必须依靠基本公共服务和社会保障来帮扶，将这些贫困户纳入低保范围，享受政府的低保救助；同时对大病、慢性病患者进行医疗救助，提高医疗费用报销比例、提供医疗卫生服务。

湖北民族地区各县市在精准识别这些贫困户的基础上，由扶贫开发办公室和民政局、卫生与计划生育局、残疾人联合会、财政局等部门联合，制定针对性帮扶政策，进行精准帮扶。例如，恩施市龙凤镇 2015 年针对因病、因残致贫的特殊贫困对象，采取政府兜底的方式，量身定制救助措施，保障其最基本生活。主要措施是：①提高最低生活保障标准，将一类低保对象①由原每人每月 133 元提高到 200 元，二类低保对象由原每人每月 70 元提高到 110 元，并新纳入低保政策范围 99 户、242 人；②对大病医疗救助外个人负担的部分实行二次补助，已累计发放二次补助资金 140 万元，涉及贫困人口 280 人；③实行福利院、养老院救助，对通过帮扶无法解决其生存的特殊人口，在其自愿的前提下，安排其入住福利院或养老院，共建成保障性住房 368 套，福利院安置 52 户，解决 200 户无房特困户住房难题②。

2. 为因居住环境恶劣致贫农户实施移民搬迁

湖北民族地区的地理环境比较复杂，既山高林密、耕地少，又是喀斯特地貌，奇山异石多、水土保持难，加上气候多变、山洪冰雪等灾害频发，总体上生产条件较差、生活成本较大，有些地方根本不适宜生存。居住环境恶劣成为该地区贫困发生率较高的一个重要原因。很多贫困户，并不是因为懒惰、病痛、无劳动力等而贫困，而是因为居住在偏远山区，难以找到一个持续增收的产业，以及农产品难以运输出山变卖创收。针对这种居住环境恶劣致贫的农户，精准扶贫的措施是帮助他们从高山深山中搬迁出来，摆脱地理空间制约，进而找到一个合适的持续增收产业，彻底告别贫困。

从 2015 年 12 月开始，湖北民族地区各县市按照国务院、国家发展和改革委

---

① 恩施市民政局确定：一类低保对象是那些未享受五保待遇、无劳动能力且生活特别困难的鳏寡孤独家庭成员；二类低保对象是家庭主要成员痴呆傻残、无劳动能力且子女未成年、生活特别困难的家庭成员；三类低保对象是因灾、因病及其他原因导致家庭主要成员死亡或丧失劳动能力、生活困难的家庭成员。

② 据该县精准扶贫建档立卡数据，2014 年底该镇 5200 户、1.7 万贫困人口中有五保户 170 户、180 人，低保户 531 户、1500 人。

员会的要求，大力实施"易地扶贫搬迁"工程。工程主要采取集中安置和分散安置的方式，对"一方水土养不活一方人"的贫困户实行移民搬迁。其中，恩施州计划用三年时间将州内 5.4 万户、16.96 万人贫困人口，因地制宜实施移民安置；长阳县拟三年搬迁 4455 户、13 544 人，五峰县三年搬迁 2819 户、8717 人[①]。民族地区各县市按照上级要求，按年度分解任务，力争三年完成移民搬迁任务。

3. 扶持因创收渠道狭窄贫困农户发展特色产业

湖北民族地区的农民群众长期以小农生产为业，创收渠道比较单一，因而陷入贫困的概率比较大。调研中看到，这些贫困户主要以小规模农业种植为主，兼养少量禽畜，农闲时打点儿零工。在农业税减免情况下，这种生产方式可以帮助他们解决温饱问题，但仍然难以脱贫。对有劳动力、勤劳的贫困农户来说，帮助他们找到一种合适的、持续创收的产业是最好的扶贫措施。湖北民族地区各级政府结合地方资源，帮助他们发展特色种养业、农产品加工业和手工业、旅游业。目前，整个片区主要扶持的特色种植业有茶、烟、药材、水果、蔬菜的生产；扶持的特色养殖业有猪、鸡等的饲养；农产品加工主要围绕山区的特色产品，如茶叶、腊肉、莼菜、蜂蜜等。目前，取得一批较有成效的产业扶贫模式，如长阳县火烧坪乡的蔬菜种植，五峰县长乐坪镇和采花乡、宣恩县万寨乡的茶叶种植，利川市苏马荡和恩施市沐抚镇的旅游及度假模式，等等。

产业扶贫，不仅能促进本地经济社会发展，也能实实在在地帮助贫困户脱贫致富。例如，恩施市围绕"鄂西生态文化旅游圈"战略部署，把旅游扶贫作为扶贫开发的重要路径，探索实施"龙头景区带动型""乡村旅游拉动型""产城融合撬动型""综合改革推动型"等旅游扶贫模式，以旅游全域化、全域旅游化，推动扶贫攻坚与市域经济发展。五峰县 24 个"整村推进"工作村的茶叶、烟叶、林果、药材等产业基地面积达到 3 万亩，带动了 5665 户贫困户增收，拓宽了产业扶贫渠道。到 2015 年底，24 个贫困村农民人均纯收入达到 4337 元，比实施前增加 954 元，高于全县农民人均纯收入增长幅度。八个重点贫困村的贫困户人均纯收入增长都在 800 元以上[②]。

4. 为因无技术贫困户进行培训扶贫

在贫困精准识别过程中发现，有相当一部分贫困户是因无技术而贫困。特别是在当前农业结构调整中，一些农户因为缺技术新的品种不敢种养，病灾害也无法防治，农业产值较低。针对这一类贫困户，湖北民族地区把技能培训作为"发

[①] 恩施州、长阳县数据为 2016 年湖北省人民代表大会调研时地方扶贫开发办公室汇报的实际数据，与省定规模有差别。

[②] 《三峡日报》，2016 年 5 月 30 日，宜昌精准扶贫案例：宁可拼命刨 绝不等靠要 五峰勠力同心激情决战贫困，第一版。

展教育脱贫一批"的一个抓手,大力开展农业科学技术培训,提高农民素质,以此帮助他们脱贫致富。

技能培训一直得到各级政府支持。2015年9月,湖北省委通过《中共湖北省委湖北省人民政府关于全力推进精准扶贫精准脱贫的决定》,提出通过加大技能培训力度、创业培训力度、人才支持力度,全力推进贫困农户自主能力建设。其中,提高"雨露计划"技能培训补贴标准,简化补贴对象认定程序,实行应补尽补、直补到户,对接受中等、高等职业教育的农村建档立卡贫困家庭子女,按每人每年不低于3000元的标准予以补助。湖北民族地区积极落实该项政策,简化补贴对象认定程序,实行应补尽补、直补到户。

同时,民族地区各县市整合各种教育资源,加大教育扶持力度。2014年以来的主要工作:一是改善乡村寄宿制学校办学条件,建好留守学生"爱心小屋",加大对贫困户留守学生关爱力度;二是抢抓外地支援机遇,安排贫困户子女到大中城市接受免费职业教育,优先安排就业。

5. 为无资金的贫困户开展金融扶贫

现阶段,有一些贫困农户是因缺资金而贫困的。建档立卡数据表明,有15%左右的农户是因资金缺乏而无法脱贫或者返贫。这些贫困户有劳动力、一定的技术和市场意识,也找到了相应的减贫产业,只是因为资金不足无法启动,只得苦守原产业,导致收入较低陷入贫困。针对资金不足致贫情况,湖北民族地区应大力开展金融扶贫,以小额信贷和互助资金两种方式扶持农户,帮助其脱贫致富。

小额信贷扶贫的典型之一是恩施市龙凤镇的"两社两司一库一卡一平台"金融扶贫模式。该模式的主要做法是推动农村商业银行为专业合作社和扶贫互助社社员提供融资(两社),引进担保公司和小额贷款公司在该镇设立办事机构或开办业务(两司),对该镇试点村村民按一定标准分类评定不同等级,建立信用库(一库),发放信用等级卡,持卡到合作银行办理无抵押贷款(一卡),建立农村综合产权交易平台(一平台)。这种综合金融扶贫模式,获得辖区内群众欢迎。

互助资金扶贫模式的典型之一是宣恩县椒园镇黄坪村。2007年,该村作为试点村,率先启动实施贫困村互助资金项目,村民通过缴纳50～200元不等的会费成为互助社的会员,共有会员91户。周边村两个产业合作社563户、本村加入产业合作社农户(占全村90%)受益于金融互助社。互助社资金由村民自管、自用、自贷,在一定程度上缓解了生产资金紧缺难题。2014年5月,该村继续试点成立扶贫互助社,赋予其担保机构职能,实现扶贫资金与信贷资源的有效衔接。到2015年12月,该村扶贫互助社累计开出担保函73份,金额509万元,金融机构实际受理并发放70笔,共491万元。据统计,该村220户贫困户中,通过互助社直接贷款的有34户,"互助社+贫困户"帮扶60户,有力地推动该村扶贫脱贫工作。

二、精准扶贫精准脱贫的工作亮点

湖北民族地区扎实推进精准扶贫精准脱贫工作，得到有关部门的肯定。例如，恩施州和长阳县的旅游扶贫、宣恩县的金融扶贫工作得到湖北省政府的肯定和表彰，脱贫减贫工作取得一定成效。到 2016 年上半年，恩施州贫困人口减少到 65.7 万人、20.8 万户，比 2013 年建档立卡人数减少了 42.4 万人、13 万户，平均每年减少 20 多万人、6 万多户。恩施州计划用三年半时间达到"县摘帽、村出列、户脱贫、人销号"的减贫目标。

湖北民族地区在推进精准扶贫精准脱贫工作中，有三大亮点。

一是领导高度重视，强化考核问责制，工作组织得力。过去，地方领导干部比较重视地区的经济增长、财政收入问题，主要精力和工作放在工业产业上，千方百计搞招商引资，把扶贫工作看成扶贫开发办公室一家的事情，是一个"搭头"。精准扶贫工作开展以来，各级领导高度重视，把扶贫脱贫工作看成地区经济社会发展的头等大事，把"按期脱贫摘帽"上升到"最大政治任务"的高度。首先是成立了专门的领导机构，不再由扶贫开发办公室"一肩挑"。2014 年，一州两县、八个非民族自治地方的民族乡，均成立由主要领导牵头的工作专班，一心一意抓扶贫工作。例如，恩施州"脱贫攻坚指挥部"是州政府的三大指挥部之一，由州党委书记和州长牵头负责，州政府各主要部门负责人参与指挥部工作；指挥部下设五个具体工作专班，专项完成"五个一批"措施的推进工作。其次，政府各部门都参与到扶贫工作之中，形成合力。具体做法是各部门均有扶贫任务，负责定点驻村帮扶，派出相关工作人员入驻村第一书记，安排专项资金或技术人员，利用部门优势来扶贫。最后，通过具体细致的指标对各部门的扶贫工作进行强有力的考核和问责。一州两县均通过了多个考核意见，如恩施州通过了《恩施州县市党政领导班子和领导干部精准扶贫目标责任考核办法》《恩施州州直单位精准扶贫目标责任考评办法》《恩施州乡镇（街道办事处）精准扶贫暨经济社会发展绩效综合考评办法》等三个考核办法，以及具体的考核指标。恩施州还启动了问责追责机制，对精准扶贫精准脱贫工作推进不力的单位和干部进行问责处理。调查中，地方干部和群众普遍反映，现在自中央到省、州市、县级的领导非常重视扶贫工作，这是前所未有的，因此对"按时脱贫摘帽"增添了信心。

二是注重抢抓机遇，行动快，敢于先行先试。新时期，中央和省级政府对湖北民族地区推出了一些有利的战略和政策，例如，2011 年开始实施集中连片扶贫开发战略[《武陵山片区区域发展与扶贫攻坚规划（2011—2020 年）》（以下简称国家片区规划)]、武夷山龙山来凤经济协作示范区的设立、五峰和鹤峰纳入"湖北省脱贫奔小康试点县"、恩施市龙马镇综合扶贫改革试验点的设立等，为湖北民族地区扶贫脱贫提供众多政策机遇。各县市积极行动，认真谋划，充分利用各项政策，努力挖掘政策叠加效应，取得较好效果。例如，2015 年 11 月国家启动新一轮易地扶贫搬迁工作，2016 年 2 月，建始县就从财政国库拨付 2.5 亿元至中国农业发展银行建始县支行易地扶贫搬迁专款账户上，到 5 月初该县已经完成 10 个乡镇 3094 户、10 394 人的易地搬迁安置点选址工作，走在湖北省前头。再如，宣恩县为解决贫困农户脱贫致富资金不足问题，从 2007 年就开展"贫困村互助资金"项目，先行先试，成为湖北省首批建立农村扶贫互助社的试点县之一；2009 年，为解决贷款覆盖面窄、额度小、效果不佳问题，该县又开始着手尝试新的金融扶贫方式，于 2013 年将互助社项目资金转化为融资担保基金，试点建立农村政策性担保组织，为贫困户和带动贫困农户发展生产的新型农业经营主体提供融资担保。该县的融资担保试点和"三降一扩"（降低贷款门槛、降低贷款成本、降低信贷风险、扩大规模）融资模式得到中国人民银行湖北省分行、湖北省扶贫开发办公室等部门的肯定，2014 年 11 月该县成功创建"金融扶贫示范县"。

三是紧抓产业扶贫，生态优势逐步显现。在大力推动"五个一批"扶贫脱贫措施过程中，湖北民族地区充分利用自然条件优势，通过发展茶叶、蔬菜、果木、药材等特色种植业，以及养殖业、大景区和乡村旅游业，以产业发展实现扶贫脱贫。调研中发现，特色产业创收已经成为湖北民族地区农民减贫增收的主要方式。例如，宣恩县万寨乡伍家台村，如今家家户户种茶、开辟庭院农家乐，形成茶业、乡村旅游业互补的生产模式，不仅让年轻人有创收产业，还让留守老年人和妇女能够以此为生，每户年收入超过三万元，从过去的贫困村跃升为全县的富裕村。恩施市沐抚镇过去是"路难行、产业弱、收入低"，是典型的深山贫困乡镇，2004年境内的恩施大峡谷景区得到开发，短短 10 年，在大景区的带动下该镇发生翻天覆地的变化：高等级旅游公路连通了村村寨寨，星级农家乐雨后春笋般涌现，乡村土房变成了特色民居，当地农民变成了景区的安全员、卫生员、服务员和演艺人员，就业人数占景区就业总量的 80%，景区周边前山、营上、木贡三个行政村586 户、1272 人由此脱贫致富，农民收入由 2008 年（大景区正式营业）的 2519元增长到 2015 年的两万余元，该镇荣获"十大荆楚最美乡镇"称号。

湖北民族地区依靠产业发展不仅扶贫脱贫一批贫困户，还促成区域产业结构的调整，实现生态化转型。2015 年，恩施州三次产业结构为 21.4∶36.4∶42.2，长阳县为 29.2∶31.2∶39.6，五峰县为 32.1∶28.5∶39.4，农业种养业、旅游服务业开始成为地区收入的主导产业。湖北民族地区主抓生态型产业，符合当前我国经济供给侧结构性调整的总体要求。

第二节　精准扶贫精准脱贫工作中的主要问题

湖北民族地区精准扶贫工作正有序开展，并取得一定成效。但在调研中，我们发现还存在一些值得注意的问题。

一、脱贫摘帽设定的时间过紧、标准过高

（一）设定摘帽目标完成时间过紧

自中央提出 2020 年全国全面建成小康社会、全部脱贫摘帽的宏伟目标后，各地高度重视，为彰显地方政府扶贫脱贫决心，纷纷设定"县摘帽、村出列、户销号"脱贫时间表，并且倒排工期，实行挂图作战。例如，湖北省设定 2019 年全省实现脱贫摘帽，并列出各县市完成的进度表。民族地区 10 个县市均要求提前完成摘帽任务，鹤峰、来凤两县 2017 年实现摘帽，宣恩、巴东、长阳、五峰等四县 2018 年摘帽，恩施、利川、建始、咸丰等四个县市 2019 年摘帽。各乡、村，以及贫困户均在这个时间点前完成相应的脱贫任务（图 2-1）。

图 2-1　湖北民族地区脱贫摘帽时间进度安排

从目前调查情况看，脱贫目标完成时间过紧，有些急于求成。湖北民族地区贫困面广、规模大，而且程度深，所处的武陵山片区在全国 14 个集中连片特困地区中贫困人口规模排第九位，贫困发生率排第一位。在湖北省内，民族山区与全省四个集中连片特困地区相比仅低于秦巴山区的贫困发生率，全省贫困严重的前五位县市中有三个是民族县。特别是鹤峰县，2014 年贫困发生率 36.35%，排全省第五位，反而定在 2017 年实现脱贫摘帽，这一目标与实际状况完全不符。从目前贫困状况看，湖北民族地区在 2020 年完成脱贫摘帽的任务都比较艰难，遑论提前 2～3 年。

（二）确定脱贫摘帽的标准高于全国

2015 年 8 月，湖北省委、省政府办公厅发布《关于建立精准脱贫激励机制的实施意见》（鄂办发〔2015〕39 号），对扶贫对象脱贫标准和程序进行具体规定；9 月 24 日，湖北省委十届六次会议通过《中共湖北省委省政府关于全力推进精准扶贫精准脱贫的决定》（鄂发〔2015〕19 号），提出有关"县摘帽、村出列、户销号"标准和程序。本次调查（2016 年 5 月）民族地区反映衡量标准太多，地方搞不清楚；有的标准缺乏数量界定，比较模糊；有些标准比较高难以达到。例如，对贫困人口脱贫销号的标准是从"五个一批"措施角度进行分项规定，共有十条；贫困村"出列"标准五条；贫困县"摘帽"标准四条。贫困人口销号标准中，"每户有一项以上增收致富主业""贫困代际传递得到有效阻断""上学难、就业难、

看病难、安居难、养老难问题得到有效解决"，这些规定比较模糊，没有数量范围，地方政府觉得难以操作。而有些数量标准则过高，如贫困村"出列"标准中规定"村集体经营性收入不低于 5 万元"；但是，经历过三十多年农村改革，很多贫困村根本没有村集体经济，一个企业单位都没有，哪里能得到 5 万元经营性收入？调研中发现，有些贫困村将上级财政扶贫款想方设法挤出 5 万元，投资入股当地某家专业合作社中，以期到时分享相关收益作为村集体经营性收入。很明显，为应付相关脱贫标准，地方变通方法，留下很大的隐患。

中共中央办公厅、国务院办公厅于 2016 年 4 月底印发《关于建立贫困退出机制的意见》，对贫困退出的具体标准做出了具体规定，其中对贫困人口退出的衡量标准是"该户年人均纯收入稳定超过国家扶贫标准且吃穿不愁，义务教育、基本医疗、住房安全有保障"，即"两不愁三保障+人均纯收入"；对贫困村和贫困县的退出均"以贫困发生率为主要衡量标准"，允许西部地区降至 3%以下。可以看到，中央提出"脱贫摘帽"的标准一是衡量指标少，简洁易懂；二是比较适中，符合当前的实际情况。意见指出，各地的"退出方案要符合脱贫攻坚实际情况，防止片面追求脱贫进度"，这实际上是对当前一些地方政府提高脱贫标准、盲目提前的提醒和警示。湖北省脱贫摘帽标准是在 2015 年 8 月提出的，比中央标准提前半年，导致标准高于全国标准。但是，湖北民族地区与全国其他西部贫困地区、集中连片特困地区一样，是扶贫攻坚最硬、最难啃的骨头，提高脱贫标准、提前完成时间，容易造成精准扶贫工作陷入被动局面。

（三）销号任务分解过重过紧

为了按期完成脱贫任务，湖北民族地区实行了脱贫销号任务逐级分解制度：州政府或市政府向县政府、县政府向乡镇和县市直部门分解脱贫任务，乡镇和县市直部门又分解到村、到组、到人；这样，每个乡镇、每个部门、每名干部每年每月都有减贫任务，而且倒排工期。调研中发现，逐级分解的销号任务过重，难以按时完成。例如，一个普通干部要在一年内帮助十多户贫困户脱贫，干部压力很大。并且，倒排工期到每月、每天要脱贫多少人，这与农民增产增收有一个时间段的规律相违背，容易出现数字脱贫的闹剧。各县市在推进单位驻村帮扶工作时，安排县内所有单位均参加帮扶，干扰了部分单位的正常工作；而且有的单位部门对扶贫了解不多，没有认真研究，方法不对路，只是消极应付。精准扶贫精准脱贫工作一旦"泛化"，就容易走向另一个极端——"淡化"，这是必须思考的一个问题。

二、精准识别程序不规范和数据反复调整

精准扶贫精准脱贫的基础工作是精准识别贫困对象。按照中央和省级部署，2014 年底各县市应该完成精准识别工作。但是，由于操作程序的不规范，以及省

级市级政府为落实"精准"精神多次做出工作调整，民族地区贫困对象还未完全弄清楚。

（一）操作程序不规范

湖北省对贫困对象的识别是按照国务院扶贫办划定的规模范围，然后由省、市、县按此规模来框定本地大概的贫困对象，最后按这个规模到村到户来识别贫困人群，是一个"自上而下、逐级分解"与"自下而上、逐级上报"相结合的认定过程。对国家和地方政府来说，这一操作方法简便易行。但是，真正的贫困对象是在农村基层，上级政府事先并不知道规模，因此以 2013 年建档立卡系统中的贫困规模为基础进行识别。可以说，2013 年的基础数据如果有误，2014 年以来所识别的贫困对象也不精准。调研中发现，民族地区各县市就是在 2013 年的基础数据与 2014 年以后的实际数据之间反复调整、反复核实，导致工作滞后和数据不准确。从贫困对象的识别程序看，应该是自下而上的统计和反映过程，国家扶贫部门信息管理系统的"自上而下、逐级分解"程序有点本末倒置，不利于真正识别贫困对象。特别是对贫困村的确定存在较大分歧。在既定的数量和比例情况下，哪些村被纳入哪些村不被纳入贫困村范围，成为一些乡镇和村干部博弈、游说的主要内容。民族地区有些县市没有经过行政村合并，因而被纳入的贫困村的数量和比例均比较低，导致村内群众有意见。

（二）识别标准不统一

调查中各县市反映，贫困识别标准比较模糊，导致部分贫困人口没有被准确识别。湖北省 2013 年建档立卡贫困人口是按照人均纯收入低于 2376 元标准认定的，全省 590 万人，民族地区 10 个县市共 123.88 万人。2014 年全国推广贵州经验，用"四看"标准识别贫困户，虽然操作方便，但不少干部和群众反映该标准随意性较大，界限比较模糊。调查中发现，有些农户全家外出打工，因为留下了一间土坯房，就被纳入贫困户；有些种养大户，因为家里有小孩读书，也被纳入贫困户；而有些农户虽然盖了楼房却举债多年，反而没有被纳入扶贫范围。如今，针对贫困户的政策含金量比较高，因识别标准的随意和模糊，给部分不公正的乡村干部提供了可乘之机，造成村民意见较大，群众之间矛盾加剧。调查中一位镇长介绍，该镇仅 2014～2015 年就精准识别工作村里就开会 13 次，还发生了群众打架事件。为解决标准和识别模糊问题，恩施州自 2015 年采用 2013 年的"收入+评价打分"标准和方法来识别贫困人口，更摒弃了规模分配法。

（三）多次调整和整改致使地方无所适从

因为贫困对象的精准识别工作非常重要和敏感，湖北省政府和州市政府相当重视,多次进行指导和督查,出台了多个政策措施,试图减少识别工作中的错误,要求各地整改。但它对地方工作造成了一定干扰。调查中,民族地区各县市对此怨言较多,他们反映"三个轮回搞不定贫困对象,一年半围绕一个数据打转转"。以鹤峰县为例,该县 2013 年建档立卡数据库中有贫困人口 7.15 万人,2014 年在此数据基础上进行识别,扣减当年脱贫人口,年底全县贫困人口 6.15 万人。此后,围绕这两组数据进行了三轮调整:第一轮是 2015 年 10 月,按照省扶贫开发办公室提出的"六进六出"要求,该县开展精准识别"回头看"和自查整改工作,清理更正建档立卡扶贫对象失准信息,对超范围违规享受扶持政策的问题进行自查整改,摸清实有贫困人口 4.11 万人;第二轮是 12 月初恩施州扶贫开发办公室出台"三进五出"办法,2016 年 2 月省扶贫开发办公室提出贫困人口应与 2013 年建档立卡人口"进出相宜",即总量应该不变,该县重新认定贫困人口为 7.11 万人,与 2013 年基础数据差别不大;第三轮是 2016 年 3 月省审计部门对各地精准识别情况进行审计,审计的贫困人口基本数据为 7.11 万人。很明显,这一数据存在较大漏洞。由于审计部门明确"九类"行为是弄虚作假,该县为此数据提心吊胆,面临着数据整改和责任追究的巨大压力。

调研中,民族地区各县市干部普遍对省、州市政府关于精准识别的态度不理解,对"六进六出""三进五出""进出相宜"等相互矛盾的要求和做法不理解,造成到 2016 年上半年还不清楚到底该向上级报告多少贫困人口。某镇长笑言,"一年工作只为一个不明白的数据"。恩施州有关领导指出,前后三次整改,消耗了扶贫热情,磨灭了精准意志。从一定角度看,湖北省必须重新通盘、准确、实事求是地看待精准识别问题。

三、扶贫脱贫措施简化、效率不高

目前,湖北民族地区精准扶贫精准脱贫工作开展得轰轰烈烈,各县市均在想方设法帮助贫困农户,努力践行习近平总书记提出的"五个一批"措施。应该说,领导重视程度、扶持力度相对于以前要大得多,基本上精准扶贫精准脱贫成为地方政府的主要工作内容。但是,就目前各地精准扶持的措施方法来看,出现两个极端:一个极端是简单化,帮扶办法主要是发展农业特色产业、移民搬迁、低保补贴等,围绕"五个一批"措施打转转;另一个极端是复杂化,大搞"一户一策",效率不高。

(一)扶贫脱贫措施"新瓶装旧酒"

调查发现,湖北民族地区各县市精准扶贫措施就是习总书记所指导的"五个一批",扶贫工作只开展此五类,反而前些年推行的劳动力转移培训、整村推进等措施销声匿迹。恩施州、长阳县、五峰县均成立"五个一批"工作组,分别组织和实施扶贫脱贫措施。各类扶贫项目资金均按照这五个方面来分配。调研中一些乡镇干部和贫困户反映，民族山区的贫困是复合型的，绝不是单一原因致贫，如果仅以单一的某一类措施进行扶贫脱贫，仍然是搞形式主义，跟以前的扶贫没什么差别。特别是一些地方在搞驻村干部、结对帮扶过程中，为体现下乡干部业绩，也为了降低工作强度，扶持措施被简化为向贫困户提供一点儿现金、赠送一些生产资料、修建或美化一下住房，甚至只是提供一些日常生活用品。这些帮扶措施，被当地干部一再标榜为精准扶贫，实则直接影响了精准扶贫的名声。

当前留下来的贫困户，是集深度贫困、长期贫困、绝对贫困于一体的群体，普通的、大面积的扶贫措施难以解决此类贫困，因此中央才提出精准扶持。可是，实践中很多地方的扶持措施不能与这些贫困户结合起来，还停留在以前水平。以目前各地宣传最多的产业扶持来看，仍然是搞特色产业，扶持种养大户，培养专业合作社，这些措施在2013年精准扶贫战略提出前就已着力开展，没有跟"精准"挂钩。调查中，比较大比例的贫困农户反映目前阶段的扶持措施与前些年的没有区别。产业扶贫、金融扶贫、旅游扶贫等一系列的扶贫工程和措施，如何与贫困户结合起来，体现精准，需要民族地区各级政府转变工作思路、调整扶贫思维。

值得关注的是，当前民族地区各县市在产业扶贫中推行"一村一品"或"一乡一品"、大规模种养模式，并且所扶持的特色产业普遍存在生产周期长、市场不稳定，如茶叶、木瓜、苗木种植等，一般要五六年才有收成；在这一过程中，如何帮扶个别、分散的贫困农户融入大规模生产之中，以及在生产周期内如何帮助这些贫困户有所收入，是一个亟待解决的课题。

调查中发现，一些地方为结合当前形势，把以前做过的类似工作统归为精准扶贫，甚至出现多部门围绕同一项工作开展精准扶持。例如，农民培训工作，有农业、扶贫、劳动、科技、教育等十多个政府部门都在开展此项工作，培训项目包括阳光工程、绿色证书、雨露计划、新型农民科技等不下二十种，此外有新型农业经营主体内部培训，专业社会服务组织、农业企业提供的培训等新型农民培训方式，大家都标榜自己开展了"精准扶贫"。但实际上，参加培训的主体是农民专业合作社负责人、龙头大户、村干部，真正的贫困户则不多，培训效果也大打折扣。张钦等（2015）就此类培训指出当前"精准扶贫"所存在的问题：打着"精准扶贫"口号，实施着"新瓶装旧酒"的扶持措施，不仅达不到扶贫目的，也损害了精准扶贫的品牌。

（二）一村一策、一户一法带来的无序和无效

当前，民族地区一些县市在实施精准扶贫中提出一村一策、一户一法扶持模

式，认为这一模式最能体现出扶贫的精准、细化、深化，可以有针对性地帮助一个个的贫困家庭解决问题，将困难一个个地化解，不像以前撒胡椒面，从而达到精准扶贫目的（范建生，2015）。特别是在推行干部驻村、对口帮扶工作法后，贫困对象的联系单位和个人为实现按期脱贫摘帽，不得不各显神通，帮忙找产业、找就业岗位，送物资、送慰问金等，一时间方法纷呈，多姿多彩。

例如，某县开展干部驻村帮扶活动，由县公安局联系一个贫困村，300 多名警察均有联系户。按照一村一策、一户一法原则，驻村干部绞尽脑汁，总算为该村想出一个"法律帮扶"的主意，帮助该村外出打工人员解决法律纠纷问题；300多名民警不得不想方设法，找出为各自帮扶的贫困户脱贫摘帽方法：如有小孩上学的，就送上被褥棉衣和慰问金；如有疾病的，帮助联系医院主治大夫；如有蔬菜种植的，就负责帮助销售一部分……最后，为全村 300 多户贫困户找出了不下二十余种帮扶方法。

诚然，一村一策、一户一法结合了不同贫困户的致贫原因，有较强的针对性，真正将扶贫工作下沉到户。但是，实践中发现，这种工作原则实际上导致了帮扶措施的无序和无效。对湖北民族地区贫困县来说，每个县有上百个贫困村、上千户贫困户，要做到一村一策、一户一法，不仅工作量大，而且难以实施。需要注意的是，同一区域内的贫困问题既有个性，也有共性；仅仅强调个性，只会"就事论事"、解决个性问题，无法解决共性问题。民族山区贫困在目前阶段还存在很多共性问题未解决，如村组道路、农田水利、安全饮水、创收产业等，这些区域性、共性的问题，是所有贫困户面临的致贫因素，需要共同的、区域性的扶持措施来解决。这就是为什么调查中贫困村普遍希望的帮扶措施是修路修桥、改水改厕等，而不是一户一户地帮扶。在当前情况下，湖北民族地区还需要坚持区域扶贫和农户扶贫相结合，在扶贫下沉"精准到户"的同时，要把区域性"整村推进"工作做实做持久，才能发挥精准扶持的功效。

四、部分扶持项目排斥贫困户

目前，民族地区各县市在推进精准扶贫工作中主抓产业扶贫，大力发展能够帮助贫困农户彻底脱贫的产业。例如，特色种植、养殖，可以实现由"输血"变为"造血"。应该说，产业扶贫是一个好路子。但是，目前农村有两个变化需要注意：一是农村劳动力大部分外出，很少有青壮年劳动力在农村，而种植、养殖等生产活动需要大量劳动力，产业扶贫的基础在动摇和变化；二是精准扶贫过程中，很多贫困户没有劳动力，无法搞产业生产。这就是为什么过去一直实施的产业扶贫没有明显效果。各地根据本地情况，创新了一些办法，如通过专业合作社或企业大户来实施产业扶贫。但是，这些措施排斥了部分贫困户，也剥夺了贫困户的参与权和选择权。

（一）新型产业扶贫模式排斥贫困户

针对贫困户劳动力和能力不足的情况，各地在实施产业扶贫中采取了变通方式，构建"公司+农户+基地"模式，将产业扶贫项目交给公司企业或者农村种养大户，以图集中资金出成效，发挥企业或大户的带动作用。但是，调查中发现，这些扶持项目和部分扶持资金到企业与大户后并不能发挥扶贫功能，反而造成农村内部的不平等现象加剧。一些公司企业打着扶贫项目的幌子，套取国家扶贫资金，侵占土地资源，并没有给当地农户、特别是贫困农户带来好处。

以某县一个贫困村实施的木瓜扶贫项目为例。该项目依托该县的木瓜汁生产企业，实行的也是"公司+农户+基地"模式，政府负责将木瓜树苗分发给该村愿意种植的农户，公司负责收购木瓜。该项目总扶持资金为20万元，前后实施三年。调查中农民反映，很少与公司联系，根本没有技术指导，有些以前结的木瓜果也没有来收购，最后农民看不到收入希望不得不砍掉树苗，改种土豆和玉米，走回传统农业生产老路。该村农民对这种产业扶贫项目、资金去向及效果有相当大的意见。

目前，湖北民族地区各县市在产业扶贫中大力推行农民专业合作社、引进企业的模式，搞规模生产，这需要一定的资金投入和市场销路。因此，针对资金和市场不足情况，地方政府提出金融扶贫和电子商务扶贫两个主题思路。调查中发现，金融扶贫和电子商务扶贫因为门槛要求较高实则排斥了绝对贫困户，真正的贫困人口从中获利很少。经调查某贫困村发现，300多户没有一户获得无抵押、无担保、无利息的"三无"小额信贷；反而该村两个养猪大户获得政府贴息贷款各200多万元。

民族地区提出多种旅游扶贫模式，如重点景区带动型、养生度假带动型、产城撬动型、乡村旅游型等，对区域内群众增收起到很好的作用（湖北省政府研究室、湖北省旅游局、湖北省扶贫开发办公室联合调研组，2014）。但实地调查发现，那些搞旅游产业的并不是贫困户，贫困户并没有得到媒体宣传的好处，因为他们普遍是资金、技术、能力、市场意识都比较缺乏的群体，无法从旅游产业中分享利益；获利的是那些有资金基础、有市场头脑的群体。精准扶贫要将扶贫项目锚定贫困农户，特别是财政专项扶贫资金务必重点用在贫困居民身上，用在正确的贫困主体上，而不是并不贫困的企业和大户身上。

（二）扶持项目的选择权和决定权不在贫困户

精准扶贫最终要落实到具体的项目和资金上，因此，确定扶持项目至关重要。目前，很多地方实施精准扶贫，为谁扶贫、谁来扶贫等问题基本解决了，但怎么扶贫还没有落实好。扶持的路子、措施大体都有了，现在的主要矛盾是上下协调沟通不够，缺乏统筹协调，扶贫项目的选择权和决定权在县、乡镇级，村一级无项目和资金的自主权，贫困农户更没有决定权。这种扶贫，可能导致"新瓶装旧酒"，扶持项目还是原来的那么几种，甚至是"形象工程"，扶持绩效较低。例如，调查湖北民族地区某县贫困村时，农户们普遍反映扶持项目不知道谁决定的，与前几年没有什么差别。村民们反映，该村实施的木瓜产业扶贫项目，根本不适宜本地，产量不高，市场销路不好，根本没有起到扶贫的作用。中共贵州省委政策研究室原副主任罗凌（2014）通过调查指出："相当一些地方的精准扶贫并不'精准'，没有体现因地制宜、因户施策、一把钥匙开一把锁的元素，内容没有体现针对性、个性化、可操作的要求，千篇一律，万面一孔，存在'一锅煮''一船拖''眉毛胡子一把抓'的现象。"在精准扶贫中，应该从本地实际出发，将项目选择权、决定权下放到基层，让基层村干部，特别是贫困群众拥有选择权和决定权。只有这样，才能体现真正的精准扶贫。

五、易地搬迁政策不够精准灵活

易地搬迁是现阶段党中央、国务院为打赢脱贫攻坚战采取的一项重要举措。国家领导人对此非常重视。习总书记2015年6月在贵州调研、10月和11月在十八届五中全会与中央扶贫开发工作会议上分别做出重要指示；李克强总理在2015年11月的中央扶贫开发工作会议和12月的全国易地扶贫搬迁工作电视电话会议上专门做出批示；汪洋副总理在2015年11月、2016年2月和3月多次强调要做好这一脱贫攻坚"头号工程"。国家发展和改革委员会、国务院扶贫办会同财政部、国土资源部、中国人民银行五部门联合印发《"十三五"时期易地扶贫搬迁工作方案》，指导各地易地扶贫搬迁工作。湖北省高度重视、迅速行动，成立专门的工作领导小组，细化具体政策，实施"交钥匙工程"，确保"首战必胜"。按照计划，"十三五"期间，湖北省要完成30.63万户、97.78万人建档立卡贫困人口的搬迁任务，约占全国300万户、1000万人的十分之一，占全省590万贫困人口的16.22%。湖北民族地区需搬迁8万多户、26.3万多人。其中，恩施州的任务是7.44万户、24.76万人，长阳县3411户、7011人，五峰县2819户、8717人。按照湖北省易地扶贫搬迁工作领导小组办公室通报，截至2016年5月底，全省在建房屋、搬迁入住、分散购房三项合计6.3万多人，占年度计划的24%；各地工作进度有快有慢，总体上民族山区县市推进速度较慢。调研中，各县市干部群众反映政策不精准导致工作难度较大。

（一）搬迁对象不容易确定

湖北省规定此轮易地扶贫搬迁对象是"2013年建档立卡中需要搬迁的贫困户"，各县市的搬迁任务和资金分配以此数据为基础。但是，由于2013年建档立卡过程中对贫困户的统计口径较为模糊，需要搬迁的贫困户和人口数据不甚准确；加之经过三年扶贫与发展，有一些贫困户已经脱贫，不再愿意易地搬迁，也有一些贫困户享受过以前的危房改造、特色民居工程的扶持政策，不宜再纳入此轮搬迁对象；这样就导致计划任务对象与现实认定对象不相符，前后数据无法统一。按照扶贫系统干部的说法，此轮易地搬迁对象是"锁定管理"（锁定为2013年认定的对象），而扶贫对象认定是"动态管理"（精准识别的对象有进有出），两种管理方法相互矛盾，导致无法准确确定搬迁对象。以宣恩县为例，该县2013年建档立卡中有搬迁意愿的贫困户有1.2万户，占当时全部贫困户的一半，如果以此为现阶段任务计划对象，既与实际情况不符，也致使地方无法完成任务。再例如，调研地长阳县通过2014年的精准识别和2015年的"回头看"工作，确认该县共需易地搬迁4455户、13 544人，这个数据高于上级安排的任务3411户、7011人（宜昌市发展和改革委员会，2016）。如果为了完成上级下达的任务指标，就会出现有些地方的非贫困户需纳入搬迁范围（如宣恩县），有些地方的贫困户却不能纳入搬迁范围（如长阳县）。调研中各县市普遍反映，本地真正需要搬迁的对象与任务对象存在一定差距，为了将两个数据统一，前前后后进行三四轮的搬迁对象认定工作，延缓了易地搬迁整体工作进度。

此轮易地搬迁是在精准扶贫精准脱贫大战略前提下实施的，首要原则是要坚守精准、坚持实事求是，不宜自上而下指派和确定搬迁对象，需要地方自下而上进行调研和确认。目前，民族地区各县市正按精准识别的要求和程序对建档立卡搬迁户做进一步的摸底与核实，以求对象精准，真正将"一方水土养不活一方人"的意愿贫困户搬迁出来，实现"易地搬迁脱贫一批"。

（二）搬迁政策过粗不精细，没有出台搬迁后续政策予以配合

调查中，各地反映搬迁政策不精细主要体现在以下三个方面。

（1）政策刚性太强，未考虑民族地区农民生产生活习惯。例如，政策规定"人均住房建设面积不得超过25平方米"，这一红线标准与农民实际需求面积相差太多。农户们反映，牲畜养殖、农具储存、家庭成员生活空间过小，且无法满足将来扩建要求。再例如，政策规定搬迁必须"拆旧建新"，但很多农户不想将旧房子拆掉，由此导致原来很多想搬迁的贫困户不愿意搬迁。

（2）未考虑民族山区土地紧张的实情，导致集中安置点难以选址，无法开工建设。以鹤峰县为例，上级下达该县2016年易地搬迁任务4909户、15 342人，按照人均25平方米计算，全县就需要570多亩土地，还不包括居住地附近的生活用地面积；即使部分采取就近分散搬迁方式，也需要几百亩土地。对山区贫困县来说，难以寻找如此大面积的平整地块，同时，集中安置点所占用的土地如何置换得到？目前，国土部门并没有出台相关的土地政策予以配合。调研中发现，民

族山区县市大部分集中安置点及分散安置地均需要占用部分基本农田，此举不仅会引起被侵占农田农户及村组的不满，也会触及耕地红线。

（3）没有出台搬迁后的山林土地资源变更整合、生产生活资源再配给、产业发展补贴、就业创业扶持、村组管理、社会服务等方面的配套政策，无法消除搬迁户的后顾之忧，以致农户们观望、怀疑和犹豫不决。调研中农户们反映，如果搬迁到平地后，仍然要回到原来的大山中种地劳作，不如不搬迁。目前，民族地区有"挪穷窝"的易地搬迁政策，但缺乏"换穷业"的配套政策，未来发展缺乏根基，容易产生新的贫困问题。此外，由于没有出台关于搬迁后土地再配给方面的政策，容易引发搬迁户与原住户之间的社会矛盾，给社会稳定带来隐患。

（三）易地搬迁政策不稳定，缺乏延续性

调研中不少部门反映，湖北省易地搬迁政策最早于2016年1月传达到县市，各县市积极行动，制订了本地的实施方案[①]，并在群众中宣传发动，群众反响很好。但是，由于该政策涉及农村发展的方方面面问题，缺乏一些配套的政策。例如，方案中有建房补助政策，补助标准各地自行制定，却没有明确此补助资金筹措的相关配套政策，给地方政府工作带来难度。因此，易地搬迁项目建设工作在2016年2月一度被叫停。在汪洋副总理视察和指导湖北省十堰市易地扶贫搬迁工作后，2016年4月湖北省重新启动该项工作，对一些具体配套政策予以明确，还印发国家发展和改革委员会的《新时期易地扶贫搬迁政策宣讲解读参考提纲》，以指导各地具体工作。但是，4月后的政策跟前面1月的政策有所变化，例如，关于建房补助的规定，就明确为"按每平方米800元建设成本概算为每户20万元，由政府统筹安排，不是直接补给农户"。这一政策与前期宣传的政策有所不同，引起群众误解，增加地方推动该项工作的难度。同时，易地搬迁政策中没有对以前享受过危房改造、扶贫搬迁、生态移民政策的贫困户是否能够再次享受此次易地扶贫搬迁政策这一问题予以明确。这些贫困户仍然饱受"一方水土养不活一方人"之苦，按照扶贫政策"扶上马、送一程"的延续性原则，这些贫困户理应享受此次政策；但由于现行政策不明，他们甚至不再属于搬迁对象，基层干部在工作中无所适从，难以自圆其说。

---

① 2015年11月29日，国家发展和改革委员会、国务院扶贫办等五部委发布《"十三五"时期易地扶贫搬迁工作方案》；2015年12月29日，湖北省发展和改革委员会、国务院扶贫办等五部门发布《关于加快推进全省易地扶贫搬迁工作实施方案》；2016年1月，宜昌市政府发布《宜昌市脱贫攻坚易地扶贫搬迁工作方案》；恩施州发展和改革委员会发布《加快推进"十三五"时期全州易地扶贫搬迁工作的指导意见》，各县市均以此为基础制定本地工作方案，如2016年1月18日鹤峰县印发《易地扶贫搬迁实施方案》（鹤扶组办发〔2016〕2号）。

（四）"交钥匙工程"缺乏贫困人口的主动参与

2016 年 4 月，湖北省出台政策，对此轮易地扶贫搬迁实行"交钥匙工程"：无论是集中安置还是分散安置，只要是新建房子，均实行"交钥匙工程"，按照50 平方米、75 平方米、100 平方米、125 平方米四种户型进行建设，政府建设好之后统一分配给贫困户。这一政策优惠力度大，但它不但没有调动贫困群众的脱贫积极性，反而助长他们"等靠要"的被动思想，搬迁工作成了干部们一头热的事情；同时，由于贫困户自身没有参与进来，项目建设没有考虑住户的切身需求，搬迁户对新房地点、房屋户型、内外装饰、建设质量、周围设施等方面均有意见，以致有些乡镇出现建好新房无人愿意入住的情况。据调查，民族山区群众愿意分散安置的比例占一半以上，贫困农户呼吁搬迁方式以分散、自主建设为宜，不要搞一刀切的政府包办方式。

（五）搬迁项目建设资金存在一定困难和风险

（1）前期费用如何落实没有明确说明，增加了地方行政成本。调研中，各县市发展和改革局、扶贫开发办公室均反映，易地扶贫搬迁项目建设中的测绘、地勘、环评、设计、招投标等前期费用，占到建设成本的 20%左右，此部分不能纳入扶贫搬迁项目资金范围。这无疑增加了地方财政负担。以利川市为例，该市2016～2019 年三年需搬迁 9364 户、29 091 人，前期费用将达到几千万元，加大地方行政成本。

（2）地方筹措搬迁资金存在较大困难和压力，加大地方债务风险。目前，湖北省对易地扶贫搬迁工程建设资金来源提供三个渠道：国家预算内专项投资、地方债券融资、金融机构长期贷款。就恩施州来看，2016 年预计上级下达的财政专项扶贫资金 40 多亿元，其中易地搬迁 24.7 亿元，占全年搬迁计划资金的 59.7%[①]，其余近 40%的款项需地方自筹。湖北民族地区企业较少，群众收入较低，通过市场化方式发行地方债券融资的难度较大；如果仅由政府出资构建和运营投融资平台，在有限的地方财政收入的条件下，将会增加地方债务风险。调研中各县市反映，现在易地搬迁资金的风险和责任均下移到县一级政府，比较集中，容易出现问题。

（3）真正的贫困户自我筹资难度大，无法支付搬迁所需的其他费用。易地搬迁，不仅涉及房屋建设，还涉及生产生活资料的添置更新等其他支出。据农户们介绍，搬迁到另一个地方居住生活，搬迁费用、添置家具农具等费用不少于一万

---

① 2016 年恩施州易地扶贫搬迁规模为 2.07 万户、6.87 万人，按每户 20 万元概算，全州共需 41.4 亿元。全州"十三五"时期建档立卡贫困对象的易地扶贫搬迁规模为 54 137 户、169 699 人，初步匡算共需资金 108 亿元，三年时间内筹措如此体量的资金相当困难。

元。目前湖北民族地区的贫困户大多是深度贫困户，贫困人口创收能力弱，创收渠道狭窄，仅能解决温饱问题，让这类群众短时间内自己出资上万元相当困难。

（六）上级对搬迁工作时间进度安排过紧

按照湖北省政府安排，民族地区各县市要在 2019 年前完成易地搬迁任务，细化到每一年要完成多少。例如，利川市 2016 年就需完成 2739 户、9100 人的搬迁任务，约占该市三年任务的三成。按照恩施州"百日攻坚战"时间节点的要求，6月 20 日到 8 月底所有的集中安置点全部开工，分散安置完成年度计划的 50%，9月底完成集中安置点主体工程建设的 70%以上，分散安置完成年度计划的 80%[1]。类似地，各县市均列出本地易地搬迁的时间安排，要求每月汇报进度，实行考核问责制度[2]。由于此轮搬迁工作全省于 4 月份才启动，到 6 月份各县市还处于识别搬迁对象、寻找安置点的阶段，进度大大滞后。按照气候规律，湖北民族山区县市在 10 月之后进入霜冻冰雪季节，无法进行施工建设。要在六个多月时间内完成对象识别、规划设计、安置点平场、基础设施建设、住房建造等一系列工作，几乎成为不可能完成的任务。加之一些政策不明、问题众多、程序复杂，一些县市和乡镇干部怕担责任，仍然等待观望。但在上级考核和问责的"大棒"下，他们普遍倍感工作压力较大。

六、资金整合的体制机制仍未理顺

精准扶贫精准脱贫离不开资金投入。目前，各县市按照上级规定，将来自各部门的扶贫资金进行整合，集中力量办大事，取得一定的效果。但是，调研中发现仍然存在三个方面问题。

（一）部门利益和职责限定，资金整合仍然存在一定难度

调研中，各部门均从本部门利益出发反映资金欠缺，希望上级纵向下拨一定的扶助款，却不愿意将手上的资金权利整合到扶贫部门。例如，针对贫困户的住房修建问题，本有来自民政、住房和城乡建设、扶贫等不同部门的扶持资金，如果将之整合起来，资金数量大点儿就可以较好解决问题。但各部门不愿放权，只愿意从本部门渠道进行扶助，以致杯水车薪，没有起到扶贫功效。有时候迫于上级领导压力，各部门被动地将资金整合到扶贫口，然而这仅是"名义上整合、用途上没整合"，没有上升到政府的必然行为。调查中发现，某县 2013～2015 年原

---

① 《恩施州打响易地扶贫搬迁工作百日攻坚战》，http://news.hbtv.com.cn/p/167410.html [2016-06-27]。
② 宜昌市规定："考核指标按旬排名，一次排在末位的，由市委、市政府分管领导约谈；连续两次排在末位的，在全市予以通报批评；连续三次排在末位的，报请市纪检监察、组织部门实行问责。"参见林潇（2016）。

计划整合资金实施八个扶贫项目，但最后只有一个项目真正通过整合资金完成，还是依靠高速公路安置项目资金这一大头实现的。上级各行政部门不愿意放权，要自己安排资金完成本部门职责，导致资金条块分割、撒胡椒面的扶贫局面仍然存在。

（二）分部门审计的体制机制制约了资金整合

当前，从国家到省级层面出台了多个资金整合方面的文件，规定除民生方面（如五保、低保扶助）的资金不能整合外，其余涉农项目均可以整合。但是，在实际工作中，分部门审计的体制机制限制了资金整合。如交通资金审计是针对省交通厅的文件和项目，对县级、乡镇的资金整合就不认同。用基层干部的话说，买盐的就不能买醋，资金整合还要承担挪用滥用的责任。调研中，各县市普遍呼吁省级层面，特别是纪检监察、审计部门要出台硬措施支持资金整合，给基层一道护身符，才能聚沙成塔，汇集资金搞好扶贫工作。

（三）基层对资金整合后如何再次分配比较茫然

乡镇干部们反映，当初主要依据各村组和贫困户的具体困难上报和申请项目资金，而不是按照"五个一批"措施。但是，各地以"五个一批"措施推进扶贫脱贫工作，实施相应的项目和分配相应资金。他们反映，如果按照"五个一批"措施在乡镇和村组基层分配整合后的资金，将会引起民众不满和乡村纠纷，也会引起纪检监察和部门审计问题。因此，基层干部希望有关部门对资金整合后再次分配进行指导。

七、欠缺关键性扶贫措施

从目前湖北民族地区精准扶贫情况反馈看，扶持项目主要集中在产业、贫困户移民搬迁方面，对教育、医疗卫生及社会保障方面的建设则完全依赖政府的公共服务建设投入。在地方财政有限的情况下，很多偏远乡村难以得到此类建设。同时，随着乡村小学合并、卫生所私营、家庭养老负担增大等情况普遍化，一些基本公共服务市场化倾向越来越明显，政府投入最后落到部分人手中，并未实现"均等化"目标，也没有达到改善贫困乡村和贫困人口状况的目的。

（一）低保医疗等福利政策不足，实施力度不够

精准扶贫要对不同致贫原因的贫困人口进行扶持。当前，湖北民族地区贫困群体基本上是深度贫困户，无劳力、无能力、无基础，病痛伤残多。建档立卡大数据说明，超过三成贫困人口致贫原因是大病和慢性疾病，目前农村合作医疗条件还无法帮助其摆脱贫困。而且，贫困人口中超过20%是老年人和妇女，家庭养

老问题比较突出。调研中看到，民族山区存在较大比例的低保户、五保户，以及老龄贫困户。因此，健康扶贫和社会保障兜底扶贫显得非常重要，政府要出台有分量的低保、医疗及养老等社会福利扶持手段和相关政策。

目前，"五个一批"措施中要求对建档立卡贫困户中的低保、五保户进行社会救助，对大病、慢性病家庭进行医疗救助，通过社会保障兜底来完成这一批贫困人口的精准脱贫任务。调查中，各乡镇反映五保户集中供养水平较低，有时连吃饭都成问题，以致很多五保人口不愿居住、生活在乡镇和村的福利院；低保户的扶助标准偏低，仅能维持温饱，难以开展生产创收活动；大病、慢性病只有住院才能报销，且报销的比例最高不到80%，仍然解决不了因病致贫返贫问题。近年，随着肾病、肺病、癌症等病人增多，湖北民族地区的医疗救助和社会保障负担逐年增加。但是，由于上级财政下拨的财政专项资金增幅较小，健康扶贫政策的含金量不高。以恩施州为例，2016年，全州"社会保障兜底一批"资金比2015年增加23 167万元，相当于每一人低保、五保人口全年将增加760元①，每人为2464元，是2015年该州居民人均可支配收入的19.45%（图2-2、图2-3）。社会保障政策含金量与物价、社会改革、个人需求均存在一定差距。

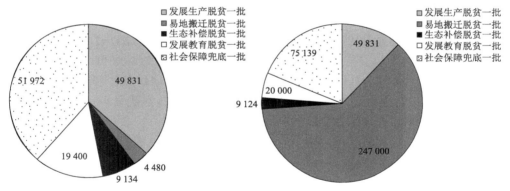

图 2-2　恩施州 2015 年精准脱贫资金安排　　　图 2-3　恩施州 2016 年精准脱贫资金安排
　　　　（单位：万元）　　　　　　　　　　　　　（单位：万元）

精准扶贫在强调产业开发、能力培养、从"输血式扶贫"走向"造血式扶贫"的同时，不能忽视"输血"。这种输血不是简单地给现金补贴，是要进一步健全乡村教育、医疗卫生、养老等公共服务体系。特别是要加大重大疾病和地方病防控力度，适时提高农村医疗保险补助标准，降低大病救助补助门槛，采取有效措施逐步解决因病致贫、因病返贫问题；要加大对低保人口、五保人口的财政补贴

---

① 据恩施州扶贫开发办公室统计，截至2015年底全州需要实行社会保障政策兜底的贫困人口30.5万人，其中低保人口10.2万人，低保贫困人口18.5万人，五保人口1.8万人，共占全州建档立卡贫困人口的46.42%。

力度，将低保和扶贫政策衔接工作扩大一些，着眼于消除和预防绝对贫困，使极端贫困、一般贫困和贫困边缘群体，都能程度不等地享受到各类公共服务支持项目的阳光，筑牢阻止贫困深化的堤坝。

（二）就业扶持政策不够

就业是帮助贫困人口实现脱贫致富的根本性措施。就目前来看，武陵山区在这一方面的政策措施较少，现有政策主要针对贫困大学生就业和外出务工人员返乡创业方面，扶持面还比较狭窄，更多的农村贫困人口就业问题没有解决。特别是武陵山区很多贫困农民因农业生产规模小、成本大、收入低而更多依赖外出打工，或者在本地打零工，而武陵山区在这方面并没有相应的扶持政策。

第三节　推进精准扶贫精准脱贫工作的对策建议

针对调研中反映突出的七个问题，本书特提出以下方面的对策建议。

一、按照国家标准和时间进度调整民族地区脱贫销号任务

一是按照中央办公厅和国务院对贫困村和贫困县脱贫摘帽以贫困发生率、对贫困人口销号以"两不愁三保障+人均纯收入"的衡量标准，调整湖北民族地区脱贫销号的考核要求。具体是，2020 年湖北民族地区贫困村和贫困县的贫困发生率在 3%以下；贫困人口"两不愁三保障"、人均纯收入达到 4700 元[①]。不搞超前脱贫，也不随意提高脱贫标准。

二是按照全国 2020 年实现脱贫摘帽的时间进度，湖北省民族地区县市于 2020年同步实现此任务。在此时间节点前，有条件的县市可以"率先脱贫"和"率先小康"。对具体的各项扶贫脱贫措施的推进时间要考虑建设周期，遵循自然规律和市场规律，避免"上午开会、下午减贫"这种急于求成的做法。

三是在此标准和时间节点基础上调整对湖北省民族地区县市领导干部的考核要求。省级和州市地区级政府，要根据新情况，调整和放宽对民族县市级、乡镇级领导干部的考核条件。

---

① 计算依据是：2010 年中国农村居民人均纯收入 5919 元，按照"收入翻一番"将达到 11 838 元，如果低于全国人均收入 40%为贫困线，则为 4735 元；按照 2.2 美元/天支出，以及 2010~2014 年平均汇率 1 美元对人民币 6.37 元计算，则年支出为 5115 元；按照 2015 年国家扶贫标准线 3000 元，以及物价和生活指数年上升 7%测算，2020 年贫困线约为 4200 元。三个数据的平均值 4683 元，因此本章认为比较接近湖北省情的贫困标准约为 4700 元。

二、改善贫困对象识别和退出程序，动态看待贫困对象变化

一是认定贫困人口要以量化的"人均纯收入"或"人均支出"为标准，结合住房、身体健康等直观条件进行识别。识别程序宜"自下而上"，每年11月由村组实事求是地推荐，12月上报到乡镇，由乡镇核实后确定本地贫困规模，不搞上级事先划定规模、基层事后框定的"自上而下"程序。

二是正视贫困数据前后不一致问题，不宜反复修正数据。为与国家扶贫部门信息管理系统中的总数据一致，也为防止识别贫困对象中出现问题，湖北省多次开展"回头看"和审计工作，地方政府不得不多次调整相关数据，以致至今难以获得准确、权威的贫困数据。中央和省级政府既要正视贫困数据的动态变化情况，认识到贫困对象有进有退、贫困规模不能事先确定的事实，也要容许出现一定的错误率，不搞那些为达到前后一致的"数字游戏"工作。

三是尽快结束贫困对象识别工作，将扶贫工作重心转到措施和政策落实方面。2014年底，湖北省民族县市已经完成贫困识别工作，确定了此轮精准扶贫的对象。因此，后续对新进入和退出的贫困对象进行调整，不再是扶贫的重心。鉴于调研中各县市到2016年上半年还在贫困对象识别工作中"打转转"，建议省级政府不再搞"回头看"或整改工作，以当前实际情况为基础，迅速转入扶贫措施和政策实施阶段。

三、抓好扶贫脱贫工作的重点原则、考核内容和工作对象

要纠正和解决精准扶贫精准脱贫工作中的对象识别排斥问题，扶持措施"新瓶装旧酒"和一村一策、一户一法的无序无效问题，扶贫资源"精英捕获"问题，以及难找脱贫带头人问题，要求各级政府在全面推进精准扶贫工作中把握"三个重点"，即重点原则、重点考核、重点工作对象。

（一）抓好重点工作原则：增加透明度和维护公正公平

开展精准扶贫要遵守一定的工作原则，它是体现政府治理和社会发展核心理念的一种方式。现阶段，中共中央、国务院对打赢脱贫攻坚战、推动精准扶贫工作提出了指导性基本原则，如"坚持党的领导，夯实组织基础""坚持群众主体，激发内生动力"等六个坚持的原则（中共中央和国务院，2015）；各省（自治区、直辖市）在全力推进精准扶贫工作中也提出需要遵守的基本原则，如湖北省的"因地制宜，精准施策""统筹兼顾，脱贫为要"等四个原则（湖北省扶贫开发办公室，2015），重庆市石柱县的"发展为要、民生为本""点面结合、合力攻坚"等五个原则（石柱县扶贫开发办公室，2014）。这些基本原则对全国各地推进精准扶贫工作起着提纲挈领的指导性作用。从基层实践来看，现阶段坚持社会公平

公正、增加透明度的原则显得更为重要。

一些地方在贫困对象识别、扶贫措施实施过程中暴露出来的问题与没有坚持这两个重点工作原则有关。如在识别贫困对象时，一些地方按照国家扶贫部门信息管理系统"自上而下、逐级分解"的方法来识别和认定贫困人群，出现真正贫困人口未被识别的情况。更严重的是，有些县市在识别贫困村和贫困户时，标准比较随意，公开程度不够，与乡镇领导关系较好的村被纳入、不好的被排斥，与村干部关系密切的农户被识别为贫困户，使得一些真正的贫困人口还未被识别和纳入扶持范围，导致群众满意度不高。在实施各项扶贫措施中，存在排斥贫困户、扶贫资源被乡村精英捕获情况。一些县市大力宣传的金融扶贫和旅游扶贫因门槛要求较高排斥了那些绝对贫困户。要解决扶贫中的排斥和精英捕获问题，需要各级政府在扶贫工作中坚持维护农村公正公平、增加透明度的重点原则。

1. 坚持维护公正公平原则

一是要强调标准的一致性，不搞区别对待。在识别贫困对象、确定帮扶项目资金时，要按照统一的标准来执行，防止因人而异。二是要强化程序管理，严格按照工作程序和步骤来操作，不搞弹性和区别对待。三是要建立申诉反馈渠道。要通过一定方式和渠道，允许群众把精准扶贫工作中的违规现象和好的建议向有关部门反映，各县市要强化纪检监察部门的监督作用。

2. 坚持增加透明度原则

一是要做好宣传工作。各县市要通过干部业务培训、张贴和刷写上墙标语、制作展板、入户宣讲等方式宣传精准扶贫开发工作，让群众了解精准扶贫的内容、程序和方法。二是要真正做好公示公告工作。公示公告不仅要张贴在乡镇、村级办公地，也要进村入户，让贫困对象相互了解、相互监督。三是要做好抽检复查工作。各省市要建立自上而下的抽检复查制度，重点对偏远村镇进行抽检，及时纠正遗漏和错误。

（二）抓好重点考核内容：调动群众主动参与、还权于民

精准扶贫是一项综合扶持工程，需要综合管理的理念和标准。实践中，各地建立了相应的绩效考核体系。这些考核考评办法几乎都将贫困村、贫困户的减少作为重要考核标准。我们认为，考核基层精准扶贫工作不仅要有数量结果型标准，还需要质量过程型标准，例如，是否调动贫困群众积极性，赋予群众相应权利。目前，一些地方出现数字上减贫，实际上群众较少参与的"虚火"问题。一些扶贫项目的选择权和决定权在县、乡镇级，村一级无项目和资金的自主权，贫困农户更没有决定权。调查中，一些群众反映产业扶贫项目根本不知道是谁决定的，有些产业根本不适宜本地，产量不高，市场销路不好，根本没有起到扶贫的作用；

至于政府投入多少资金，群众很少知道。村干部也反映，贫困户对目前进行得轰轰烈烈的精准扶贫工作参与性并不高，很多项目到村组实施不下去，只有委托给种养大户。同时，一些县市干部反映，在当前精准扶贫工作数量标准考核压力下，基层单位倍感紧张，不得不搞一些"短平快"的扶持项目，如资助几千元钱、养几头猪几十只鸡，以期尽快让贫困户脱贫，而对其长远发展、能力提升则难以顾及。要解决扶贫中千篇一律、万面一孔，扶持措施不精准，一味引进、只顾当前不顾后代的问题，需要确立一种重过程、重质量的精准扶贫工作考核标准。

精准扶贫的深处是赋权，赋予贫困群众知情权、选择权、参与权和监督权，特别是直接参与项目的制定、执行、监测和评估，让农民从被动的受益者真正转变成为积极的参与者。因此，建议各县市把调动群众主动参与、充分发挥民众权利作为重点内容和标准纳入绩效考核之中。

一是建立一个相对科学、易操作的赋权考核标准。可以通过一些简化和关键指标来衡量群众主动参与精准扶贫和使用相关权利的综合情况，例如，贫困人口参与率、建议率、申报率、反馈率等类似指标，反映精准扶贫中的赋权情况。

二是要切实发挥对口帮扶和驻村干部的作用，真正实现干群共建。通过驻村干部和对口帮扶干部的入户访谈活动，充分了解群众困难及其扶持意愿，汇集相关信息。

三是通过入村入户调查、前期评估、后期追踪反馈等方式，听取群众意见，了解群众想法，尊重群众意愿，与群众一起对扶持项目的选择，以及如何投入等重要事项做出慎重决策；不能由上级部门大包大揽，更不能搞"一刀切"。

四是制定一定的奖励办法，对主动参与扶贫活动的贫困群众予以激励。扶贫要注意扶志，要教育那些"等靠要"思想严重的贫困群体，对期限内脱贫户予以宣传表彰。

（三）抓好重点工作对象：村组干部和脱贫带头人

在县市一级，精准扶贫的工作对象是贫困村和贫困户，各项扶持措施、项目和资金均投放于此。但在实际推进过程中，扶贫工作出现落实难、效果欠佳情况。究其原因，是工作对象抓不准，没有抓好村组干部和脱贫带头人，没有发挥他们的示范带动效应。

当前，贫困农村发生较大的变化，大量青壮年劳动力外出，一些村寨逐渐"空心化"，留守的老弱病残群众普遍文化水平和生产能力低，缺乏农业技术。一些贫困户的心态在发生变化，一方面渴望"一夜暴富一夜脱贫"，瞧不起小打小闹的农业生产和零工收入；另一方面存在"等靠要"的心理，寄希望于政府的扶持。同时，基层党组织建设落后，干部队伍老龄化比较严重，村干部的组织能力和自身脱贫能力都有限。精准扶贫工作推进到村组一级时，由于难以找到有能力、有见识、愿意服务的干部人才和带头人，一些产业扶持项目在贫困村组难以落实。

上面千条线，下面一根针，贫困村组织是落实国家和省级各种扶贫和发展政策、项目的具体责任人。要解决精准扶贫落实难、效果差问题，就要紧紧抓住村组干部和带头人这两个重点工作对象。

一是选用一批有能力、无私心的村干部，建立好基层组织。要结合群众意见，充分发挥基层民主政治，选用那些熟悉村组情况、群众信服、市场意识较好、有较强党性和服务意识、敢干事能干事的党员干部，组成战斗力和服务力较强的基层组织。

二是合理利用奖惩办法，发挥村组干部的指导参谋和具体参与项目实施的作用。要通过一定方式，充分发动党员干部积极投身精确帮扶工作中，及时参与实施各个扶持项目，引导和帮助贫困户发展生产、努力脱贫致富。

三是积极培育脱贫带头人。一个贫困村要脱贫摘帽，少不了几个带头人。要从顶层设计角度看待村组脱贫带头人的重要作用，在扶贫资金项目中要安排专项资金加以培育，也可以在规范带领贫困户脱贫任务基础上通过产业扶持方式重点扶持脱贫带头人。要把脱贫带头人与农业技术人员和各类专业性人才培养结合起来，把他们培养成新一代农技员、销售员、互联网人才、理财投资专家，把农业产业扶贫、电子商务扶贫、金融扶贫工作落到实处。

四、因地制宜、精准灵活推进易地搬迁工作

（一）核实和确定真正需要且能够搬迁的贫困户

按照自愿原则，将"一方水土养不活一方人"的贫困人口搬出大山深山。要纠正目前搬迁对象为"2013年贫困建档立卡中的意愿搬迁户"的做法，不能受到上级划定的搬迁规模数据的限制，要按照当前实际调查情况，将真正愿意搬迁且是贫困户的群众搬迁出来。各县市当务之急要摸清本地情况，尽快推动相关工作。

（二）尽快出台和完善相关政策

建议紧急出台土地置换、建房面积、生产资料再配给方面的指引性政策。湖北省国土资源厅要对山区搬迁集中安置点占用基本农田情况出台具体政策，允许占用不超过搬迁总面积10%的耕地，以复垦旧村庄、宅基地为置换条件。在村镇协调组织下，将搬迁户的原有承包地、林地进行流转和重新安排，在安置点配置一定面积的生活耕地。湖北省扶贫开发办公室与省发展和改革委员会要根据民族山区县市居民住房习惯，扩大集中搬迁户建房面积至50米^2/人，对自建住房户面积不做限制。

（三）完善"交钥匙工程"政策

建议移民搬迁以分散安置为主、集中安置为辅，完善"交钥匙工程"政策。根据搬迁户的具体情况实行不同的搬迁方式，允许以补代建方式让贫困户分散安置。要充分利用村镇集体的废弃用房和用地，翻新原小学、工厂等已有房屋，集中安置五保户和低保户。要充分发挥搬迁户的主动参与性，对"交钥匙工程"的安置地点、建房面积、配套设施等方面的合理要求予以灵活处理，尽量满足群众的生产生活条件。

（四）防控县市级债务风险

建议省级政府加强对县市级投融资平台的指导，防范地方债务上升。针对目前县级政府自筹40%左右的搬迁资金情况，省级投融资平台要在指引地方平台基础上，承担县市20%左右的搬迁资金筹资任务。要鼓励社会帮扶和公益性基金参与易地扶贫搬迁。在集中安置点建设的招投标过程中，要引入有较强社会责任感的企业通过自垫资金或捐助资金进行建设。

（五）因地制宜实施搬迁

建议简化手续，适当放权，不搞"一刀切"政策。针对民族地区各县市搬迁进度和难度，省级国土资源、发展和改革部门与扶贫部门要加强指导，对土地规划、设计、资金下达和使用等方面适度放宽要求，允许各县市根据实际情况自行灵活处理。允许各县市根据具体调查情况，调整搬迁任务。

五、加强审计与扶贫部门的协调沟通，为资金整合保驾护航

（一）审计与扶贫部门缺乏沟通

审计部门要熟悉扶贫各项工作原有政策和规定，熟悉基层具体操作程序。目前，各县市对贫困对象识别进行的"回头看"和审计工作，以及确定搬迁对象、整合资金中的审计工作，有一定想法和担心。建议审计部门和各级党委纪委加强同扶贫部门的沟通联系，实现审计和扶贫工作的同步性。

（二）允许出现一定限度的错误率

在贫困对象数据、搬迁对象数据、资金使用情况等方面，容许基层出现2%～3%的错误率。在容错率范围内，不再追究相关负责人的责任，将悬在基层干部头上的无形之剑放下来。

（三）改变分部门审计的体制机制，按照项目综合审计

针对目前扶贫项目和资金由上级分部门条块纵向下拨到各县市、各县市和乡镇整合使用，建议由扶贫部门牵头，成立一个综合审计办公室，由各项目资金来源部门审计人员组成综合审计小组，按项目分年度进行审计。

六、加大资金投入，出台关键性政策

精准扶贫要实现长远效应，确保扶贫的成果维持稳定，以彻底改变贫困的面貌，就应该构建预防致贫返贫机制。为此，必须完善教育、医疗卫生及社会保障、就业等方面的政策体系。

（一）适当增加"社会保障兜底一批"的财政资金，扩大投入比例

中央和省级政府要按照各县市核实的兜底人群规模，实现 100%的财政转移支付，避免增加地方财政负担。"社会保障兜底一批"的投入比例在"五个一批"措施资金配置中，不低于 25%。

（二）重点出台健康扶贫方面的政策

一是要建立特困、五保等供养人员生活水平动态调整机制。按照不低于上年度当地居民人均消费性支出的 80%合理确定供养标准，有效保障特困、五保供养人员基本生活。

二是扩大医疗救助对象范围和标准。从低保对象、特困供养人员扩大至低收入家庭的老年人、未成年人、重度残疾人、重特大疾病患者及因病致贫家庭患者等，医疗救助标准提高到医疗费的 90%。各县市列支专项资金，将住院医疗报销比例提高到 100%，切实减轻救助对象治病负担，尽快解决当前健康贫困问题。

三是实施困难残疾人生活补贴和重度残疾人护理补贴民生工程，补贴标准高于低保标准 20%，解决额外生活支出和长期照护支出困难的问题。

（三）高度重视农村就业创业与教育培训工作

一是要制定就业创业方面的政策。通过减税、金融支持等措施鼓励和吸引现代服务业落户贫困地区，努力培育和创造就近就业机会。要通过小额信贷、简化行政审批手续、财政补助等手段，鼓励返乡农户创业，带领更多贫困人口增收。

二是要制定教育发展和技能培训方面的政策。在进一步提高基层教师待遇基础上，要对贫困户子女上学、寄宿、饮食等方面给予生活补助。要采取有效措施，吸引和鼓励大学生回到家乡就业创业，增加人才回流的机会。要加大财政投入，切实做好农村实用技术方面的培训工作，提高贫困农户转型生产的能力。

第三章　民族山区产业扶贫开发的关键措施考察

发展产业是农村脱贫致富的根本性途径。各级政府在推动扶贫脱贫工作中，将产业扶贫放在重中之重，项目、资金、人力、物力等投放力度比其他扶贫方式要大得多。湖北民族山区产业发展有一定的特殊性和约束条件，产业扶贫有一定难度，需要一些关键性政策措施予以保障支持。本章对长阳电子商务扶贫实践、宣恩县金融扶持特色产业发展、恩施市龙凤镇"综合扶贫改革"聚焦农业减贫等三类关键性措施进行考察。

第一节　民族山区主导产业的选择与转换

所谓主导产业，是指能够带来地区经济持续增长、居民持续增收、从业人员占比较高的产业。改革开放以来，民族山区主导产业发生较大变化，从第一产业为主逐步过渡到第一、第三产业共担大责的格局。在第一、第三产业内部，正进行结构性调整和转换，特色农业、旅游服务业等产业逐渐成为增产、增收、就业的主导产业。

一、民族山区主导产业的选择

主导产业的形成，有以下两种方式。一是结合地区自然和资源条件，历经几十年或上百年的生产自然形成。例如，西南地区的广西和云南，自古以来就种植水稻、甘蔗、烟叶、橡胶、香蕉等作物；西北地区的青海循化撒拉族自治县和互助土族自治县部分乡村群众一直以饲养牛羊和放牧为主；东北地区的黑龙江则以种植玉米、水稻或狩猎为生；体现了一定的地域性特点。但是，这些创收产业如果还停留在传统生产方式方法阶段，很难帮助农牧民脱贫致富，必须用现代生产技术和市场经济进行提质升级，增加其产量和价值，才能更好地充当增收产业。二是经过政府等外部力量的大力推动、主动选择形成。近年，我国政府实施了多项惠农支农政策，强调产业扶贫，引导各地少数民族群众发展生产，发挥外部支持的作用，取得了较好效果。例如，湖北鹤峰县鼓励群众发展茶叶产业、长阳县支持高山蔬菜产业、恩施市扶持大峡谷景区旅游业等，从传统的农作物种植转型为现代种植业和服务业。

（一）山区主导产业选择的依据

1. 理论界对不同产业和创收方式的减贫效果看法不一致

第一种观点：农业增长对减贫的作用最大。世界银行在1990年的发展报告中指出，农业是世界上穷人最主要的收入来源，农业增长对减贫的作用是第一位的（World Bank，2000）。Ravallion和Chen（2004）对1980～2001年中国农村减贫工作研究发现，第一产业对削减贫困和不平等所发挥的作用要大于第二和第三产业，产业结构在减贫方面作用是不平衡的。克里斯滕森等（2010）考察内蒙古和甘肃偏远落后地区发现，人口转移和农业税的废除为减贫提供了一定帮助，但减贫规模的扩大主要体现在农业生产领域。李小云等（2010）也发现，相比于第二、第三产业，农业部门增长具有较高的减贫效应。

第二种观点：第二、第三产业和外出务工方式的减贫效应大于农业生产的减贫效应。罗楚亮（2010）、岳希明和罗楚亮（2010）的研究表明，外出务工所获得的工资性收入增长对农户脱离贫困状态具有重要的贡献，它显著降低了农户陷入贫困的可能性，是贫困状态转换的最重要因素。张凤华和叶初升（2011）对1994～2000年和2001～2008年两个时期省际经济增长和城乡居民收入数据做阶段性回归分析发现，随着经济的深入发展，三次产业发展对农村贫困的影响发生了一定程度的逆转，减贫效应最大的产业由第一产业变成了第二产业，第三产业的减贫作用也逐渐扩大。

第二种观点似乎与农民创收行为选择、政府减贫策略宣传更加吻合。越来越多的贫苦农民抛荒撂地、背井离乡外出务工，地方政府也大力打造"打工经济"，似乎农业的减贫作用已经荡然无存。20世纪90年代，少数民族山区外出打工农民开始增多，地方政府甚为推崇，创造各种条件和制定政策发展打工经济，一些农户依靠打工而脱贫致富。以湖北恩施州为例，1993年前该州农民主要依靠农业生产创收，占家庭总收入的94%，依靠打工获得的收入仅占5%，不足百元；但到2010年后，人均外出打工获得的年工资性收入超过1500元，占总收入的三分之一。

我们认为，衡量不同产业和创收方式的减贫效果，不仅要看贫困人口减少的数量规模，还要看减贫的质量状况，即是否稳定、长远地脱贫。如果脱贫不久又返贫，反反复复，减贫效果就比较差；我们所追求"有质量的"减贫是指脱贫后能够顺利走上致富轨道、彻底脱贫不再返贫。因此，有质量的、稳定的减贫有两条标准：一是返贫率较低，二是维持脱贫状态时间长。不同产业和创收方式下，返贫率高低、脱贫持续时间长短不尽相同。一般地，农业受自然资源和气候条件、产品周期（如物价波动、市场需求量）的影响较大，抗风险能力弱，因而从事农业生产和经营的农民返贫率较高；而第二、第三产业，主要受国家宏观经济政策、市场供求，以及岗位和工资的影响，发生作用链条和时间较长，因而从事第二、第三产业的农民所受影响小于农业，发生返贫的概率小一些。但是，农业生产更具长远性，它可以让农民获得赖以生存的食物，特别是对那些年纪较大、打工能力不足的贫困人口来说，农业生产是保证温饱的基本途径。而第二、第三产业对农民的个人能力、身体条件、社会资源的要求较高，年老体衰、文化程度低的贫困人口不容易适应此类生产劳动，依靠第二、第三产业打工存在较大不确定性。

2. 山区主导产业选择的依据

"靠山吃山，靠水吃水"，正是对一个地区利用本地资源选择主导产业的形象描述。湖北民族山区选择主导产业的依据包括自然、人力、资金的约束，以及市场的需求，还少不了生产主体（企业家）的试错和调整过程。

首先，选择产业要结合民族山区的实际情况，包括人力资本、自然资源、产品市场，否则会形成"短命"产业。调研中我们看到，有一些山区村寨并不适宜种植瓜果、蔬菜、中草药等特色作物，也有一些村寨不适宜发展乡村旅游，却把特色种植业、乡村旅游作为今后发展的主导产业，投入了一定量的人力和物力，几年过去仍然没有任何创收增收效果。

其次，选择产业要关注社会大趋势和市场经济的格局。当前，中国农村经济的一个大趋势是传统农业在逐步转型为现代农业，广大农民主要创收意愿是外出打工，因此，民族山区主导产业选择之一是打工经济。

最后，市场经济离不开企业家的行动。民族山区选择主导产业的过程既是生产方式的一个历史过程，也是一个市场经济主体自我创造和试错的过程。这一市场主体就是企业家，既有来自外地的企业家，也有本土生产能人和大户。他们利用自身资金优势、技术优势、市场优势，在民族地区开展生产，从而可带动附近居民进行类似生产，形成创收增收的主导产业。

（二）湖北民族山区的主导产业

湖北民族山区原有主导产业是农业种植业、"养殖业+打工产业"等；近年，逐步转换为"旅游业+种养业"等，特别是特色农业发展比较迅速，成为少数民族和民族地区增收的主要产业。

从三次产业结构分析，2014 年湖北全省产业结构为 11.6∶46.9∶41.5，全国的产业结构为 9.1∶43.1∶47.8，湖北民族地区三次产业结构为 24.7∶34.9∶40.4，与全省和全国的结构有一定差异，湖北民族地区第一产业占比较大，第二和第三产业占比较低。从第三产业结构来看，湖北民族山区的旅游业是第三产业的支柱产业，在第三产业中占比达 80.4%。如果把第一产业和第三产业加起来，湖北民族地区经济发展的主要部分由山区经济决定，比重达 65.1%：一方面反映了民族地区经济对山区经济的依赖程度较大、工业发展滞后；另一方面则折射出山区经济对民族地区经济发展的重要性。

从居民收入构成也可以看出一个地区的主导产业。2014 年，恩施州农村居民人均可支配收入构成中，工资性收入、经营性收入、转移支付收入是重要收入来源，分别占比 30%、36%、24%，其他收入占比 10%。

无论从三次产业结构来看，还是从收入结构看，湖北民族地区第二、第三产业发展不足，产业结构有待进一步优化。由于第二产业发展受到生态保护的限制，发展第一、第三产业将是这一地区的未来方向。

二、湖北民族山区主导产业的转换

主导产业转换问题，是一个产业结构调整的过程问题。在这一过程中，需要利用市场"看不见的手"和政府"看得见的手"，发挥两只手各自的优势，实现产业的有效转换。政府在产业转换中的作用是：①提供产业信息，包括发布市场上价格信息，披露具体产业的投资成本等；②培育产业发展的市场环境，包括完善道路交通、信息网络基础建设，严格监督产品质量，制定严格的市场契约制度，降低市场风险，严打坑蒙拐骗，维护市场秩序；③制定优先产业发展政策，引导市场，包括制定减税政策、寻找合适的企业家、招商引资等；④促进科技进步、实现产业升级，既包括促进本国科技成果的转换，也包括学习或移植国外先进技术，政府应促进科研成果迅速转变为商品。

（一）三次产业的转换

根据恩施州当前产业发展来看，茶、药、果、菜等种植业及猪、羊、鱼等养殖业，以及旅游业是主导产业，但结构还较为单一，抗风险能力不足。因此，需要利用自身比较优势寻求其他产业的支撑，转换和调整到其他产业，开拓山区经济新产业。近年，恩施州三次产业也出现转换迹象：第一产业逐渐向第二、第三产业转移，地区生产总值中第一产业由 2010 年的 30.7% 下降到 2014 年的 22.7%；第二产业由 2010 年的 28.7% 上升到 2014 年的 36.2%；第三产业由 40.6% 上升到 41.1%，增长比较缓慢。

未来一段时间，湖北民族山区的三次产业转换的方向如下。

（1）通过开拓新的种养业来夯实第一产业。根据湖北民族山区目前种养业发展情况，其发展还处于常规产业方面，只有标志性产业——硒茶有一定优势和特色，其他种养业的竞争力有限。因此，开发特色产业，挖掘新品种种养业应是今后的发展方向。依据山区环境优势，可以种植稀有药材和养殖野猪、蛇、蛙、鹿、獾等特色动物。

（2）利用劳动力优势引进劳动密集型产业。山区相比经济发达地区而言，劳动力成本相对较低，存在比较优势，劳动密集型产业向山区转移大有可为。一方面解决山区劳动力过剩问题，另一方面促进山区地方经济的发展。以恩施州为例，目前农村剩余劳动力有 18 万人之多，潜在剩余劳动力也较多，因此可以引进纺织、服装、玩具、皮革、家具等制造业及刺绣、编织等手工业。

（3）利用环境优势发展服务业。自然环境是湖北民族地区的一大优势，民族山区风景秀丽、气候温暖适宜，是旅居的绝佳胜地。随着我国居民生活水平的提高，安全、健康、休闲、娱乐已成为目前越来越重要的生活需求。因此，依靠山区生态环境优势，发展养老产业、休闲娱乐业、康复保健服务业等，使其成为未来第三产业的主体。

（4）做强做大旅游产业。近些年，旅游业已成为民族山区经济收入的重要来源，其在经济发展中发挥着越来越重要的作用，湖北民族山区已是湖北鄂西生态旅游圈的重要组成部分。旅游业具有强大的产业联动作用，可带动地方交通、饮食、住宿、文化产品等行业的发展，甚至对本地产品销售也有很大的促进作用。

（二）第一产业内部的调整

从统计数据看，第一产业内部的转换表现为农业种植业向畜牧业转移：农业种植业增加值在农、林、牧、渔业增加值中的占比由 2010 年的 60%下降到 2014 年的 56.4%，畜牧业增加值在农、林、牧、渔业增加值中的占比由 2010 年的 36%上升到 2014 年的 38.3%，林业和渔业基本保持不变。今后可以进一步进行调整转换。

（1）以农业为主向林业、畜牧业、渔业调整。目前，湖北民族山区农业在第一产业中的比重为 55%，畜牧业为 39%。但是，农业并没有优势，人均产量在湖北全省 17 个地区中处于落后地位，难以开展机械规模化生产；以猪肉生产为代表的畜牧业排名第 5 位，有较大优势；林业和渔业资源有一定优势。因此，今后需要实现农业向畜牧业的转变，同时大力发展淡水养殖业、坚果类林业，把林业和渔业的资源充分发挥出来。

（2）粮食作物种植业向经济作物种植业转换。从目前民族山区粮食作物的单位面积产量来看，生产力水平极低，粮食作物种植业已是民族山区的劣势产业。但民族山区的烟叶、茶叶、药材种植业在湖北全省所占比重很大，具有一定的生产优势。因此，实现粮食作物种植业向经济作物种植业的转变会提高生产效率，促进经济发展。

（三）打工经济的调整

一段时间以来，民族山区群众纷纷放弃农业，外出打工，地方政府也大力推动打工经济。但是，从长远来看，山区不宜把打工作为主导创收方式，需要引导群众合理回归当地，发展本地的种养业或服务业。

调查发现，外出打工对农民的个人身体条件和能力有一定要求，他们主要从事建筑、机械制造等工作，以中青年居多，年老体弱者、妇女很难适应高强度体力劳动。以湖北恩施州宣恩县为例，2013 年全县外出打工者的年龄大多数在 50 岁以下，50 岁以上仅占 4.21%；男性占 80%，女性占 20%。这就是我们看到当前农村留守的主要是老人、妇女和儿童的直接原因。在我国农村养老保障、医疗保障、基础教育等社会公共服务体系还不完善的现实情况下，往往容易出现老年贫困、女性贫困和儿童贫困问题。因此，从长远角度看，打工经济需要"人工降温"，引导少数民族群众返乡重新从事新的产业。

三、农业现代化与扶贫开发有效结合的思路

湖北民族山区，群众文化技术水平较低、家庭资金有限，选择乡村旅游、家禽家畜大规模饲养等耗资较大、技术性和市场意识要求较高的增收产业比较困难，因此大部分农户仍然以农业种植为其增收产业。在当前粮食安全大背景下，这一选择不失为一个较理性策略。我们主张，要将传统农业提质增效，进行现代化开发；地方政府要做的工作是探索如何将它与扶贫开发有效结合起来，实现扶贫脱贫与产业发展互促共进的目标。

（一）农业现代化与扶贫开发有效结合的理论研究

农业现代化和扶贫开发是我国经济社会发展中的重要内容，学术界对之分别有较多论述，如中国特色农业现代化建设的思路和模式（蒋和平等，2011）、建设的具体内容（国务院发展研究中心农村经济研究部课题组，2012）、片区扶贫开发的特征（王书华等，2012）。但学界较少探讨扶贫开发与农业现代化的结合问题。彭裘林（1999）较早总结扶贫开发与农业产业化结合的观点，提出找准结合点非常重要。蒋显福（1999）以郧县为例说明贫困山区可以走产业化经营扶贫路子，实现二者结合。这两篇文章均以农业产业化为视角，与现今提及的农业现代化是有区别的。温会礼（2007）提出，在新形势下扶贫开发必须与发展现代农业紧密结合起来，这是因为它们一是在解决农村问题方面目标一致，都是改善农村生产生活环境；二是在解决农业问题方面目标一致，都是调整农业产业结构；三是在解决农民问题方面目标一致，都可以提高农村劳动者素质。范小建（2012）也指出，当前中国集中连片特困地区扶贫开发工作已进入一个新阶段，需要"探索扶贫开发与发展现代农业、承接产业转移相结合，与生态建设、环境保护相结合的有效方式"。

对湖北民族山区来说，农业产业化与扶贫开发结合是一个崭新的课题。何电源（1986）曾提出，武陵山区的开发应把保护山区生态环境作为前提，把山区特

点充分加以考虑。周应华（2005）提出，武陵山区新一轮扶贫开发和农业发展可以采取四个战略：创新战略、跨越战略、整合战略和人本战略。刘璐琳（2012）指出，武陵山扶贫开发存在自然条件恶劣、片区内经济发展不协调、社会事业发展滞后、农业生产方式落后等制约因素。

2011 年，国务院批复国家片区规划，武陵山片区扶贫开发进入一个新阶段。学术界多从宏观角度予以探讨。张立群（2012）认为，武陵山片区应抓住大好时机，走"内生发展为根本，外助带动为保障"的共生型内外一体化发展道路。鲁丽梅（2012）则提出要做好子规划、强化区域内协作、增加投入、发挥文化扶贫作用等策略。萧征龙（2012）认为，武陵山片区应按新的扶贫标准，强力推动由生存型扶贫转向发展型扶贫，特别是要加快转变农业发展方式，把发展现代农业作为首要任务。洪天云（2011）指出，武陵山片区农业生产条件恶劣、农业基础薄弱，大面积还处在传统农业阶段，因此，以政府为主导大力度构建和发展现代农业是必然选择；要完善基础设施、加强农业支持保护、构建服务体系。

纵览国内外文献，有两个基本判断：①很少论及"扶贫开发如何与农业现代化建设结合"问题；②把农业产业化当作农业现代化，把产业扶贫作为推进农业产业化的一个具体途径。这样，片区扶贫开发的具体形式仍然是"整村推进、移民搬迁、产业开发、劳动力转移培训"，并没有专门针对农业现代化建设的扶贫开发形式。实践中，一些地方政府极力提倡通过片区扶贫开发来推进农业现代化进程，如山西临县以片区开发为手段大力开发特色优势产业（山西省农业厅，2011）。但是，在推动二者结合过程中，出现了诸如产业扶贫所扶持龙头企业的带动作用不强、扶强不扶弱[1]等异化现象。党的十八大提出"深入推进新农村建设和扶贫开发，全面改善农村生产生活条件""坚持走中国特色……农业现代化道路"，需要深入调查和研究如何通过扶贫开发来推动农业现代化建设。

（二）农业现代化与扶贫开发有效结合的思路

目前，湖北山区农业发展已经进入一个新时期，出现了一些新情况，例如，劳动力不足、耕作面积下降、抛荒撂地普遍、粮食种植减少、特色种植增多、生产成本上升、生产条件恶化等，农业现代化面临一些新问题。这些问题不是农民或者农业部门一方能够解决的，需要全社会乃至整个国家宏观的农业和技术政策措施来解决。遗憾的是，当前各地将农村工作重点放在扶贫开发上，"三农"问题似乎用一个精准扶贫精准脱贫战略就可以解决。

我们认为，湖北民族地区作为一个集中连片贫困山区，要探索如何实现农业产业化与扶贫开发有效结合，就需要厘清以下四个方面的问题：①湖北民族山区

---

① 扶贫：扶强还是扶弱，李松、周楠、吉哲鹏等，《半月谈》2013 年 2 月。

发展现代农业的条件和制约因素有哪些，从理论上为该片区发展现代农业确立方向；②现有扶贫开发政策措施对该片区农业现代化有何作用，找寻未发挥有效作用的原因；③湖北民族山区农业现代化与扶贫开发有效结合的途径和方式有哪些，可否在扶贫开发工作中开设"现代农业建设"专项工程，与"产业扶贫""移民搬迁""整村推进"等工程齐头并进；④如何落实"现代农业建设"工程的具体项目、资金投入和人员配备，即相关的保障措施。图 3-1 是关于湖北民族山区实现扶贫开发与农业现代化建设有效结合的思路框架。

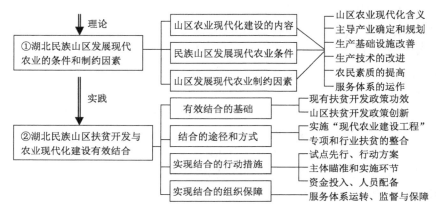

图 3-1　湖北民族山区扶贫开发与农业现代化建设有效结合的思路框架

推动民族山区农业现代化与扶贫开发有效结合，首先，要认识到农业现代化建设重在保"特"保"质"。湖北民族山区可以依据自然条件和人力特点，着力发展生态农业和特色农业，要做到既保障粮食供给，又能发挥特色优势。当前，湖北民族山区放弃粮食生产并不是一个明智选择。该地区应该大打生态牌，主抓绿色安全生态粮食生产。要在生产科技化和专业化、经营产业化、服务社会化上下功夫，在生产规模和产品质量上获得比较优势。

其次，要充分利用现有的扶贫开发政策，加大对现代农业的扶持，促进山区农业的转型发展。一段时间以来，我国扶贫开发政策对山区农业现代化推动作用有限。一些地方扶贫部门实施的产业扶贫多以龙头企业和专业户为对象，项目以特色种养业为主，"扶强不扶弱"；雨露计划也未能助推贫困农民提高生产技术。已有扶贫开发政策较少关注和投入农业基础设施、农业园区建设、农业服务、农民合作组织、农业技术等方面，对农业现代化建设贡献有限。因此，我们建议在湖北民族山区实施现代农业建设专项工程。该工程是利用武陵山片区扶贫开发"先行先试"条件，针对连片山区农业现代化建设的薄弱环节，在专项工程中设立项目和投入资金进行山地改造、农业园区、农业技术、产品加工和销售、农民合作组织建设。

最后，要探寻农业现代化建设与扶贫开发有效结合的体制机制。现阶段，我国农业现代化建设和扶贫开发的体制是分别由各部门负责，农业建设主要由农业、科技、水利等部门负责，主要由农业部门牵头；扶贫开发则主要由扶贫部门开展。机制是各部门分设项目、分拨资金、条块纵向安排，然后交由乡镇和村组实施。这一体制机制的缺点是条块分割、资金分散，漏出效应较大。因此，我们建议由民族事务部门在二者有效结合中发挥主导作用。民族事务部门在湖北民族地区具有扶贫、发展和改革、农业、科技等部门所不具有的优势，可起着统筹、协调、监督等作用。

第二节　民族山区电子商务扶贫实践

为推动实施精准扶贫战略，2015 年起我国实施职业教育培训工程、干部驻村工程、扶贫小额信贷工程、易地扶贫搬迁工程、电子商务扶贫工程、旅游扶贫工程、光伏扶贫工程、构树扶贫工程、致富带头人创业培训工程、龙头企业带动工程等十项工程。这十项工程中，对湖北民族山区农业现代化建设来说，电子商务扶贫工程十分关键。湖北民族山区正着力推进电子商务扶贫工程，恩施市、宣恩县、长阳县等地的电子商务扶贫工作开展相对较快，取得一定成效。本节选取长阳县案例，对湖北民族山区开展电子商务扶贫存在的困难进行分析。

一、长阳县电子商务扶贫与特色农业协同发展实践

长阳县在发展特色农业方面取得一定成绩。过去十多年，该县发展生产高山蔬菜、清江椪柑、茶叶等一批特色农产品，扶持培育高山蔬菜集团、一致魔芋、任森农业、康农种业等一批农业产业化龙头企业，改变了原来种植土豆、玉米、水稻等的传统农作物格局，使全县农业农村经济得到持续健康发展。特别是该县高山蔬菜、柑橘和魔芋生产，在全县乃至全省有名。其中，高山蔬菜种植业已成为全县农业发展的优势产业，主要种植地火烧坪乡于 1986 年在全国率先发展高山反季节蔬菜，如今已形成 50 万亩种植面积、总产量 100 万吨、年产值 20 亿元的规模，占到全省 30%、全国 10%的份额，是公认的"全国高山蔬菜之乡"，高山蔬菜产区农民人均纯收入近万元。柑橘种植业也是该县促进农民收入稳定增长的骨干特色产业，2014 年全县柑橘种植面积达到 13.6 万亩，总产量达到 10 万吨，产值达 2 亿元，其中清江椪柑种植面积达 8 万亩，是湖北省优质椪柑产区。魔芋也成为广大芋农增收的"魔力产业"。2007 年以来，该县政府加大扶持力度，每年捆绑资金过百万元鼓励农民种植魔芋，同时成功引进魔芋深加工龙头企业——湖北一致魔芋生物科技有限公司，魔芋市场价格逐年攀升，农民种植魔芋的积极

性空前高涨。2014 年，全县共有 11 个乡镇、超过 97 个村规模种植魔芋，魔芋种植面积达 8 万余亩，产值 4 亿多元。

民族山区发展特色农业并不困难，难在找到合适的销售市场。这就需要电子商务牵线搭桥。但是，由于技术、资金、基础设施，以及人员方面的不足，湖北民族山区电子商务发展比较缓慢。电子商务扶贫工程较好地解决了以上问题，成为民族山区特色农业发展的推动剂。

2015 年，长阳县把电子商务扶贫纳入扶贫开发工作体系，积极谋划"电商平台+健康食品产业+特色基地+网店+贫困村（户）"的电子商务扶贫生态链。为此，该县出台了《全县电商扶贫工作实施方案》，以建档立卡贫困村为服务重点，培育和提高贫困户电子商务创业增收能力，强化对贫困户通过电子商务创业脱贫的政策支持。

长阳县推动电子商务扶贫工作主要做法有以下三个方面。

一是做好资源整合，搭建电子商务孵化平台。长阳健康食品产业特色鲜明、优势突出，适宜发展农村电子商务。老巴王、一致魔芋、任森农业等企业率先触网，较早开展电子商务 B2C[①]、B2B[②]业务。截至 2014 年底，全县有 450 多家网店入驻淘宝、天猫、苏宁易购等电子商务平台，加速大山深处的精品果、有机茶、生态鱼、高山菜、健康肉等特色农副产品上网，为贫困群众闯出一条脱贫致富的"互联网+"道路。

2015 年 12 月，长阳县政府与苏宁云商签订战略合作框架协议，计划在电子商务扶贫"双百示范行动"、电子商务扶贫 O2O[③]展销专区、"10·17 扶贫购物节"、农村电子商务人才培养等四个方面展开合作——合作建设"苏宁易购长阳特色馆"，发展 15 家旗舰店、专营店，计划每年新增四家以上；利用电子商务扶贫 O2O 展销专区集中展示长阳优质特色农副产品与旅游等资源，提升长阳产品知名度和竞争力；每年组织电子商务运营、策划等专业技能培训四次，累计培训 200 人次以上。

在借力苏宁云商的同时，长阳县着力培育本土电子商务龙头企业，建设电子商务孵化服务平台。主要措施是支持长阳夷农电子商务公司，强化与全国供销合作总社"供销 E 农"电子商务平台、省供销合作总社裕农网电子商务平台对接，打造"网上供销合作社"，加速"网购进村、土货进城"步伐；强化农村电子商务中心建设，建成总面积 1200 平方米的电子商务物流中心，吸引电子商务企业 6 家、个人电子商务创业者 15 家。

---

① B2C：business to customer，商家对顾客。

② B2B：business to business，企业对企业。

③ O2O：online to offline，线上到线下。

　　二是建好配套设施，打通农村物流体系。通过县、乡、村三级农村物流服务网点建设，使快递物流企业把服务延伸到村；做好县、乡、村三级物流信息资源采集，缩短物流时间、提升配送效率，为农村电子商务发展提供物流体系支撑。

　　2015 年，长阳县已完成路基路面加宽 121 千米，完成农村公路硬化建设里程 721.1 千米，开通 151 个行政村客运班线，12 月底达到 154 个行政村全部通客车。全年新增农村光纤宽带用户 1.3 万户，实现宽带入户率达 20%以上，并建立集"电子服务、电子村务、电子学务、电子商务"于一体的农村"四务通"信息平台。全县 11 个乡镇在各自办好 1～2 个"四务通"试点村的基础上，正全面有序推进"户户通"建设。龙舟坪镇合子坳村等 17 个信息网格示范村已初步建成，近 2000 户开通光纤宽带。贫困村、贫困户"望路兴叹""望网兴叹"的状况得到极大改善，为特色农产品通过电子商务进城入市创造了条件。

　　三是抓好创业扶持，培育电子商务脱贫能人。长阳县加强部门联动，主动作为、综合施策，出台《全县电商扶贫工作实施方案》，通过信贷等优惠政策将电子商务与扶贫捆绑推进，强化对贫困户通过电子商务创业脱贫的政策支持。对从事电子商务经营的建档立卡农户给予 10 万元专项信贷资金扶持，并给予全额贴息；对与电子商务企业签订生产供应合同的建档立卡贫困户，给予专项扶贫资金支持；对重点贫困村参训并获得相应证书的农户按照人均 150 元/天给予生活费和住宿费补贴。支持电子商务企业到贫困村开展订单服务，对电子商务企业流动资金贷款予以 3%的信贷贴息优惠。

　　同时，长阳县加大电子商务技能培训，让电子商务创业者、贫困户掌握一技之长，成为发家致富的抓手。具体做法是：①把长阳夷农电子商务公司建设成为全县电子商务扶贫业务培训基地，培育电子商务扶贫领头羊；②抓好专项技能培训，由电子商务企业和平台邀请专家学者、第三方培训师针对长阳健康食品产业，加强对电子商务经营者的专项技能培训，帮助其掌握电子商务运营流程，并能独立运用电子商务平台开展业务，确保每个贫困村至少培训两名电子商务应用人才。2015 年 8 月 28 日，第一期农村电子商务培训班在高家堰镇界岭村开班，30 多名学员接受为期一周的免费培训；12 月 4～5 日，在长阳夷农电子商务公司举办首期贫困村电子商务培训班，全县 54 个贫困村、15 家电子商务公司共 80 余人参加培训。到 2016 年上半年，全县共举办电子商务培训班四期，累计培训电子商务从业者 500 人次，编印发放培训资料 500 余本。

　　通过以上三大举措，长阳县特色农业发展势头良好，品牌逐步确立，市场逐步扩大，农民增收幅度持续稳定。2015 年全县高标准新建茶叶、魔芋、柑果、核桃基地 3.47 万亩，特色农业基地面积突破 100 万亩。2015 年全县实现生产总值 123 亿元，是 2010 年的 2.2 倍；城乡居民可支配收入达到 22 525 元和 8148 元，分别是 2010 年的 1.9 倍和 2.3 倍。

二、湖北民族山区推动电子商务发展的困难及改进建议

总体来看，湖北民族山区的电子商务产业刚刚起步，要实现电子商务扶贫与特色农业协同发展还存在较多困难，需要政府、企业、农户，以及外部电子商务平台的大力扶持和投入，才能发挥其牵线搭桥、开拓市场的重大作用。

（一）推动电子商务发展的困难

一是农产品本身特点制约了电子商务扶贫工作的开展。湖北民族山区特色农产品，如高山蔬菜、水果、农产品、水产品等，容易腐烂毁损，对温度等条件要求较高，需要保鲜，造成物流成本较高。农产品本身的特点给电子商务扶贫工作造成了较大的困难，使得电子商务扶贫工作不仅要搭建电子平台，还要配套基础设施，如物流道路、运输工具等，因此电子商务扶贫的内容之一是要努力提高农产品加工、物流等技术，促进农村地区经济发展。

二是基础设施硬件条件制约电子商务扶贫工作。湖北民族山区，地处西部，是中部山区与西部山区接壤过渡地区，地理条件较为特殊，道路、水电等设施比较落后。一方面，很多贫困乡村距离城镇较远，道路建设标准不统一，部分乡村道路状况极其不好，晴通雨不通、通人不通车，导致电子商务配送成本高，配送时间稳定性差，网上交易与实体配送不能很好衔接，实体配送落后于网上交易的需求，对消费者而言，电子商务便利、快捷的优势会因此而丧失。另一方面，大部分贫困乡村的网络通信设施落后，网络技术、网络信息内容、资费水平、通信速度、安全和保障条件等方面都难以适应电子商务高速发展的要求。民族山区基础设施硬件差，使得贫困乡村开展电子商务面临着信息流和实物流两大主要难题，导致设想中的互联网销售难以在农村市场顺利实行。

三是认识和人才问题。一方面，部分地方政府、农产品生产企业、农村合作组织，以及种植户对电子商务的认识欠缺，特别是广大少数民族群众文化程度偏低，加之受传统农业生产方式的影响，认为电子商务虚无缥缈，可信度不高，也不愿意学习电脑和互联网知识，使得电子商务成为少数人尝试的新鲜事，现有的电子商务服务网点的使用比率较低。

另一方面，民族山区的电子商务人才奇缺，收集和分析农业信息方面的人员严重不足，大量的信息资源无法有效被开发，而且有些乡镇电子商务服务人员整体素质不高，对计算机网络等现代信息技术的把握能力不足。在一些农村地区，不仅人才缺乏，还出现人才严重流失的现象，懂得电子商务技术的人才很少愿意到农村地区服务，使这方面的电子商务应用人才匮乏。电子商务服务人员的缺乏，直接影响了电子商务扶贫工作的顺利进行。

四是政府和企业的作用还未充分发挥出来。一些乡镇对推进农村电子商务的

各项措施落实不力，对电子商务的宣传力度不够，对专业人才的培养支持力度不够，对农村电子商务活动不够重视；特别是未能广泛发动贫困农户积极参与，在实施过程中是一种自上而下的、单向度的政府行为，贫困人口的参与只是被动投工投劳和自筹资金,他们的主观能动性和发展决策权没有得到足够的重视和挖掘，影响了电子商务和电子商务扶贫工作的开展。

电子商务企业应该说是电子商务扶贫的主力军。但在我国现有政府主导农村扶贫开发的情况下，社会参与、企业帮扶在民族山区还比较欠缺。我们看到，当前以农业信息为主或以农产品信息有关的网站，以及重点推介民族山区安全、绿色、特色产品的网站比较少，政府和企业都不愿意投资相关网页平台开发，信息极为不畅，受众市场极为有限。此外，湖北民族地区的农产品品牌推广力度不够，导致多数企业品牌知名度处于中下水平，制约了电子商务发展。

（二）进一步推动电子商务发展的政策建议

一是出台有关电子商务扶贫政策。主要是制定鼓励社会各界投资农村电子商务网站的政策，解决农民上网贵，上网难等问题，大力发展特色产业、特色农产品，形成一个有特色、有品质、有品牌的农产品网络体系。

二是设立民族山区的"电子商务扶贫试验区"或"示范区"，总结并推广成功经验。可以首先确定某些行业和某些乡镇作为电子商务扶贫的试验区，选择信誉较好和市场认可度较高的电子商务公司作为试点单位，给予一定优惠政策，起到一个先行先试的作用。

三是加强电子商务中介体系建设。各级政府应大力扶持涉及电子商务扶贫的物流、交通运输、金融等企业及部门，实现全程全网的第三方物流服务体系和各类支付工具，解决农村交通不便，物流进村难等问题。

四是鼓励企业加快市场改革，培育农村电子商务市场，建立农产品冷链物流仓储设备，加强与冷链物流设施相对发达的农业园区合作，重点发展鲜活农产品电子商务，大力实施农产品品牌化和标准化战略，积极引导企业入村开店。

五是加快人才培养。各级政府要积极举办和参与有关电子商务扶贫各项活动，提高贫困农民的信息获取、接收能力和利用能力。要采取补贴方式鼓励和支持农村大学生回乡创业，培养农村电子商务人才，帮助他们争取上级政府的资金支持。县级政府要引导大专院校的电子商务专业人才和涉农及管理销售的专业人才进入农村地区，为农村电子商务建设和农产品销售提供人才支持和队伍保障。

总之，在当前全国实施精准扶贫精准脱贫战略之际，湖北民族地区要通过电子商务扶贫，实现特色农产品的稳产增收目标，达到脱贫致富效果。各级政府要加强政策的制定和指导、资金的投入，特别是建立激励机制，鼓励涉农专业大学毕业生和高级人才到基层农村为提高广大农民农村电子商务运用提供指导，培养新一代农村电子商务建设的主力军。企业、民间组织和贫困农户要积极参与、积极推动，形成合力，共筑电子商务和农特产品结合的平台。作为高校，可以通过专家咨询为农户和企业提供具体指导，扎扎实实地为民族地区、民族群众脱贫做出贡献。

第三节　宣恩县金融扶持特色产业发展调查

湖北民族地区产业发展的一项重要内容是如何融资投资，将有限的资金投放到合适的产业上，以及合适的生产主体之中。2007 年以来，湖北宣恩县探索了一条金融扶贫的道路，将群众自筹资金投放到当地产业发展之中，取得一定效果。2014 年，该县挂牌为湖北省"金融扶贫示范县"，为民族山区如何扶持产业发展提供了一个较好典型。

一、宣恩县金融扶持产业发展的实践

宣恩县金融扶持产业发展的历史要追溯到 2007 年。当时黄坪村作为一个试点村，率先启动实施了"贫困村互助资金"项目，村民通过缴纳 50～200 元不等的会费成为互助社的会员，共有 91 户入社，还辐射周边村两个产业合作社 563 户。互助社项目的资金由村民自管、自用、自贷，通过互助贷款，在一定程度上缓解了社员发展生产缺乏资金的难题。但是，随着村级经济的变化，互助社资金少、贷款规模小的缺陷逐步暴露，制约了该村的长远发展。为解决这一问题，2014 年黄坪村继续作为试点村，率先实施金融扶贫"益贷互助担保贷款"，并成立扶贫互助社，赋予其担保机构职能，开始新一轮的金融扶贫征程。

2014 年 5 月 17 日，椒园镇黄坪村农村扶贫互助社举行启动仪式，正式挂牌成立，并分别选举产生了理事会、监事会、互助社管理人员，宣恩县"金融扶贫示范县"试点工作正式拉开序幕。该扶贫互助社以财政扶贫资金为启动资金，采取"政府配股、赠股、村民出资"的方式形成互助资金，实行自我管理、资金互助发展的非营利互助资金管理模式。2014 年，县财政先后注入 50 万元作为启动资金，根据省扶贫开发办公室下达的每个村 15 万元的基础基金，县扶贫开发办公室与中国人民银行恩施州中心支行、县农村商业银行协商，以 1∶10 的比例，将 15 万元的信贷规模扩大到 150 万元，增加社员的贷款额度。目前扶贫互助社员已发展到 58 人，社员以每股 500 元自愿申请入股，采取小额借款的借款方式，借款最高不超过 50 000元，借款期限不超过 12 个月，社员可以采取整贷零还的方式，自愿还款。

黄坪村扶贫互助社的成立和运行，给村民和农民专业合作社，以及周边的企业大户发展农业提供强有力的资金支持。截至 2015 年 12 月，黄坪村的贷款余额

达到 391.5 万元，贷款规模最高峰值达到 500 万元，户均贷款 0.7 万元。其中，通过扶贫互助社提供担保、获得金融机构（宣恩县农村商业银行）的金融扶贫"益贷互助担保贷款"余额达到 257 万元，占该村各项贷款余额的 65.6%。一年多的时间内，该村扶贫互助社累计开出担保函 73 份，金额 509 万元，金融机构实际受理 70 份，发放贷款 491 万元，担保成功率高达 95.9%。

通过实施金融扶贫"益贷互助担保贷款"，黄坪村 220 户贫困户中有直接贷款户 34 户，产业带动户 126 户，"1+1"和"互助社+贫困户"帮扶户 60 户，基本实现 2015 年该村整体脱贫。

黄坪村试点成功以后，宣恩县扶贫开发办公室按照每村 15 万元的标准投入 630 万元，在全县 42 个贫困村同时推行该模式，受到广大农户的热烈欢迎。一年内，该县共有 515 户贫困户申请并获得贷款。2016 年，县扶贫开发办公室将 1105 万元扶贫基金存入该行专户，拟在全县 70 个贫困村进一步推广，预计 2016 年此项贷款可突破亿元大关，直接惠及贫困人口 1.1 万余人。

二、宣恩县金融扶贫的主要困难和问题

一段时间以来，中国政府对农村金融创新持谨慎态度，特别是对"资金互助社"等性质的金融组织加以限制，以防范新的集资行为造成农村金融秩序混乱。但面对广大民族山区发展现代产业急需资金的情形，政府不得不推出金融扶贫措施。可以说，金融扶贫是 21 世纪以来扶贫开发的一种高级模式，是缓解农村融资难，促进农民增收、农业增效和城乡经济协调发展的重要举措。金融扶贫的主要手段是通过农村信用社发放小额信用贷款。但是，在实地调查中，很少有贫困户能够获得信用社的小额信用贷款。其中原因，一方面是贷款门槛较高，想贷款村民无法得到担保，无法获得贷款；另一方面是政府、村委会、帮扶干部在金融扶贫政策宣传、解读上还存在不足，贫困户将金融扶贫简单地理解为向银行贷款，导致村民贷款意愿不足，同时在没有好的主导产业引导、没有选择好一个发展项目的前提条件下，农户也不敢盲目贷款。农村信用社贷款率低、贫困户贷款率低，从侧面反映了民族山区正规金融扶贫不足的问题。

宣恩县率先实施金融扶贫"益贷互助担保贷款"，并成立扶贫互助社，这一模式是民间自发创新的结果，在现阶段得到该县乃至湖北省有关部门一定程度上的认可。但这一模式能否推广，还存在疑虑。

第一，扶贫互助社的身份合法性问题。由于金融活动远比商品活动要复杂得多，风险也大得多，国家有关部门对金融组织的监管相当谨慎，这就有学术界"正规金融"与"非正规金融"之区分。梳理中国人民银行、中国银行业监督管理委员会、财政部、国务院扶贫办、国家发展和改革委员会等中央多个部门关于金融

扶贫的文件，较少提及村寨级的类金融组织身份问题。例如，2014 年 3 月 6 日，中国人民银行、财政部、中国银行业监督管理委员会等七部门印发《关于全面做好扶贫开发金融服务工作的指导意见》（银发〔2014〕65 号），提出"全面做好贫困地区的金融服务，到 2020 年使贫困地区金融服务水平接近全国平均水平，初步建成全方位覆盖贫困地区各阶层和弱势群体的普惠金融体系，金融对促进贫困地区人民群众脱贫致富、促进区域经济社会可持续发展的作用得到充分发挥"。其中也未提及对贫困村创新类似"资金互助社"组织的鼓励性政策。再如，2016 年 3 月 16 日，中国人民银行、国家发展和改革委员会、财政部等七部门印发《关于金融助推脱贫攻坚的实施意见》，指出"支持符合条件的民间资本在贫困地区参与发起设立村镇银行，规范发展小额贷款公司等，建立正向激励机制，鼓励开展面向'三农'的差异化、特色化服务。支持在贫困地区稳妥规范发展农民资金互助组织，开展农民合作社信用合作试点"。在没有出台规范性文件的情况下，村级"扶贫互助社"能否大规模成立，还需要观察。

第二，"益贷互助担保贷款"模式对贫困户的产业支持十分有限，受益主体并不是贫困农户，主要是一些种养大户、专业合作社和企业。宣恩县黄坪村真正由此贷款模式得到贷款的贫困户只有 15%左右，全县还不足 10%。实地调查中，一些得到贷款的贫困户也不是用来发展产业，主要用于房屋建造。受益群体有限，或者异化为非贫困户，使得金融扶贫成为拉大农村贫富差距的新渠道。从正能量角度评价，金融扶贫已经演化为金融支持发展，其扶贫功能在异化。

第三，宣恩县金融扶贫模式的绩效还有待观察。从目前的宣传看，对贫困村的脱贫发展有促进作用。但在实地调查中，金融扶贫效果一般，对贫困户发展产业的作用有限。出现这一问题，主要是由于贫困农户的内生动力不足，缺乏发展生产的人力、技术、市场等方面的资源，他们不愿靠产业脱贫，更不愿贷款。民族山区还是一个熟人社会，贫困户借款第一选择是"向亲朋好友借款"，加之贷款手续较为复杂，贫困户知识有限，较少与金融组织打交道。广大山区农民，主要寄希望于外出打工，靠打工收入维持生活或者脱贫。

第四，民族山区产业的小规模发展态势，影响了金融扶贫功效。湖北民族山区发展产业的基础比较薄弱，受自然灾害、气候、土壤、小块山地制约，以及民族习惯、劳动能力和技术等多种因素的影响，这里一直进行小规模、家庭式、传统种养业生产。近年，随着地方政府推动，才有较大规模的茶叶、果木、药材、牲畜等种养业，以及景区旅游业的发展，对金融需求才有所扩大。广大贫困农户仍然以小规模生产为主，种地一两亩为糊口、养猪一两头为过年，发展产业是为解决温饱而非长远脱贫致富。

针对类似宣恩县这些民族山区金融扶贫的困境和问题，我们提出以下建议。

一是要选择适合贫困农户的主导产业，辅助金融扶贫，让农户真正从中受益。

主导产业要形成一定规模，可以采取"基地+农户""大户+农户""专业合作社、企业+农户"等多个形式，吸纳贫困农户参与其中。在这一前提下，逐步实施金融扶贫，保证贫困农户依靠产业增收实现长远脱贫。

二是要加大金融扶贫宣传力度。深入田间地头广泛深入宣传，增强农民贷款意识。可考虑为贷款贫困户承担一部分利息，实现贴息贷款，并降低担保门槛，对有意愿贷款、具有发展能力的群众，实行灵活的担保方式。

三是创新金融扶贫工作机制。实行政府搭台授信、银行降槛降息、村集体担保、企业农户承贷、保险兜底保证的金融扶贫模式，如村集体进行民主信用评级，让每位有贷款需求的贫困户都能便捷地获得三年以内、五万元以下的免担保、免抵押贷款，财政贴息，由此激发贫困户的创业热情。

第四节　恩施市龙凤镇聚焦农业减贫的经验

恩施市龙凤镇是李克强总理 2008 年、2012 年两次视察过的乡镇，2013 年进行综合扶贫改革试点。龙凤镇针对当前集中连片特困山区农业减贫难题，积极探索，先行先试，从资金投入、土地改革和专业合作社建设、电子商务扶贫三个方面综合施策，解决农业生产的"前、中、后"三路难题、发挥农业持续减贫功效，取得较好效果。

一、金融扶贫解前忧，突破现代农业资金瓶颈

现阶段，要发挥农业产业的减贫作用，就要实现农业的现代化和规模化生产，以及市场化经营，这需要较大量的资金投入。武陵山区农户普遍贫穷，企业规模较小，资金成为制约瓶颈。针对这种情况，龙凤镇创新金融服务，探索建立"两社两司一卡一库一平台"的金融扶贫服务模式，将财政资金、金融资本、社会资本和农民资本（资产）进行有效整合，为农户和企业解决钱从哪里来的问题，从农业生产要素投入源头入手，打好综合扶贫第一战。

一是加强互助合作，构建政企联动新机制，创立"两社"缓解融资难题。2014年，龙凤镇由政府配套财政资金 2000 万元、37 个专业合作社意向入股 1332 万元，形成互助"资金池"，与农村商业银行、中国农业银行、中国邮政储蓄银行合作，成立专业合作社扶贫户联合社。截至 2015 年 6 月底，联合社已经开展"助保贷"业务 14 笔，对 14 家专业合作社担保发放贷款 4270 万元；办理入股社员资金周转业务 30 笔，累计互助拆借资金 4000 多万元，有效撬动社会金融资本，解决合作社融资难题。同时，龙凤镇以吉心村为试点，由 19 户种养大户入股 21.7 万元、村委会入股 50 万元，与中国农业银行龙凤支行合作成立村级扶贫互助社，对同一

村内的种养大户和普通贫困农户发放贷款，发挥资金互助的作用。

二是创新服务载体，搭建金融服务新平台，引入"两司"牵线企业和农户，实现贷款精准投放。2014年，龙凤镇引入恩施州最有影响力的融资担保公司，为镇内中小微型企业量身定制担保，解决中小企业担保难问题。同时，积极推动建立农业扶贫小额信贷公司为普通贫困农户打开资金融通大门。据统计，通过担保公司牵线，2014～2015年有三家商业银行与该镇扶贫互助农民专业合作社联合社签订了"助保贷"合作协议，注入担保金1100万元，向三家专业合作社发放贷款1000万元。

三是优化金融生态，创建信用评价体系，延伸"一库一卡"融资功效。2014年，龙凤镇率先启动农村信用体系库建设工作，为农民办理较高额度信用卡。该镇以农村家庭和个人为基本单元，确定合理信用指标，用百分制计分办法，开展信用村、信用组建设。按照分值设定为AAAAA、AAAA、AAA、AA、A五个等级，信用分数达到70分以上的农户被授信为AAA级以上信用户，方可获得信用卡，农民只要凭卡就可以在银行实现无抵押贷款，贷款额度根据村民信用等级为5000～50 000元。目前，"一库一卡"已完成了吉心村信用户信息采集和等级测评工作，完成首批授信并发放AAA级以上农村家庭信用卡20张，农民信用卡5张。预计"一库一卡"授信贷款工作全部推开后，可为该镇农民贷款一亿元，有效缓解农民贷款难的问题。

二、专业合作社建设和土地改革稳中心，拓宽农户创收渠道

现代农业应是有组织、有规模的生产。龙凤镇为解决山区土地分散、农户分散、效益分散的"三散"难题，大力推动专业合作社建设，深化土地改革，引导生产要素合理流动，稳住了农民通过农业生产减贫的信心。

一是积极推动专业合作社建设，将分散农户拧成绳，创新新型农业经营主体。龙凤镇充分利用各项政策机遇，积极培育各类专业合作社，推广"公司+专业合作社+能人+农民"的经营模式，形成了新的农村组织和社员结构，发挥出现代农业减贫的优势。到2015年6月底，龙凤镇引进国家、省级农业龙头企业7家，成立农民专业合作社95家，入社农户7400多户，集中经营土地2.8万多亩，全镇5000余户贫困户从中受益。

二是继续深化土地改革，搭建农村综合产权交易平台，推动农业生产要素有序流动，促使农业生产上规模。龙凤镇按照所有权、承包权、使用权分离的原则，对农村土地进行确权颁证；并根据农村"有田无力种""有力无田种"状况，摸索直接租赁、有偿转让、入股分红模式，让土地流转规范有序。同时，由恩施金源担保公司发起并组建"农村综合产权交易平台"，实行政府主导、民营投资、

市场化运作、公司化管理的运营模式，对农户的土地、山林、房屋、宅基地、生产性工具和设施进行流转交易。到 2015 年 6 月，已完成土地流转 4880 亩，为农业规模经营打下坚实基础。

三是引导农民变股民，拓宽增收新渠道。有两种方式，第一种是将国家财政产业化扶持资金的 30%作为项目实施地农民在企业中的股份，直接让农民变股民。例如，依托退耕还林发展生漆产业，农民以还林土地入股，由公司无偿提供树苗，合作社组织栽种和管护，受益后按照企业、农民、合作社 6∶3∶1 比例分成。第二种方式是按照自愿原则，引导贫困户将山林、土地、宅基地及其他可依法交易的产权作为股份入股专业合作社，让贫困户的资源变资产、资金变资本、农民变股民，实现良性循坏。2015 年，贫困农民以山地、林地作为股份形式加入专业合作社，流转土地 10 518 亩，其中最高每亩分红返利达到 580 元。

三、电子商务扶贫垫后路，力保农业生产出效益

一段时间以来，农业难以成为持续性减贫产业，是因为产品的销路少、市场出路不稳定。龙凤镇大力推进电子商务扶贫，着力解决农产品怎么卖的问题，为农民壮胆撑腰，取得较好效果。

一是积极推进农村信息化工程，在 18 个村（居）社区开通宽带，按照以集镇为片，以电子商务运营中心和村级综合服务社为点的农村电子商务服务新模式，建成村级综合服务社 18 家，覆盖率达 100%。

二是通过建立农产品电子商务平台，拓宽农产品交易渠道，解决农村消费、销售难题，促使农民小生产与大市场对接，破解电子商务"最后一公里"问题。2015 年，龙凤镇引进湖北供销裕农电子商务股份有限公司搭建电子商务平台，建立"电商平台+村级服务网点+网格信息员+农户+物流企业"的农村电子商务运营模式。充分发挥专业合作社、村级综合服务社、网格信息员连接农户的优势，指导农民有计划、按标准种植养殖，将农户分散农产品变为商品。龙凤镇政府为专业合作社及企业在网络交易上实行一站式服务，打造特色产品网上专卖店。目前已有四家网商、二十多家专业合作社、一家物流企业进驻电子商务中心，覆盖种植大户 100 余户，开发特色产品 200 余种。自 2016 年 10 月以来共实现交易额 1200 多万元。

第四章　民族山区健康与教育扶贫问题调查

民族山区致贫返贫的一个重要原因是身体健康问题。根据《2015中国农村贫困监测报告》数据，我国贫困人口中超过四成患有大病或慢性病。因此，健康扶贫显得极其重要。但目前阶段，民族山区的医疗卫生服务水平较低、新型农村合作医疗（以下简称新农合）报销条件较严格、报销比例较低，难以解决因病致贫、因病返贫问题。同时，为民族山区少数民族群众提供的教育服务不够，民族山区少数民族群众有时不能享受到公平的教育机会，导致以教育摆脱世代贫困的难度越来越大。在现阶段，医疗健康兜底、教育与就业协同发展的政策措施特别欠缺，各级政府要采取多种方式落实健康与教育扶贫，既治标又治本，帮助民族山区群众摆脱贫困代际传递。

第一节　民族山区健康扶贫及现状考察

从调查数据看，民族山区群众患病比例较高，风湿性病、心血管病具有地方性特征。因病致贫、因病返贫成为制约民族山区脱贫的最重要因素。2014年实施精准扶贫精准脱贫战略以来，健康扶贫成为帮助民族山区贫困农户脱贫致富的重要措施。

一、关于健康扶贫的政策举措

因病致贫、因病返贫是中国农村贫困的主要问题之一。据国务院扶贫办统计，截至2015年底，因病致贫、因病返贫贫困户占建档立卡贫困户比例达44.1%，其中患有大病和慢性病人数734万人（王培安，2017）。2015年湖北省因病致贫总人数为189.6万人，占全省590万人建档立卡贫困人口的32%以上，其中患长期慢性病67.3万人，占因病致贫总人口的35.5%；患重大疾病人数为20.8万人，占因病致贫总数的10.98%（湖北省扶贫开发办公室，2016）。可以说，疾病是贫困人口脱贫的最大的"拦路虎"，搞好健康扶贫是啃脱贫攻坚最硬的"骨头"。

中国政府高度重视健康扶贫工作，并做出全面部署。2016年，国家卫生和计划生育委员会会同国务院扶贫办等有关部门制定印发《关于实施健康扶贫工程的指导意见》，提出"城乡居民基本医保（新农合）、大病保险对贫困人口实现全覆盖，重特大疾病医疗救助逐步覆盖贫困人口。提高新农合政策范围内住院费用报销比例五个百分点以上，降低大病保险报销起付线"。各级政府部门围绕让贫困群众"看得起病""看得好病""方便看病""少生病"的目标任务，采取力度更大、针对性更强的政策举措，以兜底保障为重点，以分类救治为主要抓手，防止因病致贫、因病返贫。主要举措有以下四个方面。

一是全面建立兜底保障机制，让贫困人口"看得起病"。具体为：①进一步提高基本医保（新农合）人均筹资水平，2017年人均财政补助标准提高到450元，并加大对农村贫困人口的保障力度；②完善大病保险政策，对贫困人口在起付线、报销比例和封顶线等方面给予重点倾斜；③将符合条件的贫困家庭全部纳入医疗救助，给予及时救助并提高救助水平；④统筹基本医保、大病保险、医疗救助、商业健康保险等保障措施，探索建立贫困人口精准的兜底保障机制，开展大病社会救助工作试点，切实提高贫困人口门诊和住院费用实际报销比例；⑤实行门诊慢性病补偿政策，减轻贫困患者慢性病治疗费用负担；⑥全面实施县域内农村贫困人口住院先诊疗后付费和"一站式"结算。这六项举措将大大减轻贫困人口的看病负担，使得贫困人口"看得起病"。

二是全面开展分类救治工作，让贫困人口"看得好病"。主要包括：①实施大病集中救治一批、慢性病签约服务健康管理一批、重病兜底保障一批的"三个一批"行动计划，实行挂图作战；②按照"三定两加强"原则，确定定点医院，确定诊疗方案，确定单病种付费标准，加强医疗质量管理，加强责任落实，对患有大病的农村贫困人口实行集中救治；③对患有慢性病的农村贫困人口，制订健康管理方案，实行家庭医生签约服务，由基层医疗卫生机构实施健康管理和维持治疗；④落实各项医保政策和措施，对患重病的农村贫困人口实行兜底保障。

三是全面提升医疗卫生服务能力，让贫困人口"方便看病"。主要是：①根据"十三五"卫生与健康规划，深化医改规划安排相关政策、项目最大限度地向贫困地区倾斜；②推进金融支持实施健康扶贫工程，加快改善贫困地区医疗卫生服务条件；③深入推进三级医院对口帮扶贫困县县医院和医疗人才"组团式"支援工作，进一步提升帮扶成效；④全面加强贫困地区远程医疗能力建设，实现所有对口帮扶三级医院与贫困县县医院互联互通；⑤进一步加强贫困地区医疗卫生人才综合培养。

四是全面加强公共卫生和疾病防控工作，让贫困人口"少生病"。主要包括：①坚持预防为主，将疾病防控与扶贫开发相结合，全面实施传染病、地方病、重点寄生虫病防治规划；②全面实施贫困地区儿童营养改善和新生儿疾病筛查，农村妇女乳腺癌、宫颈癌筛查等重大公共卫生项目；③加大健康教育与健康知识普及力度，面向农村，有针对性地开展多种形式的健康促进和宣传教育，提升群众健康意识，养成健康习惯，从源头遏制因病致贫、因病返贫。（王培安，2017）

各省（自治区、直辖市）积极行动，结合地方实际制定了切实可行的实施方案。例如，2015 年 12 月湖北省卫生和计划生育委员会、省扶贫开发办公室、省民政厅、省财政厅印发了《湖北省农村医疗保障精准扶贫工作实施意见》，鼓励各地区在统筹区域内推行"先诊疗，后付费"服务；2016 年 11 月，省卫生和计划生育委员会、省扶贫开发办公室、省人力资源和社会保障厅等 15 部门联合印发的《关于湖北省健康扶贫工程的实施意见》明确要求，湖北省凡建档立卡的贫困患者在县内定点医疗机构住院，入院时可不用先行垫付诊疗费，只需出院时到医院综合服务窗口一次性支付自负医疗费用，实现基本医疗保险、大病保险、疾病应急救助、医疗救助"一站式"即时结算。

湖北省的健康扶贫对象不仅包括贫困人口，还包括了全省全体农村居民。主要体现在三个方面：一是新农合体系。到 2016 年底，新农合体系已经覆盖了 97% 以上的农村居民，政策范围内门诊和住院费用报销比例分别达到 50% 和 75% 左右。二是城乡居民大病保险体系。该体系已经覆盖了近 4000 万名城乡参保居民，建立了疾病应急救助制度，对重特大疾病医疗救助全面展开；三是基本公共卫生服务体系。到 2016 年底全省人均卫生服务经费从 15 元提高到 40 元，服务项目扩大到 12 类 45 项，基本覆盖了居民生命全过程。

湖北恩施州、长阳县和五峰县政府对健康扶贫也相当重视，除了积极落实中央和省级关于健康扶贫政策措施以外，还结合地方财政资金和卫生医疗人才紧缺等情况，采取有效措施提高扶持水平。例如，2016 年恩施州实施了"精准扶贫农村医疗卫生人才提升工程"。一年多来，该州已经建成标准化村卫生室 1180 个；逐步实现全州村医培训和与城市医生"一对一"结对帮带全覆盖，力保所有贫困村有一名以上医疗从业人员；编印《乡村医生》培训教材 4000 本并免费发放，保证了全州 3583 名乡村医生人手一册；县市开展 15 期村医培训班，累计培训村医 1687 人（彭信琼，2016）。

长阳县是中国农村合作医疗的发源地，同时又是全国新农合的第一批试点县，对探索发展新农合制度、健全完善农民的医疗保障制度积累了丰富经验，两次受到国务院领导人充分肯定，两次被评为全国新农合先进县。2009 年长阳县颁布实施全国第一部新农合地方法规，实现了依法管理。从 2011 开始，长阳县委、县政府创立"大病关爱壹佰基金"，2013 年启动实施大病医疗保险，对大病患者实施长效救助措施，形成了新农合、民政医疗救助、大病医疗保险、大病关爱壹佰基金四道防线，对农村特别是贫困户抵御大病重病风险发挥了重要作用，在全国属首创。2016 年，为进一步缓解全县农民因病致贫、因病返贫问题，加大对建档立卡贫困户的救助力度，长阳县先后出台了《长阳土家族自治县城乡医疗救助实施办法》《长阳土家族自治县精神障碍疾病防治康复救助管理办法》，对新农合、大病医疗保险、民政医疗救助等补偿标准进行了调整，提高了贫困患者的住院补偿标准，对特殊患病群体予以优惠救治。

五峰县委、县政府深入贯彻中央和湖北省精准扶贫工作要求,研究出台了《五峰土家族自治县健康扶贫实施方案》,筹资 1000 万元建立了全县城乡居民大病医疗补充保险制度,有效缓解因病致贫、因病返贫难题。

二、湖北民族山区健康扶贫状况考察

湖北民族山区贫困问题很大一部分是身体健康问题。在历次调查该地区 10 个县市贫困和发展问题时,都绕不开因病致贫、因病返贫话题。近年,随着中央和省级、市级政府对村级卫生医疗的重视程度加大,以及推出多项健康扶贫政策措施,湖北民族山区真正做到了兜底和救助了一批贫困群众,有效缓解了少数民族群众贫困问题。

（一）湖北民族山区健康扶贫实效案例

正如前面所述,湖北民族山区农民在建立兜底保障制度、开展分类救治工作、提升医疗卫生服务能力,以及加强公共卫生和疾病防控工作等四位一体的政策措施体系下,较好地解决了因病致贫、因病返贫问题。本小节以调查中的一些案例予以说明。

一是通过公共医疗卫生体系有力实现健康扶贫。

我国新医改明确要求,建立以县级医院为龙头,以乡镇卫生院为骨干,以村卫生室为基础的三级农村医疗卫生服务网络,构建基层公共医疗卫生体系。湖北民族山区地域辽阔、山高谷深,加上交通不便,群众就医在相当程度上要依靠基层医疗卫生机构。因此,近年湖北民族山区大力加强乡镇卫生院和村卫生室建设,加强村医培训,使得基本公共服务延伸到村级单位,靠近山区农户家庭,就近解决了看病难问题。据统计,恩施州全州现有村卫生室 2586 个,从业人员 3367 名;基本上做到一个村有一个卫生室和村医。全州村医中有执业医师 111 人,执业助理医师 317 人,执业护士 133 人,2691 人拥有乡村医生执业资格,医治水平有一定保证。长阳县近五年来先后投资三亿多元新建和改扩建了一大批县、乡、村级医疗卫生服务机构,目前全县 154 个中心卫生室全部达到"五化"①要求,确保贫困人口有病可医。

二是充分发挥新农合体系作用,努力完善新农合补偿政策,助推贫困户脱贫减贫。

自 2006 年启动新农合试点以来,湖北民族山区农民参加新农合的人数不断增多,到 2016 年底,恩施州农村参合率达到 98.5%。以调查过的鹤峰县走马镇、

---

① "五化"指产权公有化、建设标准化、服务规范化、运行信息化、管理一体化。

铁炉白族乡为例，所有村庄都建有村级卫生室，农民参合率高达 100%；五峰县农民参合率达到 99.01%；长阳县新农合每年惠及 31 万农民，确保贫困人口有病可医。

2014 年以来，湖北民族山区各县市的新农合政策体系不断完善，提高了住院报销比例，扩大了报销范围，简化了报销程序，使广大农民得到实实在在的好处。例如，恩施市从 2015 年开始，将新农合门诊补偿分为普通门诊补偿和门诊（大病）重症补偿，对普通门诊医疗费以家庭为单位实施统筹，对 25 种门诊重症实行分类限额补偿，补偿比例达到 68%以上；重大疾病保障范围扩大到 22 种疾病，补偿比例达到 70%以上；住院执行全州统一补偿方案，年度封顶线提高到 10 万元。新农合制度使广大山区农民群众共享改革发展成果，参合农民得到了真正的实惠。

三是实施一些补充性、救助性的健康扶贫政策，解决大病、慢性病贫困群体困难。

新农合是一项普惠性的农村健康扶贫政策措施，对一些大病、慢性病等特殊患病群体还稍显不足。湖北民族山区各县市通过实施一些救助性扶持政策，解决了他们的困难。主要是各县市实行民政医疗救助、大病医疗保险、社会慈善救助等政策措施，逐步解决重大健康问题。例如，长阳县实行的民政医疗救助政策是"对贫困户中民政医疗救助对象在县内定点医疗机构住院就医不计起付线，在一级和二级定点医疗机构补偿比例的基础上提高 5%进行补偿，对省卫生和计划生育委员会规定的 22 种重大疾病患者在定点医疗机构住院医疗费用实行 70%保底补偿，非定点医疗机构实行目录内 70%补偿，对在县精神卫生中心住院治疗的精神障碍患者急性期按 75%报销"。

五峰县针对新农合仅能解决基本医疗保障，个人仍然承担 40%左右费用的问题，在 2016 年筹资 1000 万元，建立了全县城乡居民大病医疗补充保险制度。资金由民政部门筹集 400 万元、财政专项列支 500 万元、慈善机构募集 100 万元组成。该制度对一般患者自费 1.2 万元以上的部分由大病医疗补充保险第三次报销 90%，建档立卡贫困户住院的费用经新农合、大病医疗保险报销后，剩下的部分 90%由大病医疗补充保险予以报销；农村五保、城市"三无"对象等住院不花钱。这样，该县城乡居民大病患者有了三重保障，第一重是新农合，第二重为大病医疗保险，第三重为城乡居民大病医疗补充保险，大大减轻患者家庭负担。该县五峰镇麦庄村人陈作超一家就由此政策措施受益较大，该户六口人，2004 年起就遭受接二连三的病患：母亲被查出身患系统性红斑狼疮合并类风湿，父亲身患肾结石，78 岁高龄的婆婆双目患白内障，自己查出患尿毒症。家庭外债已高达近 40 万元，一个原本殷实的小康之家，因疾病再次跌入贫困的深渊。2016 年陈作超手术后，新农合为其报销 4.6 万元，大病医疗保险报销 1.57 万元，大病医疗补充保险第三次报销剩下的 6 万多元，手术治疗实现了零负担，这让他们一家人看到了生活的希望。与陈作超类似，长乐坪镇白岩坪村 3 组的唐显芬 2016 年因患原发性肝癌手术花费 10 多万元，除新农合报销 3 万元以外，又从保险公司报销了 3.8 万元的大病医疗补充保险，家里的经济负担减轻了不少。

社会慈善机构和基金对湖北民族山区健康扶贫做出了较大贡献。例如，恩施州中心医院，早在 2013 年 1 月在恩施州慈善总会支持下成立了医疗助困慈善基金，善款通过医院投入和本院职工个人捐款筹集，对在院急需医治又无钱的困难群众实施医疗救助。截至 2016 年 10 月，该项基金已募集善款 2300 多万元，支付救助资金 1300 多万元，帮助 9000 余名贫困群众渡过就医难关。长阳县于 2011 年 4 月建立大病关爱壹佰基金，在政府指导下，每年筹集善款 1000 多万元，解决 200 多户大病家庭"看病难"问题。

四是针对少数民族群众的医疗减免优惠政策，为湖北民族山区健康扶贫助力。早在 1996 年，湖北省财政厅、省民族宗教事务委员会设立少数民族医疗减免费政策，主要用于少数民族特困户或民政部门确定的城乡低保户的医疗费用补贴或大病救治，基本上家庭困难的大病患者直接享受 1000～3000 元的医疗费减免。多年来，此项专款对民族地区少数民族特困群众医疗救助给予了极大支持，体现了党和政府对少数民族群众的关怀。例如，恩施市 2015 年就对从前一年重大疾病住院患者中筛选出医疗费用最高、经济最困难的 187 名患者再次进行救助，总救助金额达到 20 万元。据统计，因此项特殊健康扶贫政策，截至 2014 年宣恩县累计受惠 1200 余人。

（二）湖北民族山区健康扶贫中存在的困难与问题

湖北民族山区健康扶贫体系既有全国普惠性的扶持政策措施，也有民族地区性的特殊优惠政策，基本实现了精准扶贫中"医疗救助一批"的目标。但是，在调查中基层干部和群众反映还存在一些困难和问题。

一是新农合政策体系还不够完善，难以较好解决偏远山区农民看病难问题。主要体现在：①个人缴费标准每年提高，导致农民参合比例难以保证。调查中一些农民反映，原来每人缴纳 10 元/年的标准还可以接受，现在逐年上升，2014 年为 70 元、2015 年为 90 元、2016 年到 120 元，2017 年有些地方开始以一年 150 元标准收取，这样一个四口之家要缴纳 600 元令人难以接受，从而有些人不愿意参加新农合。例如，恩施市自 2012 年起实际参合人数逐年下降，部分特殊困难家庭因缴费标准提高而放弃参合，无法享受新农合政策保障，在一定程度上影响脱贫致富进程。②新农合对门诊报销规定过严，基层缺药导致看病难问题未彻底解决。调查中，有些县市对农户就近在村组卫生室看病的花费不报销，对县级医院门诊报销规定过严，导致很多农民"小病不看、能挨就挨"；同时，一些村卫生室、县市医院因无法采购到必要的常用药、廉价药，致使大量门诊患者流向二级、三级医院，加重患者经济负担。对居住分散的山区农户来说，由于交通设施建设不完善，村民治疗疾病的方式更多地倾向于就近购买药品，这种治病方式效果差且报销金额低；买药方面，有的地方不报销，有的地方在一天内不管买多少药只给补贴15元；有的在当地购买不到所需药品，而在外地购买则无法报销。③报销比例还比较低，特别是高花费的检查部分不能报销，导致患者自己承担费用仍然较高。例如，在调查地鹤峰县走马镇，村民参合率较高，医疗保险覆盖率也较高，但许多村民在医疗费用报销方面还存在诸多困难，部分村民反映医疗费用报销的比例不大，尤其存在"不住院，不报销"的现象。

二是健康扶贫对象主要针对建档立卡贫困人口，扶贫面过于狭窄。除新农合政策以外，一般农户要承担的医疗费用仍然较大，健康保障水平还比较低。对山区农户来说，即使平时家境较好，一旦家里有人患上大病，就有可能导致贫困，因病致贫的概率非常高。在调查中，我们看到农村部分困难户仍然存在有病看不起、大病拖小病挨的现象，部分大病患者无法承担高额医疗费用，因病致贫、因病返贫问题突出；部分患者因灾难性医疗支出家庭债台高筑，无法摆脱贫困。

三是健康扶贫的扶持资金有限，难以缓解地方病、大病、慢性病等重大健康问题。从调查情况看，现今山区贫困人口患大病、慢性病的比例比较高，而且患癌症的人口比例较高，使得家庭支付医药费用较高。例如，调查地鹤峰县走马镇的农户因病致贫情况比较严重，接近三分之二的农户或患有慢性病或残疾，急需救助但又没有足够资金，导致患病的村民不敢去看病，不敢去治病，家里一人病便无人劳作。

四是健康扶贫方式还不足，难以解决偏远村庄、老年人的健康问题。这方面主要反映在山区基本医疗条件依然没有得到改善，有的村还没有建立标准的卫生室，也没有合格的村医。例如，调查地鹤峰县走马镇大沟村，至今仍然与邻村共用医务室，多数住户因离医务室路程较远看病极不方便。调查中，很少看到村医定时到各村庄进行"巡检"，一些老年人很难得到村医上门服务。

同时，新农合体系中对就诊机构的限定过于僵化，导致部分边远农村患者在本县新农合定点医疗机构就诊路途较远，十分不便，但在邻近县市就诊又无法享受同等待遇；同时本县辖区以外发生的意外伤害住院费用不能报销，致使部分确无他方责任伤者无法公平享受新农合政策待遇。特别是当前很多山区农民外出打工，但参合外出务工人员在外地看病报销难度大。

今后一段时间，中央和省级政府要完善基层医疗卫生服务政策，提高低保户、五保户的财政补贴力度。省级财政要加大投入，提高农村医疗保险补助标准，降低大病救助补助门槛，采取有效措施逐步解决因病致贫、因病返贫问题。要进一步做好低保和扶贫相衔接的工作，着重关注低保户和五保户，提高极端贫困人口的健康保障水平，阻止贫困代际传递。

第二节 民族山区教育扶贫及其效果调查

教育是阻断贫困代际传递的根本性、长远性渠道和路径。在民族山区，大力推进教育事业发展，搞好教育扶贫，不仅能够提高少数民族群众的文化素质，帮助他们获得一技之长，增添创收技能，还能够改变其比较落后的生产生活方式及思维习惯，使其适应当前市场经济和社会发展。中国政府一直努力增加投入，对民族地区的各类各层次教育予以扶持，教育扶贫取得较好效果。但是，随着社会竞争加强，教育如何与就业连接在一起，成为影响教育扶贫效果的重要问题。

一、民族山区教育扶贫的必要性和紧迫性

治贫先治愚，扶贫先扶智。早在 20 世纪末期，我国学者就开始关注和研究教育在扶贫中的重要作用和功能，到 2015 年《中共中央 国务院关于打赢脱贫攻坚战的决定》提出包括"教育支持"在内的六种精准扶贫方式，教育扶贫作为一种重要的扶贫方式，对民族山区减贫与发展事业具有特殊意义。

（一）民族山区教育扶贫的必要性

教育扶贫主要是指通过教育手段帮助贫困地区和贫困人口减贫脱贫，它的主要形式是国家改善办学环境，对贫困群众接受各类各层次教育进行帮助，提供公平平等的教育机会，使得贫困群众的教育水平、知识能力、科学文化素质、社会意识观念得以提升，进而增强其创收增收能力，最终达到减贫脱贫的目的。对民族山区来说，现阶段进行教育扶贫有三大必要性。

一是教育扶贫是阻断贫困代际传递的基础性扶贫方式。现阶段，中国政府推出多种扶贫方式，如产业扶贫、健康扶贫、易地搬迁等，这些方式有的是解决贫困群体眼前困难或暂时困难，有的作用在物质上，只有教育扶贫是作用于贫困个体本身，具有其内在特征和不可替代性。教育扶贫，它可以赋予贫困人口知识和技能，提升他们的科学文化素质，实现自我发展和脱贫致富。而且，教育可以作用于贫困群体的后代，具有一定的延伸影响，影响几代人、几个地区的意识和观念，是深层次的东西，是其他扶贫方式所不能替代的。很多研究表明，教育在对世代贫困的阻隔中是至关重要的，这一扶贫方式是治愈贫困的根本性举措（司树杰等，2016）。

二是教育扶贫是促进地区可持续发展的重要工具和手段。一个地区陷入较为严重的"集体性贫困"，亦即贫困具有地区集中性，因此要改变一个地区、促使地区发展，离不开各类扶贫和发展工具与手段。教育扶贫是通过发展教育，如改

善办学条件，从而增加投资或者民众消费，以及提升民众素质，最终实现地区可持续发展。当前，生态扶贫、教育扶贫被认为是促进地区科学、可持续发展的两大手段。

三是教育扶贫是体现和促进社会公平正义的主要方式。现阶段，中国地区之间、城乡之间的贫富差距越来越大，社会公平公正环境正遭受重大挑战。作为最贫困的地区和人群，民族山区少数民族的发展与其他地区群众发展存在一定差距，不仅表现为收入水平低、贫困程度深，还表现在个体能力较弱、发展基础较差。通过教育扶贫，不仅可以较快地弥补过去对这些地区和人口的教育投入历史欠账、改善办学条件，使之享受更优质的教育资源，还能够提高少数民族群众的增收能力和发展能力，缩小与其他地区民族群众的差距，为他们持续发展增添信心。

（二）民族山区教育扶贫的紧迫性

现阶段，在民族山区开展教育扶贫面临相当紧迫的形势和任务，需要政府大力推动和落实。这一紧迫性主要体现在三个方面。

一是民族山区利用教育脱贫，阻断贫困代际传递的共识正遭受挑战，急需通过扶贫方式予以强化和固定下来。一段时间以来，中国对民族地区进行各种教育扶持，制定了很多优惠补贴政策，但民众仅仅限于被动接受，而且，这些政策措施不成体系，没有上升到一个更系统、更高层次的模式上来。特别是现阶段随着教育脱贫功能弱化，山区盛行"知识改变不了命运""读书不如打工"等观念。在这种情势下，中国政府提出教育扶贫的扶贫方式，将教育的脱贫作用上升到系统性措施，这对山区民族来说是一个较大的鼓励，是一个较好的宣传，有助于改变当前"读书无用论"的不利环境。

二是民族山区群众教育水平和文化素质较低，与其他地区差距越来越大，亟待通过教育扶贫方式来提高。现阶段，东部发达地区和全球发达地区的经济社会发展动力主要是科技创新，而它恰恰是中部、西部民族山区所缺少的。从民众素质来看，东部人口的文化教育水平、创新能力、人均寿命、市场综合意识等方面已经远远高于中部、西部民族山区民众，而且这一差距越来越明显。地区发展的"软实力"和人口发展的"硬素质"，必须通过教育方式才能获得。但在民族山区，教育不仅是短板而且情势危急，因此，实施教育扶贫就显得非常迫切。

三是在 2020 年脱贫摘帽和全面建成小康社会目标的愿景下，需要谋划长远的扶持方式，教育扶贫适应了这一形势。自 20 世纪 80 年代中期以来，中国政府实施了多项扶贫战略和计划，即将在 2020 年实现两大目标。但在民族山区，还存在较大范围的长期贫困农户，贫困代际传递问题还没有找到很有效的解决方式。要让民族山区跟上全国形势、与全国同步实现两大目标，亟须找到更有效的扶持方式。教育扶贫是解决深度贫困、贫困代际传递的较好方式。

二、教育扶贫政策及其实践

湖北省委、省政府和民族山区县市政府非常重视教育扶贫的重要作用和意义，先后制定了多项政策措施，扎实推进山区教育扶贫工作，取得一定效果。

（一）各级政府实施教育扶贫措施及其效果

中国政府一直非常重视教育对民族地区的减贫作用。早在"八七扶贫攻坚"阶段就出台了支持义务教育、加强对口教育扶持的政策文件；在大规模扶贫开发阶段，继续加强民族教育扶贫、实施"两免一补"政策；在2013年7月，国务院办公厅转发教育部等七部门下发的《关于实施教育扶贫工程的意见》开启了新时期教育扶贫的征程。意见对集中连片特困地区的基础教育、职业教育、高等教育和继续教育提出了具体要求，到2014年底共实现了13项特殊扶贫政策措施，每年大约投入财力1000亿元以上（陆汉文和黄承伟，2016）[132-146]，部分教育扶贫政策见表4-1。

表4-1　国家对集中连片特困地区的部分教育扶贫政策一览表（到2014年底）

教育层次	政策措施	具体扶持内容
基础教育	①农村义务教育学生营养餐改善计划	每天4000万名学生吃上营养餐，补助达每生11元
	②乡村教育补助政策	每年数万名高水平老师到乡村任教
	③农村义务教育薄弱学校改造计划	每年中央财政投入490多亿元
	④国家贫困地区儿童发展规划	对680个片区县孩子实现全过程健康管理和教育服务
职业教育	①学校基础能力建设政策	教育部安排130亿元改善1162所学校办学条件
	②东西部教育协作计划	东部支持680个片区县
	③学生免学费、补助生活费政策	每生每年补助3500元
高等教育	①定向招生计划	每年5万个一本招生计划
	②支持高校加强基础能力建设工程	每年投入100亿元支持100所高校
	③支持高校提升综合实力	中央财政投入60亿元建立地方性大学

资料来源：根据（陆汉文和黄承伟，2016）[143-146]整理

2014年精准扶贫工作开展以后，湖北省各级政府将教育扶贫作为推进精准扶贫精准脱贫中基础性、先导性、根本性工作，加大投入，制定专项扶持政策，为提高贫困地区教育发展水平和人力资源开发水平奠定较好基础。据湖北省教育厅介绍，"十二五"期间全省每年投入约25亿元，资助学生约150万人次，确保了不让一个学生因家庭经济困难而失学。2012～2014年，湖北省各级政府向四大集中连片贫困区倾斜安排各类教育项目112个，投入108.57亿元，占全省教育项目总投入的40%以上，直接投资和间接投资带动了贫困地区经济社会发展。对贫困

地区人口进行职业培训和技术培训，让大中专毕业生成为家庭经济来源的主要承担者，实现了"读书一人，带富一家"教育脱贫目标（夏静和张晶，2016）。

2015 年 12 月，湖北省教育厅出台了《湖北省教育精准扶贫行动计划（2015-2019年）》，确立了"精准扶贫，教育先行；教育扶贫，育人为本"的扶贫理念，聚焦全省 37 个贫困县、4821 个贫困村、76.6 万人贫困家庭学龄人口，扎实推进教育精准扶贫工作。该行动计划要求：①对家庭经济困难学生在接受学前教育、义务教育、普高教育、中职教育、高等教育在内的各层次教育时予以资助；②对贫困地区留守儿童、进城务工随迁子女、残疾学生等特殊群体全面关爱；③优质学校在中考、高考中对贫困地区进行定向招生；④推进农村中小学标准化和寄宿制学校建设；⑤加大贫困地区农村教师培养培训力度，提高其素质；⑥建立贫困地区学前教育公共服务体系，扩大学前教育资源；支持贫困县每县重点建设一所标准化的中等职业学校；⑦加强对贫困地区农村劳动力实用技术技能培训，促进贫困家庭毕业生就业创业等措施，为贫困地区农村孩子接受教育提供支持。

恩施州政府积极行动，2015 年 12 月成立了"发展教育脱贫一批"工作小组，贯彻落实中央、省、州有关教育扶贫政策措施，重点帮助全州 13.79 万户贫困家庭中 19.3 万名贫困学子完成学业，不让贫困代际相传。各县市也制定了具体的工作实施细则，例如，恩施市于 2016 年 12 月制定了《恩施市发展教育脱贫一批工作实施方案》，明确了贫困学生资助、交通补助、关爱特殊群体学生、劳动力实用技术技能培训等工作实施细则，该市教育扶贫惠民政策体系进一步完善。

长阳县政府将扶贫与教育重点工作有机结合，加大教育政策、资金、项目的整合力度，创新推动教育扶贫工作。近十年来，该县认真落实免费教科书、贫困寄宿生生活费、国家助学金、生源地贷款、营养改善计划等国家教育惠民政策，累计发放资助资金近 3 亿元，惠及贫困学生 70 余万人次。该县还实施"助学启智工程"，募集社会助学资金 1.5 亿元，资助学生 40 多万人次。其中，由长阳花坪小学教师刘发英发起的"英子姐姐"网络助学十年来募集社会爱心助学资金 3000万元，资助学生两万余人次，成为享誉全国的民生品牌和精准扶贫典范。

五峰县计划在 2017 年把教育扶贫作为新一轮脱贫攻坚的核心举措，以"精准资助，精准改造，精准支持，精准指导，精准关爱"等"五个精准"为着力点，发挥教育强民、技能富民、资助惠民的作用，全力推进教育扶贫。

（二）鹤峰县教育扶贫的微观案例

2016 年 12 月，我们对恩施州鹤峰县的精准扶贫工作进行全面调查，其中对其教育扶贫状况及其效果进行专题总结。总体上看，该县贫困户受教育水平较低，农户中仍有很多文盲，尤其是老龄贫困人口的知识水平较低、劳动技能薄弱、教育意识淡薄；年轻一代受上一辈的影响，逐渐形成"读书不如打工"的观念，以致年轻人大部分出去打工，不愿意继续接受教育。本书通过雨露计划、农业技术培训等教育扶贫措施对该县农户的影响，从微观了解民族山区基层教育扶贫状况。

1. 案例1：太平镇奇峰关村3组余某孟家庭

余某孟家有四口人，其中劳动力一人，为一般贫困户，没有享受低保政策。户主余某孟，今年71岁。致贫的原因包括：家里只有儿子一个劳动力，创收渠道有限；户主的配偶身体不好，需要长期治病吃药；孙女上学的费用。2016年该户人均纯收入为6300元左右，超过了同期国家扶贫标准3255元，但低于该县人均纯收入7300元。家庭收入来源主要是：①户主儿子务工收入，一年大概为19 000元；②养蜜蜂一年的收入可以达到2500元；③在房屋后面山上种了四亩经济林（核桃树、黄柏树），但还没有变为收入；④自己家2.8亩的土地租出去租金400元/亩；⑤粮食补贴一年224元；⑥户主和配偶的养老金1680元；⑦退耕还林720元。

近年，政府对该农户的扶持有：①危房改造补助10 000元；②教育助学金625元；③帮助养蜜蜂，支持种植四亩的经济林，给予产业发展奖补资金2000元。

该农户反映，政府开展的精准扶贫工作对自己家的帮助很大，从教育扶贫政策中得到实惠，尤其是农技培训、帮助养蜜蜂使得家里增添一个增收致富的新途径。该农户希望政府可以多提供养蜂技术方面的帮助，以及销售蜂蜜的渠道。

调查得知，鹤峰县绝大多数贫困家庭都加入了雨露计划。作为新阶段扶贫开发工作的重要内容之一，雨露计划以提高素质、增强就业和创业能力为宗旨，以中职（中技）学历职业教育、劳动力转移培训、创业培训、农业实用技术培训、政策业务培训为手段，以促成转移就业、自主创业为途径，帮助贫困地区青壮年农民解决在就业、创业中遇到的实际困难，最终达到发展生产、增加收入，促进贫困地区经济发展。

除雨露计划外，鹤峰县这一贫困地区的儿童在上学时享受了两免一补的补贴政策，较好地解决了农村义务教育阶段贫困家庭学生上学难问题。

2. 案例2：中营镇白鹿村3组洪某专家庭

在鹤峰县实施精准扶贫战略之前，该农户创收主要依靠发展种植业（种茶），家庭负担大、劳动力少，收入小于支出，导致贫困。2014年实施精准扶贫以来，该农户除享受低保政策外，还通过教育补助和产业扶持政策，不仅减去了教育负担，还获得了新的创收技能和途径。一是针对该农户家里有一名中学生，政府给予寄宿生补助1000元，进行教育补助。二是通过结对帮扶单位与村委会的产业帮扶措施，发展养殖产业：免费发放鸡苗160只，介绍其加入养鸡专业合作社；发放猪仔两头，发放产业发展奖补资金2000元，巩固了产业创收基础。最重要的是，由于住房位于325省道旁，交通便利，该农户利用地理优势开了一家"农家乐"，现已经成为附近驰名的土家菜招牌饭馆，一年光农家乐的收入有4万~5万元，发展态势良好，摆脱了贫困。

三、民族山区教育脱贫功能异化问题及建议

调查中，我们发现当前民族山区基础教育和职业技术教育方面的政策落实较好，少数民族群众接受义务教育和职业技术教育有一定保障。高等教育方面的政策主要体现在定向招录和民族降分政策得到较好落实，部分大学生得到相关资助，失学情况大大减少。但是，民族山区群众普遍反映现在"读书无用"、教育脱贫功能较弱。这种情况应引起各级政府重视，引导全社会进行反思。

（一）教育脱贫功能异化的表现

在调查中，两个方面强烈表现出教育脱贫功能的异化。一是教育致贫现象仍然大量存在。这里的教育包括学前教育、义务教育和高等教育。虽然国家对民族山区孩子接受义务教育采取了两免一补、营养餐等多项扶持政策，但是，随着乡村学校的撤并，很多小孩就不得不到距离很远的乡镇或县城中心学校就读，给家庭增加了寄宿费、陪读费、车费等多项开支，受教育成本没有下降反而上升。调查中看到，往往一家有一个孩子上中学，家里就必须有一人在学校附近租房陪读，照顾其生活；或者孩子每天有一个大人负责搭车接送。至于孩子考上大学、接受高等教育，每年上万元的学费和生活费，对民族山区农村家庭仍然是较大负担。这就是新时期的教育致贫问题，它不是那种单纯的学校收费造成读书成本高的问题，是孩子接受教育中所延伸出来的生活成本，乃至家庭成本。

二是大学生就业问题。很多本科生毕业即失业，从而出现"读大学无用""知识改变不了命运"之类论调，农户孩子不愿接受高等教育。在 2000 年以前，一些山区贫困学子通过接受教育改变了命运、摆脱了世代贫困的境况。很多家庭吃尽苦头也要将孩子送去读书，考上大学，跳出农门，上大学就意味着找到好工作。在现今阶段，很多民族山区孩子读大学后，由于没有资金支持无法进一步读研深造，只能在大城市或县城找工作。但是，当前中国就业市场还不完善，就业歧视、就业信息不畅通，特别是基层就业中的人际关系、社会网络因素的作用更大，以致贫困家庭孩子无法找到合适的工作岗位。这些山区大学生最终与未上学的孩子一样，在最艰苦的工地或厂房打工，成为城市"蚁族"或"农民工"一员。他们并没有因为读大学而为家庭减轻负担，或者改变家庭的贫困面貌，仍然成为社会底层、摆脱不了贫困代际传递的命运。

（二）加强教育与就业协同发展的政策建议

习总书记对如何阻断贫困代际传递提出了三条具体对策：一是提高个体能力；二是搞好医疗卫生保障；三是打开教育和就业的通道。对前两个方面，国内外众多学者有过论述，我国各级政府也正在实施多项政策措施，积极扶持和帮助贫困

地区群众早日摆脱世代贫困。对完善社会制度方面，我们认为：一是要搭建教育与就业相互连接和协调的桥梁；二是要大力进行社会风气和文化氛围建设。

一段时间以来，我国在教育和就业两个方面进行了多项改革，在减缓贫困方面也取得一定成效。但主要问题是教育与就业制度相互失联、相互脱离。一方面，教育得不到就业的配合，导致大学生"毕业即失业"现象发生，教育阻断贫困代际传递的功能减弱。另一方面，某些领域的就业不需要教育做支撑，凭人情关系、权力利益就能得到就业机会，机会不平等扼杀了教育对贫困的阻断功能。因此，需要政府调整现有教育和就业制度，教育要以就业为支撑，就业要为教育正名，让农村贫困孩子不仅能够升学，而且能够就业，使教育再次成为社会向上流动的最有效通道。

第一，准确定位各层次教育职能，合理调整招生规模。要合理控制高等教育、优先发展职业技术教育、大力夯实基础教育，形成尖塔形教育构成。高等教育要偏向高层次理论人才的培养，不宜扩招，应按地区在校生所占人口的比例确定招生比例，不搞城乡区别；鼓励地方性大学转型为职业技术院校。职业技术教育要偏向实践应用，以就业为导向；基础教育侧重文化素养和知识能力的培养，不以分数评价学生。

第二，逐步推行"分类高考"改革，理顺人才选拔次序。为提高农村孩子教育水平，建议实行"十二年义务教育"，初中阶段不再分流，让所有孩子读完高中；高中毕业考核合格后，实行职业技术教育申请入学和高等教育考试入学"双轨"方式选拔不同人才。要重塑全国高考的权威性和功用性，增加高校自主招生的透明度，强化考试的公平选拔功能。

第三，及时更新教学内容，避免教育与就业脱钩。基础教育阶段，除国家规定的教学内容外，可以由各省（自治区、直辖市）根据实际，增添适合农村的教学内容。职业技术教育和高等教育，要增加社会生产生活中的实用技术内容，让学生毕业后能够适应岗位、顺利就业。

第四，纠正凭借社会关系就业的歧视排斥之风，强化就业和教育的联系。地方政府可以根据本地毕业学生数和单位岗位数制订指导性招聘计划，重新确立"大学生=就业"的神圣地位。政府要提供优惠待遇条件，鼓励大学生回到农村，到条件艰苦的地方创业和工作；要积极创造就业岗位，不提倡延迟退休，为广大毕业生提供充分岗位；可以通过税收减免手段鼓励企业招聘农村毕业生。

第五，完善社会制度，还包括对社会风气、社会心态的调适和重塑。一段时间以来，社会上一度崇尚金钱、权力、关系，不平等不公平现象频繁发生，社会风气趋向负面，社会心态偏向唯利是图、急功近利。因此，党和国家近年开展的反腐败行动、社会主义核心价值观教育，强调协调、共享的发展理念，将对净化社会空气、调适社会心态起到很好作用。

第五章　民族山区减贫政策资源分配与村组带头人建设

上面千条线，下面一根针，基层组织是落实国家和省级各项扶贫和发展政策、措施和项目的具体责任人。针对目前民族山区普遍存在的基层干部力量薄弱、缺乏脱贫带头人和技术人才的现实，政府的主要工作之一是要对村组干部和脱贫带头人进行培育和扶持。另外，当前部分地区出现减贫与发展政策难以到户、被乡村精英捕获情况，损害了贫困农户的切身利益，也损害党和政府的公信力，降低扶贫效率。如何处理组织化及带头人与穷人的利益问题，是本章调查研究的核心内容。

第一节　基层政策资源与利益分配问题

一、基层政策资源与利益分配的理论研究

（一）问题的提出

20 世纪 80 年代以来，中国政府非常重视农村减贫工作，出台了一系列惠农扶农政策，每年投入大量扶贫资金，但农村贫困状况仍然深重，一些减贫政策并未达到理想效果；而且，贫困地区内部人群间的贫富差距正在拉大、干群关系敏感。究其原因，其中之一是减贫政策资源配置不合理、不公平。如何推动基层减贫政策有效配置，是摆在扶贫开发、基层行政管理工作面前的重要课题。"基层减贫政策资源和利益分配"是一个综合性研究论题，涉及经济学、管理学、政治学等多个学科，就文献来说，分散见于农村经济社会发展、公共政策执行、乡村治理等研究领域。

（二）相关研究的主要结论

国内与本项目相关的研究主要集中在以下三个方面。

一是把减贫政策作为一种具体的公共政策，从公共政策的配置和执行角度予以分析。学者们认为，公共政策资源的配置就是一国政府基于特定目标而对政策资源进行合理分配的过程，是一个调整社会利益关系的过程（王春福，2005）；

在实践层面上，是一个自上而下的政策执行过程（杜宝贵，2012）。在这一过程中，会涉及多个利益个体，特别是权力个体。这些个体从自己的利益出发，进行利益考量（王立等，2012），相互之间形成博弈（王庆华，2009），从而对公共政策的执行力产生影响。汪霞（2012）还对中国特殊的文化现象——"关系"，侵蚀公共政策的权威性、破坏正常的政策执行机制、加剧政策资源分配不公的负面影响予以探讨。

　　二是选取减贫政策资源中最主要部分（扶贫资金），对其分配和管理，以及使用效果进行分析。李文和汪三贵（2004）从全国角度说明了中央扶贫资金如何在贫困县之间进行分配，提出在推广"因素法"分配时要特别关注老区贫困县和人口多的贫困县人均扶贫资金偏少的问题，逐步增加对这类县扶贫资金的投入。汪三贵（2008）进一步指出，中国扶贫资金由多个部门共同管理，分工不准确，资金分配不够公平；而且，项目资金被挪用的现象时有发生，多发生在县乡两级。冉光和和鲁钊阳（2008）把这种扶贫资金挪用、漏出现象称为"地方政府进行过滤"，并且发现扶贫资金的漏出量随着扶贫级次推进而递增。对西北和西南地区的典型调查显示，扶贫资金的漏出量占总投入的比重不低于50%，甚至高达70%。方可成（2012）指出，在扶贫资金资源的传递过程中容易产生精英捕获现象，扶贫资金和各类资源落入权力所有者手上。因此，政府扶贫资金的效率大大降低。刘冬梅（2001）通过实证调查发现，在开发式扶贫资金投放中，信贷扶贫资金和以工代赈资金的投放效果好于财政扶贫资金。帅传敏等（2008）也发现，非政府组织（Non-Government Organization，NGO）的扶贫项目管理效率要优于政府主导的项目。肖云和严荣（2012）指出，正是扶贫过程中存在的不公平，在一定程度上影响了贫困人口对扶贫政策的满意度。

　　三是从扶贫政策的完善和改革角度进行分析。龚晓宽和王永成（2006）提出，可以简化财政扶贫资金的传递主体和传递层次，减少资金漏出。徐孝勇等（2009）则提出构建"市场+政府+民主协商"准市场化的农村扶贫资源配置机制。丁煌和吴艳艳（2012）提出，要建立具有实际可操作性的隐蔽违规行为约束机制，如加大查处力度、提高惩罚额度，加大激励，建立识别机制等。梁军峰（2012）则提出，要加强村民监督委员会制度建设，以权力制约权力。但随着农村社会变迁、村级组织和村干部的利益异化，村级组织对减贫政策资源的分配作用也可能异化，这也是本书所要研究的主体内容。

　　国外学者在21世纪初也注意到农村基层减贫政策（项目管理）的低效问题。如Bardhan和Mookherjee（2005）指出，发展中国家扶贫项目传递（配置）中出现不公平现象，其中之一就是精英捕获。Platteau（2004）提出，要对此种情况加以注意并进行监督。Araujo等（2006）还用厄瓜多尔的村庄数据进行实证研究，指出地方精英对减贫资源的捕获导致地方性的不公平出现。遗憾的是，并没有外国学者对中国农村基层减贫政策资源的配置情况予以重视和研究。

（三）进一步研究的问题

由于农村减贫政策资源的配置问题牵涉到中央和地方各级政府、基层组织、资金安排、政策执行等诸多方面，我国学术界从 20 世纪 90 年代就开始进行研讨，并取得一些有影响的成果和共识，如扶贫资金在传递到基层过程中会产生漏出、财政扶贫资金绩效低、政策执行存在偏差、需要对扶贫资金管理体制乃至整个扶贫体制进行改革，等等。但综合来看，关于这一论题还有两个方面待完善和研究：①怎样将目前多个学科都论及的"减贫政策资源配置"问题纳入到一个统一系统中来，避免零散不集中的研究局面。目前，学术界较少把"减贫政策"作为一种"资源"和"发展要素"来探讨，更没有把它上升到"配置"这一经济学和管理学思维上来。因此，对减贫政策误以为仅是扶贫（实则还包括更广义的惠农扶农政策、社会保障政策），对资源也仅以为是资金，把分配、传递当作配置的唯一方式。这样，各个学科论及该话题就有些分散和不透彻。②应该把"减贫政策资源配置"的研究重点放在农村基层。当前，大多文献集中在中央扶贫资金如何向下级传递，以及传递过程中出现的问题，比较宏观和纵向，而对农村基层探讨甚少。我们观察发现，减贫政策的落实和执行最终是要依靠基层、村级组织和村干部，它们在资源配置中地位相当重要；没有对基层进行具体的、微观的调查研究，就无法透视中国减贫政策的执行情况和效果。

二、民族山区基层政策资源配置的实践调查

湖北民族山区是研究基层政策资源和利益分配的典型地区。一方面，这一地区属于民族地区，拥有较多的优惠和扶持政策，政策资源较多；另一方面，由于它是山区，交通和信息较为闭塞，政策资源配置存在较多问题。政策资源的配置过程，就是一个利益分配的过程。在基层，各种减贫政策资源一般集中在乡镇和村干部手中，然后由其分配，分配过程既呈现了基层行政管理过程，也呈现了一个经济利益分配过程。以典型村组的政策资源配置为例，可以让我们更加清晰地了解基层利益分配中的问题所在。

（一）民族山区的基层政策资源及其配置

1. 民族山区的基层政策资源比较丰富

当前的基层政策资源最主要是支农惠农和扶贫政策资源。在 2020 年全国全部实现脱贫摘帽的目标下，国家投入大量资金、物资和人力，使得减贫政策资源相对以往更加丰富。《2015 中国农村贫困监测报告》显示，2014 年中国贫困地区县

级扶贫资金共 1420.9 亿元，其中专项扶贫资金 379.0 亿元，平均一个贫困县有超过 5000 万元专项资金。2016 年，按照精准扶贫的相关要求，中央财政安排拨付专项扶贫资金 660.95 亿元，比 2015 年增长 43.4%，基本上一个贫困县得到一亿元的专项扶贫资金。如果加上各类贴息贷款、退耕还林还草工程补贴、省级配套等多项资金，在县级整合的扶贫和发展资金将达到 3 亿~4 亿元。调查中，一个重点贫困村可能得到超过 100 万元的扶贫资金，实施项目多达 5~6 个。

就湖北民族山区来看，一个重点贫困村的减贫与发展政策资源可以归为以下几类。

（1）支农、扶农、惠农的政策资源。这主要是指全国性山区农村均享有的普惠性政策资源，包括一些补贴，如种粮农民的良种补贴、农机具补贴和重大农业技术推广专项补贴等"农业三项补贴"，这些补贴采取直补到户的方式。此外，一些以保护性价格收购农产品的政策、养殖业补贴政策，同样由生产农户得到。但是，一些扶持新型农业经营主体的政策，如农业保险支持政策、农业综合开发项目政策，是由乡镇级政府掌握，为少数农户获得。国家还推出一些农业生产救灾应急的补贴政策，也由乡镇政府、村级组织掌握，不会直接发放到农户手中。

（2）保护生态环境的政策资源，如退耕还林补助、重点公益林补偿，以及库区移民扶持政策。这些政策资源采取直补到户的方式。

（3）社会保障类的政策资源，如老年人津贴、农村合作医疗、义务教育支持政策（如两免一补、职业技术教育补助、营养餐计划等），以及五保、低保等民政扶助政策，这些政策由民政、医疗卫生和教育部门发放，由具体受益人得到。在民族山区农村的最基层——村级组织是无法掌握和分配的。

近年，随着国家对低保户、五保户的扶助力度加大，以及农村最低保障政策与扶贫政策的"两线合一"推行，五保、低保、扶贫等政策含金量提高，其政策由谁享有就比较敏感。在湖北民族山区，一般是由村级组织予以确定，政策资源掌握在村干部手中。

（4）扶贫脱贫的政策资源。这是最为复杂和最有弹性的政策资源，包括基础设施建设、产业扶持、易地搬迁、兜底保障、医疗救助、财政金融扶持等政策。这些扶贫脱贫政策资源，有些是由扶贫系统来实施，有些是由民政、卫生、银行、住房和城乡建设、交通等部门实施，呈现"条块结合"的特征，最后汇集到重点贫困村和一般村寨。例如，帮助那些居住在不宜居住地区的贫困户改善住居条件，就有来自住房和城乡建设部门的危房改造资金扶持、扶贫开发办公室的易地搬迁资金扶持，等等。在基层，这些资金是整合后以项目的形式实现扶持贫困村和贫困户。这些政策资源就掌握在基层组织干部手上。

（5）民族山区的一些特殊性扶持政策资源。这是国家对少数民族地区的专项扶持和支持政策体系，如"少数民族发展资金"、东西部协作帮扶、定点扶持等政策和措施。2005 年后，民族山区还享受西部大开发、兴边富民、扶持人口较少民族发展等特殊性扶持政策资源，使得国家对这些地区的转移支付力度要高于一般山区。例如，云南省从中华人民共和国建立到 1997 年，中央和省级政府帮助少数民族发展的特殊优惠政策就达 144 项（汪三贵等，2016）。这些政策资源一般由县级政府掌握和分配。

总之，民族山区拥有较多的减贫和发展政策资源，这些资源最终呈现出来有的是真金白银和物资，有的是人力、技术、税收等无形条件。通常，我们以资金来衡量基层所得到的政策资源。以湖北民族山区某县的一个重点贫困村来看，最近五年各级政府投入的扶持资金不下 500 万元，项目涵盖通村通组道路、茶叶种植和生猪养殖等产业、危房改造与易地搬迁等，还不包括各农户得到的各类直补资金。可以说，当前民族山区基层拥有的政策资源超过以往任何时期，基层干部的权力也超乎平常得大。

2. 民族山区基层政策资源的配置过程

国家各类扶持政策资源，归根到底是一个财政转移支付的过程。从中央到省（自治区、直辖市），然后到县市、到乡镇、到村组，其链条至少有四级，这就决定了政策资源的配置过程存在多方利益主体，配置也就演化为一个多方利益博弈和合谋的过程。这种博弈和合谋，并不是贬义和诋毁各级政府部门，是将有关扶持政策落实的一个具体过程。

民族山区基层政策资源的配置过程可以分解为三个过程：第一个过程是将县级资源配置给各乡镇，第二个过程是将乡镇级资源配置各村寨（含贫困村和非贫困村），第三个过程是将村级资源分配给各农户或新型农业经营主体。这三个过程都是多方博弈和合谋的过程，总体上是高一级行政部门享有资源分配权，低一级行政部门干部与之博弈和合谋，对最终分配权享有决定权。这个博弈过程，以往被描述为"跑"：跑政策、跑资金、跑项目。图 5-1 简要刻画基层分配政策资源的过程：县级政府在争取上级各类政策资金后，进行分类整合，综合考虑各个乡镇的申报基础、人缘关系等多个方面情况，然后打包给某一个或某几个乡镇；乡镇在得到这些项目资金或政策后，再分配给某些贫困村；村级然后分配给贫困户或非贫困户。这是一个自上而下的行政式资源分配过程，行政权力和社会关系在其中起着重要作用。

马良灿和哈洪颖（2017）将项目扶贫在基层的遭遇描述为"结构性困境"：一方面，基层干部对扶贫项目的总体性支配，贫困群体的主体性权利缺失；另一方面，社会力量参与的缺位，导致扶贫项目和政策资源的配置效率不高，制约了国家扶贫战略目标的最终实现，难以从根本上满足贫困群体的现实需求。

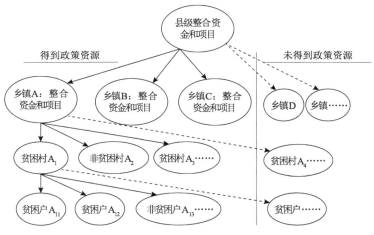

图 5-1　基层扶贫与发展政策资源的配置过程

基层政策资源的分配由各级干部把持，首先体现在扶贫项目申报上，其次是扶贫资源的整合上。理论上，扶贫项目申报是从贫困户、村集体、乡镇、县市等自下而上逐级申报过程；然后该项目获批后，其资金资源自上而下到贫困户。但在实践中，由于乡村干部说了算、贫困户参与权被剥夺，往往是，在向上级审批批准后，扶贫项目资源分配和打包给乡村干部，由其全面主导分配。通常，乡村干部会选择一些基础条件相对较好、分布在国道或省道旁的乡镇或村落展开扶贫，将多个扶贫项目资金整合到该乡镇或该村，集中打造扶贫亮点或示范村镇。这就出现一些示范村或乡镇达到上百万元、千万元乃至上亿元的扶贫资源，而有些贫困村一分未得，出现"扶大不扶小、扶强不扶弱"的情形。到村组，一些与村干部关系较好的农户，得到各类政策资源，即便一些政策性项目，如低保、教育精准扶贫项目对扶持对象有明确要求，但在识别和确定扶持对象时，往往由村干部说了算，令一些与其关系密切却不符合条件的农户获得政策资源，而真正符合条件的贫困群体却得不到。

遗憾的是，基层政策资源的配置不是按照最需要群体的原则进行，政策项目的实施和监督，以及最后绩效评估也被某些基层干部所把持。这种情况导致很多贫困群众的呼声得不到反映，影响了政府形象，影响了扶贫最终效果。中国政府进行了长达三十多年的扶持，民族山区仍然拥有规模巨大的深度贫困群体、贫困问题仍然最为严重，原因在于政策资源的配置不公正、不合理，导致其效率低。从基层入手，狠抓政策资源的配置是当前精准扶贫精准脱贫工作的重要一环。

（二）湖北民族山区基层政策资源配置的实践调查

本部分以2017年1月作者对湖北恩施州鹤峰县精准扶贫精准脱贫工作调查为

例。由于政策资源涉及大量资金，以及基层干部的业绩实效，调查过程和结果相当敏感：一些资金的整合和使用情况很难获得或者说清楚，形成县、乡、村三级干部"共谋隐藏"的局面；一些贫困群体在乡镇干部压力下不敢说真话，只有当基层干部离开后才抱怨"未得到政府扶持"。这一情况从侧面暴露出基层政策资源分配的不公正、不合理问题。

Z 镇是该县经济基础较好的一个乡镇，该镇辖有 33 个行政村，总人口超过4.6 万人，其中 S 村是 2016 年计划"出列村"。按照该村提供的数据，2016 年全村农民人均可支配收入 9368 元，超过全县农民平均收入水平。自 2015 年开展精准扶贫工作以来，各级政府投入到该村的项目资金超过 800 万元，其中交通道路建设 280 万元、人畜饮水工程 25 万元、易地搬迁 480 万元、文化和卫生等公共服务设施建设 39 万元。至于该村享有低保、五保，以及教育扶贫等政策性资源的总量，至少在 20 万元以上。也就是说，国家近两年投入到该村接近 850 万元，平均每户扶持量为 5.4 万元。

从上述国家扶持项目类别看，S 村的扶持政策资源主要配置在基础设施方面，在产业、就业、教育等方面的资源配置较少。这与民族山区现阶段需要迫切解决的问题有关。民族山区交通道路、安全饮水、居住等方面条件恶劣，且投资成本大，是贫困农户最希望解决的。同时，一些政策资源配置到解决贫困户的温饱问题方面，如低保、五保政策，它解决了一部分特殊贫困群体的困难。当然，从长远看，国家还需要将政策资源配置到产业和教育等方面，帮助民族山区摆脱代际贫困问题。

S 村扶贫政策资源的分配、使用、监督等过程充分体现了村干部的主导权。该村所有扶贫项目的确定和申报，是由村支书说了算，村支书拥有绝对权威。该村支书覃某是一位返乡型富人干部，头脑灵活、办事干练大胆、善于沟通，具有较好的社会关系。村民对覃某褒贬不一，有些得到政策资源的农户称赞他，有些未得到政策资源的农户举报他。基层政策资源分配导致村民与村干部关系复杂化，对"富人治村"的村级治理模式提出新挑战。

调查中，我们发现该村交通道路建设项目很有意思：最主要的一条通组硬化路是通向该村支书家所在地，全长近两千米，要翻越两个山头，建设难度较大；正在修建道路的旁边，同时正在修建一个由该村支书经营的养猪场，以及一个饮水窖。这一建设项目是否有"搭便车"之嫌，或者为个人所用、精英捕获，就不得而知。附近一些未通路的村民对此有较大意见。

类似 S 村这种情况，在民族山区每一个村落调研中几乎都可碰到：村支书拥有各类扶贫资源的分配权，一些村的公示和监督形同虚设。在国家持续大力度扶持民族地区发展的大环境下，强化基层干部的民主意识、服务意识，以及贫困群体的参与权利是非常重要的。

值得提出的是，基层政策资源配置问题不仅存在于乡镇和村落级，还存在于县级政府层面，特别是当前县级政府拥有整合资源的权力，会出现新的挪用情况。周敏慧和陶然（2016）曾经考察了中国西北部某县地方官员对转移支付的支配行为，结果发现："八七扶贫计划"期间，该县专项转移支付的挪用是一个非常普遍的现象；2000 年以来，由于中央一般性转移支付的增加及对转移支付使用监管的加强，县级政府挪用专项资金问题有所缓解。在 2002 年之前，专项资金的挪用率徘徊在 37%～58%，但是该比率在 2002 年降至 23%，在 2004 年降至仅 9%。2016 年，中国政府扩大地方县市整合各类扶贫和发展资金权力后，需要警惕关于政策资源配置的违纪违法情况出现。

第二节　资产收益扶贫与村级减贫政策资源的分配

当前，基层一个较新的减贫政策资源是关于资产收益扶贫。2015 年 10 月 29 日，中共中央十八届五中全会提出"探索对贫困人口实行资产收益扶持制度"，并在 2015 年 12 月 7 日《中共中央　国务院关于打赢脱贫攻坚战的决定》中具体指出资产收益扶贫的方式，如"在不改变用途的情况下，财政专项扶贫资金和其他涉农资金投入设施农业、养殖、光伏、水电、乡村旅游等项目形成的资产，具备条件的可折股量化给贫困村和贫困户，尤其是丧失劳动能力的贫困户""支持农民合作社和其他经营主体通过土地托管、牲畜托养和吸收农民土地经营权入股等方式，带动贫困户增收"，后在《中华人民共和国国民经济和社会发展第十三个五年规划纲要》和《"十三五"脱贫攻坚规划》中进一步提出"探索资产收益扶持制度，通过土地托管、扶持资金折股量化、农村土地经营权入股等方式，让贫困人口分享更多资产收益"。2016 年 10 月 18 日，国务院办公厅还印发《贫困地区水电矿产资源开发资产收益扶贫改革试点方案》。资产收益扶贫这一新的减贫政策资源，能否对民族山区减贫脱贫和农村发展起到预期效用呢？本节试图予以说明。

一、资产收益扶贫调查的主要思路

所谓资产收益扶贫是指将自然资源、公共资产（资金）或农户权益资本股份化，相关经营主体利用这类资产产生经济收益后，贫困村与贫困户按照股份或特定比例获得收益的扶贫方式。在这一扶贫方式下，贫困村或贫困户以既有的资源、资产及扶贫资源，以入股或委托方式参与产业发展，成为股东，获取分红或租金，从而享受到产业发展的成果；其实现过程就是"资源变资产、资金变股金、农民变股民"的过程，其核心是股权量化、按股分红、收益保底。资产收益扶贫能有效地实现由"输血式扶贫"向"造血式扶贫"的转变。

（一）对民族山区资产收益扶贫调查的重要意义

资产收益扶贫方式是中国政府在 21 世纪初摸索和推广的一种扶贫开发方式，其出现是由农村新形势、新情况决定的。新形势是农村扶贫攻坚工作到了最后、最关键、最难啃的时期，留下的基本上是最困难地区和群体，以及农村林地和宅基地等产权确权工作已经完成。新情况是农村原有的村集体资产已经分散化并完成改革，村集体几乎没有任何收入，难以组织相关的扶贫开发活动，以及农村普遍出现的土地抛荒和加速流转的现实。在新形势和新情况下，如何保证那些无劳动力、无技术和丧失劳动能力的贫困农户持续稳定增收？一些地方探索资产收益扶贫模式，引导贫困村将集体资产、贫困户将林地等产权进行入股或流转交易，交由公司企业或专业合作社统一经营；还有些地方将一部分扶贫资金作为村集体资产进行相关投资活动，以获得相应的村集体收入。这种产权流转交易、集体新资产投资等方式有没有后遗症？资产收益扶贫能否达到减贫而不是分化的效果？特别是民族地区贫困村的产权增值性不高，如何发挥其资产收益扶贫的作用，值得深入调查研究。

国务院办公厅于 2016 年 10 月 18 日印发的《贫困地区水电矿产资源开发资产收益扶贫改革试点方案》中指出，"优先选择革命老区和民族地区贫困县"作为资产收益扶贫的试点。这主要是由于这些地区一方面拥有较为丰富的自然资源，如矿产、林地、草场、水电等生产性资产，另一方面这些地区贫困情况比较严重，需要探索多渠道扶贫方式。据调查，民族地区的耕地面积、草原面积、森林面积、林木蓄积量、水力资源蕴藏量分别占全国的 42.7%、75.0%、42.2%、51.8%、66.0%；一旦贫困村将公共自然资源纳入资产收益扶贫之中，例如，将水电资源、风能资源、矿产资源等以入股方式获得资产收益，将是一个较好的扶贫脱贫渠道。实践中，一些民族贫困地区已经尝试农村产权交易，如恩施市龙凤镇建设"农村综合产权交易平台"、重庆试行"地票交易"和"三权抵押融资"等。民族地区实行资产收益扶贫较为成功的有广西防城港市（该市 2015 年投入 5000 万元进行资产收益扶贫，为较早开展此类扶贫模式的民族地区）、宁夏青铜峡市叶盛镇五星村（较早成立土地股份合作社，并在"2015 减贫与发展高层论坛"交流其资产收益扶贫经验）、内蒙古五原县隆兴昌镇联星村（因光伏企业入驻成为全国资产收益扶贫的示范工程村）。集中连片特困民族山区林地、水电、矿产资源丰富，但农户由此获得的资产性收入较少，集体资产的减贫作用并未发挥出来。总体上，民族山区的资产收益扶贫处于起步阶段，贫困农户由产权交易获得的资产性收入并不多，特别是资产收益扶贫的成功案例较少，与全国差距不小。

对民族贫困山区林地产权流转交易与资产收益扶贫情况展开研究,其意义在于:一是充分认识国家提出的资产收益扶贫这一新模式在民族地区精准扶贫中的重要意义和作用。民族地区不敢创新,制度改革相对滞后,很多扶贫模式落后于东部地区。特别是对当前劳动力转移加速、土地要素逐步集中、扶贫方式市场化等新情况没有前瞻性研判和应对方案。新情况下,未来中国农村扶贫的一个新模式就是资产收益扶贫,通过产权流转交易来增加贫困农户收入,让资产收益扶贫成为解决农村集体经济萎缩、实现共享发展成果的渠道。二是实践意义重大,可以总结民族贫困地区产权流转交易中的典型案例和成功经验,了解此项扶贫创新所带来的问题,特别是对农村阶层分化、农户-企业的依附关系予以关注。调查还对民族地区怎样进行资产收益扶贫、农村集体经济如何发展有一定的借鉴意义。

(二)民族山区资产收益扶贫的调查内容

我国民族山区范围较为广阔,尤其以武陵山区、乌蒙山区、滇桂黔石漠化山区、滇西边境山区为代表,其资产形式比较单一,以林地为主,有一定的水电和煤炭矿产资源,但是规模较小,村集体经济形式几乎空缺,市场经济发育较为迟缓,开展资产收益扶贫困难较多。因此,选择这些山区进行调查有一定现实紧迫性。

山区资产收益扶贫不同于平原地区,更不同于一些城郊地区,因此,对其调查主要围绕四个问题:①贫困农户土地经营权、林权、宅基地等产权流转交易与资产性收入情况;②贫困村集体资产收益及分配情况;③贫困村专业合作社和企业在资产收益扶贫中的角色;④贫困县和乡镇关于资产收益扶贫的一些做法、成效及困难所在。

调查的基本思路框架如图5-2所示。

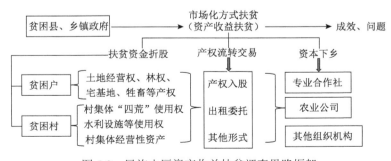

图5-2 民族山区资产收益扶贫调查思路框架

图5-2涉及当前农村资产收益扶贫的主要内容和方式,以及相关的参与者。

特别是参与者，如专业合作社、农业公司等，往往在农村扶贫脱贫工作中起着重要作用，对附近农户的带动和示范效应非常明显。因此，把资产收益扶贫与村组带头人建设联系起来考虑是非常有必要的。这就是为什么本章将两个论题放在一起讨论。

二、湖北民族山区资产收益扶贫的主要模式

湖北民族山区拥有一定的矿产资源，以及较为丰富的林地资源，是国家生态保护的重要区域。在这一地区，探索资产收益扶贫新模式，对全国其他山区扶贫有一定借鉴意义。

（一）资产收益扶贫的基础和方式

资产收益扶贫是建立在一定资产的基础上，而资产的源泉是资源，因此，贫困村和贫困农户拥有的资源就成了资产收益扶贫的前提条件。目前贫困村和贫困农户拥有的资源主要为以下四种。①自然资源：包括光伏资源、水电资源、旅游资源、矿产资源等。②农户和村集体自有资源或权益：一是土地资源，即农户的土地使用权和村集体的土地所有权，通过土地流转和土地入股、荒山荒坡入股等方式，这些资源可以获得收益；二是林权，村集体和农户可以将林权进行流转和入股。③财政扶贫资金：扶贫或其他资金以入股、借贷等形式直接进行投资，不涉及购买或建设等环节。一般是通过整合相关扶贫资金，支持优势企业利用扶贫小额信贷作为失能、弱能贫困人口的股金，享受分红，同时与解决这些家庭的劳动力就业挂钩。④扶贫或其他资金投资生产设施和不动产：扶贫或其他资金投资生产设施和不动产建设，并以其入股或出借给经营主体。

国家有关规划和文件对资产收益扶贫的基础和方式予以确定。如《中共中央关于制定国民经济和社会发展第十三个五年规划的建议》提出"对在贫困地区开发水电、矿产资源占用集体土地的，试行给原住居民集体股权方式进行补偿，探索对贫困人口实行资产收益扶持制度"。《国民经济和社会发展第十三个五年规划纲要》指出"探索资产收益扶持制度，通过土地托管、扶持资金折股量化、农村土地经营权入股等方式，让贫困人口分享更多资产收益"。

各地在实践中探索的资产收益扶贫方式，主要有以下三种形式。一是将扶贫项目资金折股量化给贫困户（扶贫资金变股金）。在不改变用途的情况下，财政专项扶贫资金和其他涉农资金投入设施农业、养殖、光伏、水电、乡村旅游等项目形成的资产，具备条件的可折股量化给贫困村和贫困户，尤其是丧失劳动能力的贫困户。这些资产可由村集体、合作社或其他经营主体统一经营。二是资产托管或入股（产权变股份）。支持农民专业合作社和其他经营主体通

过土地托管、牲畜托养和吸收农民土地经营权等方式，吸收贫困户加入，按股份分红，带动贫困户增收。三是分享资源开发收益（资源变股权）。在贫困地区水电、矿产等资源开发过程中，赋予土地被占用的村集体一定股权，让贫困人口分享资源开发收益。

（二）湖北民族山区资产收益扶贫的条件

湖北省委和省政府对资产收益扶贫方式比较重视。2016 年 2 月 20 日，《中共湖北省委 湖北省人民政府关于贯彻实施〈中共中央 国务院关于打赢脱贫攻坚战的决定〉的意见》（鄂发〔2016〕6 号）下发，明确指出"大力实施资产收益脱贫"。2016 年 3 月 31 日，湖北省扶贫办印发《湖北省脱贫攻坚规划（2016—2020 年）》，再次提出"资产收益机制"，对本地区资产收益扶贫方式予以规划指导。

湖北民族山区开展资产收益扶贫有较好的基础和条件。一是拥有较为丰富的矿产、水能资源。据勘测，恩施州铁矿保有储量 10 亿吨，硫铁矿保有储量 5152 万吨，煤炭保有储量 1.77 亿吨，石煤保有储量 326 亿吨，天然气保有储量 110 亿立方米，磷矿保有储量 11.78 亿吨；长阳县已探明矿产地 70 余处，矿种 30 余种，占湖北省发现矿种的 57%，其中锰矿储量 3700 万吨，属全国八大锰田之一；五峰县以铁矿最为丰富，湖北省矿产储量表内有 6 个铁矿区在五峰县境内，储量达 24 亿吨左右，富矿占 8000 万吨，可满足开采的需要。清江纵贯民族山区，支流较多，水电资源丰富。二是山林土地资源较为丰富。按照国家有关文件精神，村集体、农户拥有的山林土地可以进行流转、入股或转移，产权可以变为股份和股金，成为新的收益渠道。三是民族山区有一定的扶贫和发展资金，如整村推进资金、贫困户产业发展补贴、低保户的兜底保障金、贫困户特殊贷款等。按照国家有关精神，这些财政资金都可作为村和贫困户的资产形式，进行投资获益，可以实现扶贫发展的需要。四是湖北民族山区有一定的农民专业合作社和企业基础。根据恩施州工商行政管理局统计，到 2016 年 6 月底全州成立农民专业合作社 7746 个，总量居全省地区级第一。这些农民专业合作社和企业在土地流转等资产收益扶贫中充当重要角色。

（三）湖北民族山区资产收益扶贫的模式

湖北民族山区虽然拥有较好的资产收益扶贫基础和条件，以及省委、省政府的大力支持，但相对于人民的期望，资产收益扶贫开展得还比较缓慢。目前比较典型的模式有以下三种。

1. 土地（产权）入股模式

这种模式的典型是宣恩县的金陵寨村模式。该县李家河镇金陵寨村以经营白柚产业的富源农业有限公司为依托，农户以土地作为资产进行入股，其分红方式是在收益前按每亩 600 元保底分红，收益后按效益比例分红。这一模式就是"土地+股份制"模式。

2015 年 10 月，政府引进宣恩县富源农业有限公司在金陵寨村进行土地市场化经营，试点连片土地入股，开展资产收益扶贫模式探索。公司和农户股份结构：公司筹资 312 万元，占股 51%，用于收益前期保底分红和管理费用；农户按当期最高土地租赁价格（土地的机会成本）900 元/（亩/年）计算，折合成股金入股 300 万元，占股 49%。当年，该村 3 组、4 组、5 组、19 组 125 户在入股合同上签字，先期入股土地 500 亩。按照公司"休闲+农业园"的发展思路，既发展产业，也提供观光旅游服务，有一定前景。预期收益：五年进入盛果期，每亩产量 3000 千克，按市场保底价，扣去管理成本，每亩收入 1.5 万元，按股分配，公司获利 7650 元，农户 7350 元，同时，贫困户可打工获得工资收入。

在恩施市龙凤镇，土地产权作为资产入股得到了相关制度改革的保证。龙凤镇是国家实行综合扶贫改革的试点乡镇。该镇自 2014 年就开展农村产权交易工作，搭建农村综合产权交易平台，引导贫困户对山林、土地、宅基地及其他可依法交易的农村产权进行交易。原来一些找不到出路的贫困户，加入农民专业合作社后，他们的资源变成了资产，资金变成了资本，农民变成了股民，探索出一条较为顺畅的资产收益扶贫之路。目前，全镇流转土地面积 28 000 亩，其中农民以山地、林地等作为股份形式加入专业合作社，流转土地 10 518 亩，最高每亩分红返利达到 580 元；农户直接跟企业、专业合作社签订租赁合同，流转土地 12 430 亩。农户们每天在自己的田地里为企业或专业合作社"打工"，就地获得工资收入。

2. 小额信贷（扶贫资金）入股模式

这种模式的典型是巴东县的沙岭村模式。巴东县金果坪乡沙岭村的资产来源有别于宣恩县金陵寨村的土地产权，它的来源是扶贫贷款资金。2016 年，巴东县推出三年免抵押、免担保、财政贴息的小额贷款扶贫政策，允许建档立卡贫困户每户可获得五万元的创业贷款；小额贷款权为贫困户带来了资产的来源，也促使沙岭村探索出"小额信贷+股份制"的资产收益模式。

沙岭村模式的起因是当地有较好的茶叶种植基础，但由于分散，以及农户资金不足，无法开展较大规模的生产和销售。2016 年 4 月，沙岭村六户村民以每户获得的"扶贫小额贷款"五万元入股，联合成立土家族茶叶专业合作社，购置了滚筒杀青机、揉捻机、烘干机等价值 40 万元的加工机械，走半自动加工生产之路。专业合作社和小额信贷资金入股模式吸引了该村其他农户相继加入，成员增加到八户。据介绍，合作社将引导村民通过茶园、劳力、土地等入股，让八户变成"百人团"，走抱团摘穷帽的新路子。这一模式也成为当地"金融扶贫+股份制"贫困户创业脱贫新模式。

3. 小水电投资收益分红模式

这一资产收益扶贫模式是建立在农村小水电扶贫项目基础之上。农村小水电扶贫项目是以帮扶贫困村和建档立卡贫困户脱贫为目标的公益性工程，采用"国家引导、市场运作、贫困户持续收益"的扶贫模式。2016 年，国家安排预算资金三亿，在包括湖北在内的六个省份进行试点，预计 2017 年 3 月前投资发电。湖北民族山区的鹤峰县、利川市分别有一个试点项目入选（鹤峰江坪河电站、利川小沙溪一级电站），共投资 4006 万元。具体方案是国家以 4000 元/千瓦进行补助，中央投资收益每年不低于 6%（高于 6%据实上交），2020 年前将收益的 80%直接给建档立卡户增加现金收入，20%用于贫困村基础设施建设，后期当地政府根据扶贫工作的进展调整受益对象、范围及方式。

国务院扶贫办全国扶贫宣传教育中心、华中师范大学、社会科学文献出版社在京联合发布的《中国精准扶贫发展报告（2016）》指出，目前全国已有四川、湖南、湖北、贵州、广西、黑龙江、陕西等省（自治区）开展资产收益扶贫制度探索，还没有固定的模式。我们认为，对类似湖北民族山区的一些贫困地区，在现有产业扶贫、转移就业扶贫、易地扶贫搬迁、教育扶贫、救济式扶贫、生态扶贫外，资产收益扶贫将成为一种新的有用方式。

三、资产收益扶贫中的政策利益分配问题

资产收益扶贫方式中涉及相关资产和资源,其产权决定了存在利益分配问题，这就是本章第一节所论及的政策利益分配问题。综合目前全国资产收益扶贫模式，可以划分为：①公共自然资源入股收益模式；②农户和村集体自有资源或权益入股模式；③财政专项扶贫资金入股经营的模式；④财政扶贫资金实施的项目形成资产交由主体经营的模式；⑤扶贫小额信贷资金入股经营的模式。这五大模式中，均涉及政府、企业（或专业合作社）、贫困户、非贫困户等多个主体，其利益分配机制相当重要。例如，财政资金入股收益扶贫中，产权、股权和收益分配机制直接影响到贫困村和贫困户的直接利益。据《中国精准扶贫发展报告（2016）》介绍，黑龙江要求专项扶贫资金补助建设项目形成的固定资产，按投资比例确定资产份额；扶贫部分的资产所有权归贫困村集体，经营权归新型农业经营主体，盈余分配权归贫困户和新型农业经营主体；贫困户稳定脱贫后，盈余分配权归村集体和新型农业经营主体。湖南省郴州市第一个资产收益扶贫项目——嘉禾县扶贫产业园采取"公司+基地+贫困户"的运作模式，收益分配方式为贫困户占收益的 65%，合作社占收益的 25%，贫困村占收益的 10%。

在资产收益扶贫方式下，由于涉及主体众多，加之链条较长，时间周期也较长，不可避免地会产生资金漏出、精英捕获等问题。如果对资产收益扶贫中的利

益分配问题不加注意，极有可能成为拉大贫富差距和形成社会矛盾的原因。特别是对公共财政资金投入来说，探索资产收益扶贫模式尤其值得关注。以 2016 年为例，国家补助地方的财政专项扶贫资金规模达到 660.95 亿元，比上年增长 43.4%。中央试点贫困县涉农资金整合，意味着将有更多的资金和资源输入贫困县和贫困村庄。从资产收益扶贫的角度来看，必将有一部分扶贫资金注入农民专业合作社、企业，也将有部分农户资源入股农民专业合作社，形成项目资产。中央要求财政专项扶贫资金和其他涉农资金投资形成的资产可由村集体、合作社或其他经营主体统一经营。这样，扶贫资金和资源将变为"公司化"的经营实体的发展资金，其所得不一定能够很好地分配到贫困农户手中，对农村村庄治理，以及社会关系带来较大的冲击和影响。

以调查过的湖北民族山区某市靠近城区的一个重点贫困村为例。该村近年探索了三种资产收益扶贫模式：①贫困户土地入股模式。早在 2013 年，该村就有七家企业进驻，主要开展蘑菇、葛根、葡萄、白柚、蔬菜种植，以及养猪等规模化生产活动。由于发展规模养殖、规模种植需要土地资源，这些入驻企业将附近村组的土地进行流转，农民们获得相应的租地费。调查中，这些企业宣称农户们是"土地入股"，可以获得相应的股份分红。②贷款资金入股模式。该村将部分贫困户的贷款作为合作社成员的股份入股到相关企业中，如该村的养猪大户方女士，以附近十多户贫困户的名义获得相应贷款来扩大养殖规模，年终分配一定数量的报酬给贫困户。③扶贫资金投资模式。这是基层政府为完成国家对贫困村脱贫摘帽中的一个要求——村集体年收入达到五万元，而创造出来的一种模式。这一模式就是将县级整合到村的扶贫资金划拨一部分，如该村二十多万元，作为集体资产，到城区买了一个铺面进行出租，获得的租金收益作为村集体收入。该村三种资产收益扶贫模式的出现，一方面是基层群众自发创造的，是市场经济的必然结果；另一方面是在有关部门目标任务压力下创造出来，是打有关政策擦边球的结果。

调查中发现，该村三种资产收益扶贫模式暴露出基层政策利益被大户、企业，以及村干部获得，真正的贫困户并未收到预期利益的问题。一是在贫困户土地入股模式下，农户获得的土地租金相当微薄，平均每亩地不到 200 元/年，也就是每户土地租金年收入不到 1000 元。承租土地的企业和大户们，通过平整和规模改造后，进行规模生产，由此获得年收入超过百万元。有些企业和大户会雇佣一些贫困户来打工，即所谓的"带动贫困户"，使得贫困户得到"打工收入"；但这部分收入也比较微薄，农忙季节大概得到 80 元/天，全年大约 1500 元左右。匡算下来，贫困户的"租金+打工收入"约为人均 1600 元，远远达不到脱贫标准。二是贷款资金入股模式，实质是企业大户们借用贫困户的身份获得贷款的一种模式，贫困农户在此项政策中能否获益、获益多少，均是未知数。一些贫困户反映，现在政府的金融扶贫政策也好，政府财政贴息也好，只有这些大户和企业才能得到；

扶贫政策和措施，为富人们所用，为他们插上高飞翅膀，而穷人根本未从中受益。三是村集体以扶贫资金投资，更反映出基层政策利益为少数人获得的情况有可能出现，因为村集体将这笔收益如何分配，并未进行公示。

从该村资产收益扶贫情况看，村集体、贫困户、企业和大户这三类主体的利益分配并不均衡：企业和大户得到更多实实在在的好处，而且极有可能出现土地集中、新型地主的情形；村集体可以获得一定收入，但这笔资金因未投资到实体经济，反而会助长投机之风；贫困户得到数量较少的现金收入，而失去了土地的长期收益，沦为新一代的雇工和社会底层。

资产收益扶贫方式下，如何处理好各类产权、各类利益主体的关系，是值得深入研究和思考的重大问题。因为它是一种市场化扶贫模式，讲究的是市场法则，与扶贫公益的思路有一定差异。在这一扶贫模式下，应该关注如何激发农户的生产积极性和参与性，在产业发展链条中增强利益联结机制，保证链条中的核心——农户的利益。我们认为，在民族山区推行资产收益扶贫方式，主要是将农户闲置的宅基地、林地产权加以利用起来，以及将村集体资产运营起来，让相应的权利主体得到收益，而不要将这些收益转移给少数的企业和大户。否则，资产收益扶贫将成为拉大农村内部贫富差距、扶了富人、得了政绩、害了社会的坏模式。

第三节　农民专业合作社与村组带头人的建设

当前农村的组织建设和村民关系发生较大变化。在市场经济和打工经济的冲击下，当前农村人口向外流动加速，农民耕种土地的兴趣持续下降，分散、独立意识更加强烈，难以组织较大规模的生产活动。特别是在贫困的民族山区，传统种植业和养殖业日渐式微，创收效果日益减弱。如何挖掘农业的增收潜力，让农民就地创收、就地脱贫，是摆在各级政府面前的一项重要工作。实践中发现，通过建立农民专业合作社，或者培育有社会责任心的企业大户，可以将分散的农民组织起来，实现规模生产，创造较高的农业收益，带动贫困农户脱贫致富。

一、我国农业生产的组织形式变迁

农业一直是农民的创收产业，也是中国农村的典型特征。但是，随着社会开放与市场化加速，一些地区已经逐步抛弃农业，主要表现是：大量土地被闲置抛荒，劳动力大量外流不再从事农业生产，农业产值在地区生产总值、居民收入构成中所占比重越来越低。这一情况的发生，既是市场选择的一个自然结果，也是基层治理不善的一个恶果。

从制度变迁视角看，我国农业生产的组织形式是不断演化的。张晓宁和惠宁（2010）在《新中国60年农业组织形式变迁研究》一文中将我国农业组织形式分为三个阶段：一是1949～1958年的农业合作化阶段，组织形式由互助组到初级社和高级社；二是1959～1978年的人民公社阶段，组织形式是人民公社；第三阶段是1979年至今的家庭联产承包责任制阶段，组织形式是分户进行。我们认为，前两个阶段组织形式的实质是一样的，均是集体组织的。因此，本小节将我国农业生产的组织形式分为：集中—分散—半集中的三个阶段。

1. 第一阶段：改革开放前的集体组织形式

改革开放前，我国农业生产是走集体化、规模化的组织形式之路，由村、组统一安排生产活动，土地收益归集体所有和分配。这种集体组织形式优势在于有管理性、计划性，使各项生产活动能够顺利进行，是与当时大一统的计划经济制度紧密连接一起的。其弊端在于抹杀农户的积极主动性，生产效率极低，以简单的组织形式管理复杂的经济活动。发端于安徽凤阳的土地承包制，宣告集体组织农业生产的形式的终结。

2. 第二阶段：改革开放到21世纪初的家庭组织形式

20世纪80年代全国开展了土地制度改革，实行家庭联产承包责任制，开启了以家庭为单位来组织农业生产活动的新时代。这种组织形式适应了农村土地分散特点，重视农民主动参与的意愿和权利，实现了生产和分配的衔接，极大地调动了广大农民发展农业生产的积极性。特别是在民族山区，实行家庭联产承包责任制以后，农民通过农业生产，迅速解决了温饱问题，获得了较高的生活幸福感。

3. 第三阶段：2010年以来的企业和家庭混合组织形式

进入21世纪以后，随着市场经济和土地制度的进一步改革，我国农村劳动人口开始大规模外出打工，农业生产的吸引力大大降低，以至于大量土地被抛荒闲置，非农化趋势日益明显。在这种情况下，一些地方在家庭联产承包责任制基础上，探索出新的农业生产组织形式，如家庭农场、农业企业、专业合作社等，将分散的土地集中起来，进行较大规模的生产；农户在其中从事较少劳动，分得一些土地和农产品收益。这就是"企业+农户"的混合组织形式。这种组织形式的出现，一部分是农民自愿、自发而建立起来的，一部分是政府推动、推广而出现的。它的出现，一方面保证了土地不再荒芜被抛弃，提高了土地利用效率；另一方面改变了农户、企业之间的利益关系，农村社会结构和社会治理面临新问题。

一段时间以来，地方政府比较推崇企业、公司入驻农村，大力推行土地流转，认为它是帮助农民脱贫致富的最有效手段，是资产收益扶贫的新模式。但有些人士指出，"资本下乡"可能导致农村贫富差距新一轮的出现或者拉得更大；农民转包土地之后，不仅失去农业创收的基础，还助长其不劳而获的侥幸思想，从长远看，失地农民将会处于更不利地位。

为什么当前山区农民不愿意进行农业生产呢？这是由多种原因综合造成的。从市场角度看，一方面是农产品价格较低、农业生产收入太低，另一方面是缺乏劳动力、生产成本太高。从组织角度看，是由家庭分散生产的缺陷造成的。现代农业生产，需要一定的规模，需要一定组织和管理，需要一定的技术和市场等，这些条件是分散家庭难以具有的。特别是经过近四十年的分散生产后，农民不再容易组织起来，村、组干部的权威大大降低，基层组织相当涣散，很难开展较大规模的农业生产活动。在这种情况下，企业和公司及农民专业合作社，凭借"资本的力量"和领头人的魄力，充当起组织的角色，开展相关生产活动，达到了自己目标的同时也改变了"三农"格局。

二、农民专业合作社和村组带头人的作用考察

新形势下，农民专业合作社和村组带头人是组织农业生产的重要力量。他们根植于本土，熟悉本地生产要素，与农民利益紧密结合，可以在扶贫脱贫工作中发挥重要作用。

村组带头人，是那些在村组中有一定组织能力、有一定社会责任心、有较好的市场意识、家庭相对富裕的农民。他们能够在农业生产或其他增收渠道中率先找到"商机"，进而带动其他农户进行同类生产活动。在学术语境下，他们被称为"乡村能人"、"乡村精英"或"乡贤"。据观察，村组带头人往往是村干部，或者集体时代的组长，以及那些打工返乡的"创业者"。他们头脑灵活、肯吃苦、了解国家有关政策、具有较好的沟通能力，不仅把自己家庭经营得较好，也能够把周边农户带动起来。他们往往抱团取暖，适应新形势成立专业合作社，进行规模化生产经营活动，成为市场经济中的新组织主体。

近年，我们在湖北民族山区进行多次调查，发现一个事实：凡是扶贫脱贫效果较为明显的村组，都有1～2个带头人或者专业合作社；凡是贫困较为深重的村组，其村干部能力不足，集体组织涣散，找不到带头人。以2017年1月对鹤峰县走马镇调查为例，该镇白果村，在2013年建档立卡贫困户140户、386人，贫困发生率为20.7%。该村有两个生产优势：一是鹤峰著名特产葛仙米；二是与湖南石门交界，交通便利。以前，该村农民主要依靠种植水稻、茶叶创收，对葛仙米未加以开发利用。据介绍，葛仙米生长在不发达的山区水域，天然无公害，是地道的绿色食品，营养价值高，属高蛋白多功效营养食品，是宴席上的珍稀佳肴，堪称中国一绝、世界珍稀；在我国目前主要分布在湖南与湖北交界一带，如张家界、石门及鹤峰等地区。近年，村主任周明武看到葛仙米的开发价值，通过与中国科学院水生物研究所和武汉胜元集团有限公司合作，将它综合开发为原米、罐

头、饮料等系列食品，出口到香港，收益可观。2012 年，他与村里几位农民合作，成立"群发葛仙米专业合作社"，种植葛仙米。这个合作社以土地入股或租赁流转的模式，吸纳附近村民加入，共同参与、共同发展。到 2017 年初，该合作社吸纳社员 115 人，建立种植示范区 500 亩，带动农户 556 户，为社员及农户创造年收益 600 万元以上。据该带头人介绍，他们准备继续扩大种植规模到 5000 亩，到时可以为社员和农户创造年收益 1.5 亿元以上，受益农户达到 1500 户以上。目前，该村已经逐步摆脱了贫困，到 2016 年底贫困人口只剩下 24 户、63 人，计划于 2017 年实现脱贫摘帽任务。

与走马镇白果村形成对比的是大沟村，该村有 256 户、801 人，2013 年建档立卡贫困户 198 户、590 人，贫困发生率高达 73.7%。该村主导产业是茶叶种植，辅助产业是养殖业，主要创收渠道除种植业外是外出打工；2016 年全村人均可支配收入为 4800 元，比上年增长 66%。据介绍，该村建有一家茶叶生产企业、两家专业合作社、一户种养大户，有 70% 以上贫困户与市场主体建立利益联结，计划通过发展生产脱贫一批，到 2017 年完成"村出列"任务。但在调查中，我们观察到该村干部能力不足，在群众中缺乏威信，自身仍然是贫困户，不能发挥带动作用；而新成立的茶叶生产企业和养殖专业合作社，也因规模较小，仅仅充当收购、转运农产品的中介商，不能辐射周边贫困户。因而，该村贫困状况相对于其他村稍微严重，到 2016 年底仍然有 74 户、210 人未脱贫，按时完成"村出列"任务的压力较大。

一些地方政府也意识到村级组织，特别是村干部和能人，以及农民专业合作社的带动作用。因此，近年湖北民族山区把大力培育村级能人、专业合作社作为扶贫脱贫工作的重点内容。一些县市扶贫开发办公室与工商、农业等部门联合行动，加大了对农村能人、种养大户的培训，把擅长种地的农民培养成懂经营、会管理的新型农民，为农民专业合作社的大发展提供了有力的人才支持和智力保障。在此基础上，一些能人逐步组织建立农民专业合作社。据湖北省扶贫部门统计，2014 年湖北民族山区 10 县市中，已经有 1883 个行政村建有农民专业合作社，占地区行政村数的 65.3%；共成立了 3445 个农民专业合作社，占全省的 38.7%。另据恩施州工商行政管理局统计，到 2016 年 6 月底全州成立农民专业合作社 7746 个，总量居全省第一，约占全省 6.9 万个的 11.2%。农民专业合作社外接市场，内连农户，有效促进了民族山区的旅游休闲农业、循环农业和特色农业等各种类型的现代农业落地生根，加快了农业现代化进程，也发挥了较好的扶贫脱贫作用。

三、协调处理乡村精英的脱贫带动与利益捕获关系

调查中发现，村组带头人和专业合作社在扶贫脱贫过程中，一方面通过收购

贫困户农产品、雇佣当地农民、入股分红等方式帮助了贫困户，把原来一些闲置的土地资产利用起来，获得相应收益，达到资产收益扶贫目的；另一方面，他们通过租赁流转土地，或者依靠贫困户身份获得贷款资金，补充企业和专业合作社发展生产所需要的要素。这些带头人和能人在自身致富的同时，与贫困户连接成为利益共同体。但他们的能力和市场地位的不同，会衍生出利益冲突。因此，协调处理好他们的带动作用与利益捕获关系相当重要。

正如前面第一节论及，当前民族山区减贫政策资源往往被一些乡村精英掌握，精英捕获现象在所难免。值得注意的是，这些乡村精英群体是集能人、村干部、专业合作社负责人于一身，身份多重、主体同样，其对市场利益的捕获能力远超普通农户。

以当前农村推行的金融扶贫政策为例。该政策的出发点是对贫困户实行小额信贷，帮助其发展生产脱贫致富。但在调查中发现，贫困农户真正获得贷款的比例非常低，有的一个贫困村还不到一户，额度也没有超过三万元。2017 年 1 月，我们调查鹤峰县走马镇七个重点贫困村、82 户家庭，没有一户获得小额信贷。出现这一情况一方面是因为贫困户无贷款意愿、无还款能力，另一方面是金融部门面临较大风险，不敢贷款给贫困户。进而，金融扶贫贷款往往为那些种养大户、企业或专业合作社获得，贷款资金自动流向"富人"，这就是民间所说的"扶富不扶穷"。据鹤峰县走马镇大沟村村干部反映，2016 年该村一个市场主体（茶叶生产企业）依靠 16 户贫困户获得贴息贷款 128 万元。再例如，恩施市龙凤镇杉坝村某养殖大户，仅 2014 年就以带动周边 60 户贫困户为名获得贴息贷款 280 万元，为其扩大养殖规模奠定了较好基础。

当前，中国农村部分地区出现唯利是图的不正之风，精英捕获现象屡有发生。这就是为什么农村扶贫资金漏出严重、扶贫领域违纪违法事件不断发生。民族山区由于交通和信息闭塞，这一问题还不太严重，但也值得引起各方面的重视，要加紧对乡村精英的社会责任意识，以及法律纪律的教育。各级政府在协调处理乡村精英的带头作用与利益捕获的关系过程中，要提高认识，坚持纪律，站稳立场，不怕得罪人，在完成脱贫任务的同时兼顾社会公平公正，维护政府形象。

基层政府在分配政策资源过程中，要把贫困户的利益放在第一位，把扶贫资金的收益权和处置权交还给贫困户。在培育和建设种养大户、农业企业、农民专业合作社过程中，要把扶持贫困户、保证贫困户利益作为重要条件，要定期进行检查，听取贫困户的反馈意见。

各级政府要建立一套奖励乡村精英带动作用的机制和规则。对那些真正为贫困户服务、带动贫困户的乡村精英要进行表彰和宣传，可以在扶贫发展项目库中设立专项的支持和奖励项目，实现政策利益的公平分配。

第六章 片区发展现状评估：以恩施州小康建设为例

党的十八大提出"到 2020 年实现全面建成小康社会宏伟目标"，并提出经济发展、民主法治、文化建设、人民生活、资源环境等方面的新要求。这是中华民族实现伟大复兴征程中的一个关节点，是国家经济发展三步走战略的重要一步，是国家经济社会深刻变化的一个过程。当前，全国各地掀起全面建成小康社会的高潮，东部沿海部分发达地区已宣布基本实现这一目标。2013 年，湖北省政府工作报告明确提出：到 2017 年，努力实现在中部地区率先全面建成小康社会。从湖北省内各地区看，全面小康社会建设进程也在不断提速。但是，区域发展并不同步，特别是民族地区还存在一定差距。本章依照国家统计局《全面建成小康社会统计监测指标体系》对湖北民族地区的进程状况进行测算，并结合实地调查情况，全面研究该地小康社会建设中的困难和对策。

第一节 湖北民族山区全面建成小康社会现状评估

一、全面建成小康社会的评估指标体系

2013 年，国家统计局按照党的十八大提出的全面建成小康社会的新要求，对小康社会建设的具体监测指标体系进行修改和完善，形成了《全面建成小康社会统计监测指标体系》，由五大方面 39 个一级指标构成（附表 1）。与原来的"全面建设小康社会统计监测指标体系"相比，有四个方面的变化：一是在指标选取上，认真对照十八大报告，能量化的都尽可能量化；二是在结构体系上，分为五个部分，对应十八大提出的全面建成小康社会五个方面的新要求；三是在权重确定上，按照"不再简单以 GDP[①] 论英雄"的要求，降低了经济指标的权重，提升了资源环境指标的权重；四是在目标值的确定上，既考虑了全国的统一可比，又充分考虑各地经济基础不同、资源禀赋不同、功能定位不同，提出了统一的和有差异的目标值。因此，民族地区的全面建成小康目标值是不一样的。

小康是一个相对概念，不同地域不同发展阶段有不一样的内涵和标准。国家统计局考虑到全国 31 个省份（不含港、澳、台）经济社会发展水平和基础的不同，设计了两套方案评估各地建设状况。第一套为全国 31 个省份统一目标值，第二套

---

① GDP: gross domestic product，国内生产总值。

为东部、中部、西部设置有区别的目标值，各省份可根据自身需要选择不同的评价方案进行评价。从目前公开资料看，国家还没有报告全国全面建成小康社会的状况，有些省份公布了本地情况，如浙江、陕西。

本节对湖北民族地区数据的处理，是将恩施州、长阳、五峰"一州两县"的相关数据进行加总，按照相关指标的计算公式进行计算，得到湖北民族地区该指标的数值，然后放入国家统计局的《全面建成小康社会统计监测指标体系》中进行测算，得到当年的指数值。

全面建成小康社会目标值是一个综合指数或得分，是由各监测指标实际值除以标准值、然后再经加权综合而得来。具体的操作步骤是：将各个评价指标当年值与 2020 年目标值对比，分别计算出 39 项指标的指数，然后对各个评价指数加权得出分目标的分值或实现程度；在此基础上，以 39 项指标的个体指数和相应的权数为基数，按加权算术平均法逐层计算，可得到五大指标模块的"组指数"及整个指标体系的"总指数"。总指数可以反映全面建成小康社会的状况，五个方面的组指数和 39 个"单项指数"则可以分别反映其中的部分目标或单项目标的实现程度。

2014 年 9～10 月湖北省民族宗教事务委员会组织专题调研，调研小组搜集了湖北民族地区 10 县市相关数据，由于长阳、五峰二县的部分统计数据缺乏，地区间统计数据简单整合存在不科学的问题，为了真实、全面、科学地反映湖北民族地区全面建成小康社会的实际，本节将以调研过的恩施州为例进行测算。

二、恩施州全面建成小康社会的状况

调研组采集了恩施州 2000 年、2005 年、2010 年、2011 年、2012 年五个年份的数据，计算出各年度全面建成小康社会指数，并对其特点和趋势进行了分析。

（一）总体进程呈稳步上升趋势，整体进展稳健

21 世纪以来，恩施州全面建成小康社会总体进程稳步上升，逐年加快，实现程度从 2000 年的 41.51%稳步提升到 2012 年的 70.71%，12 年提升了 29.2 个百分点，平均每年增加 2.43 个百分点。从全面建成小康社会的五大方面来看，经济发展、民主法制、文化建设、人民生活、资源环境的实现程度都有不同程度提高（表 6-1）。

表 6-1　恩施州全面建成小康社会统计监测指标　　　　　单位：%

监测指标	2000 年	2005 年	2010 年	2011 年	2012 年
经济发展	29.48	35.60	52.02	55.30	61.46
民主法制	64.17	62.91	67.91	70.78	70.84
文化建设	41.45	47.87	59.28	67.75	67.34

续表

监测指标	2000 年	2005 年	2010 年	2011 年	2012 年
人民生活	45.87	46.48	65.43	72.93	75.66
资源环境	37.10	49.05	73.38	72.87	76.63
总指数	41.51	46.52	63.32	67.72	70.71

（二）增速逐年加快，发展势头良好

2000～2012 年，恩施州全面建成小康社会状况不仅稳健上升，且增速逐年加快。2000～2005 年，恩施州全面建成小康社会实现程度净增 5.01 个百分点，年平均增加 1.002 个百分点。2005～2010 年增幅较 2000～2005 年有较大增长，五年内净增 16.8 个百分点，年均增加 3.36 个百分点。2010 年以来的两年内，净增 7.39 个百分点，年均增加 3.695 个百分点，年均增幅达到历史最高，显示出良好的发展势头（图 6-1）。

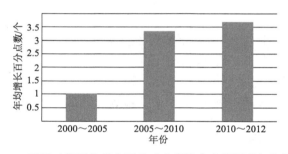

图 6-1　不同时期恩施州全面建成小康社会实现程度年均增幅

（三）五大方面实现程度不均衡，"经济发展"尤为落后

数据显示，全面建成小康社会的五大方面并不是齐头并进的，实现程度极不均衡。2012 年，"资源环境"的实现程度最高（76.63%），"人民生活"次之（75.66%），"民主法制"（70.84%）和"文化建设"（67.34%）居中，"经济发展"实现程度最低（61.46%），实现程度最高的"资源环境"与实现程度最低的"经济发展"之间相差 15.17 个百分点。

从小康进程五大方面的变化趋势来看，"资源环境"后来居上，"文化建设"和"人民生活"稳中有升，"民主法制"较为稳定，而"经济发展"则始终落后。从五大方面的差距变化来看，2000～2005 年，五大方面的实现程度参差不齐，差异较大；2005～2010 年，随着资源环境和人民生活的改善，差距有所缩减；2010年以来，经济发展方面的增幅略有提升，五大方面的差距渐次缩小（图 6-2）。

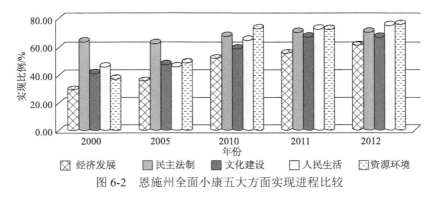

图 6-2 恩施州全面小康五大方面实现进程比较

就五大方面比较而言，"经济发展"历年来都是五大方面中最落后的一组，可谓民族地区全面建成小康社会的短板。湖北民族地区经济发展的落后主要体现在两方面。

一是"经济发展"绝对值与相对值两方面都十分落后。"经济发展"基础差、起点低，2000 年实现程度仅 29.48%，尽管到 2012 年"经济发展"增长了 31.98 个百分点，年均增幅达 2.67 个百分点，但实现程度仍只达到 61.46%，与实现程度最高的"资源环境"（76.63%）相差 15.17 个百分点，始终是五大方面中最落后的一组。

二是"经济发展"组的部分指标严重滞后，这不仅直接影响了经济发展的实现进程，也拖了全面建成小康社会整体进程的后腿。39 项指标中，实现程度不足 30% 的三项指标均属于"经济发展"方面，分别是人均 GDP（23.67%）、每万人发明专利拥有量（14.87%）、R&D[①]经费支出占 GDP 比重（6.64%），参见表 6-2。

表 6-2　2012 年恩施州全面建成小康社会各指标实现状况

进展情况	项数/项	指标
100%	7	居民消费占 GDP 比重、失业率、有线电视入户率、互联网普及率、城乡居民家庭人均住房面积、基本社会保障覆盖率、城市生活垃圾无害化处理率
80%~100%	11	第三产业增加值占 GDP 比重（85.1%）、基层民主参选率（82.22%）、社会安全指数（90.04%）、城乡居民文化娱乐支出占家庭消费支出比重（90.63%）、恩格尔系数（87.87%）、城乡居民收入比（83.07%）、平均预期寿命（98.55%）、平均受教育年限（81.27%）、每千人拥有执业医师数（83.8%）、单位 GDP 水耗（98.1%）、环境质量指数（96.48%）
60%~80%	4	工业劳动生产率（78.79%）、农业劳动生产率（74.14%）、农村卫生厕所普及率（60.75%）、单位 GDP 能耗（60.5%）
30%~50%	10	城镇人口比重（57.58%）、每万人拥有律师数（31.96%）、文化产业增加值占 GDP 的比重（44%）、人均公共文化财政支出（58.41%）、每万人拥有"三馆一站"公共文化设施建筑面积（37.12%）、城乡居民人均收入（30.02%）、公共交通服务指数（54.52%）、农村自来水普及率（49.66%）、单位 GDP 建设用地（56.7%）、主要污染物排放强度（50.2%）
低于 30%	3	人均 GDP（23.67%）、R&D 经费支出占 GDP 比重（6.64%）、每万人发明专利拥有量（14.87%）

注：单位 GDP 二氧化碳排放量、基尼系数、每万名公务人员检察机关立案人数、地区人均基本公共服务支出差异系数数据无法取得，未列入表

---

① R&D: research and development，研究与发展。

这两方面的问题说明，民族地区经济发展面临着经济总量不足、发展基础薄弱、发展后劲不足、自我发展能力差等问题。经济发展是全面建成小康社会的基础和核心，是整个社会全面发展的条件，且经济发展水平的高低，同时又会影响"人民生活""资源环境""文化建设"等方面的发展，"经济发展"这块短板对民族地区全面建成小康社会的制约不容忽视。

（四）具体指标实现程度不一，总体水平偏低

除了五大方面各有差异外，39 项评价指标的实现程度也有高有低，实现程度参差不齐。列入计算的 35 项指标中，2012 年恩施州实现程度达到 100%的有 7 项，比上年增加了 1 项，分别是居民消费占 GDP 比重、失业率、有线电视入户率、互联网普及率、城乡居民家庭人均住房面积、基本社会保障覆盖率、城市生活垃圾无害化处理率。实现程度在 80%~100%的有 11 项指标，分别是第三产业增加值占 GDP 比重（85.1%）、基层民主参选率（82.22%）、社会安全指数（90.04%）、城乡居民文化娱乐支出占家庭消费支出比重（90.63%）、恩格尔系数（87.87%）、城乡居民收入比（83.07%）、平均预期寿命（98.55%）、平均受教育年限（81.27%）、每千人拥有执业医师数（83.8%）、单位 GDP 水耗（98.1%）、环境质量指数（96.48%）。实现程度在 60%~80%的指标有 4 项，分别是工业劳动生产率（78.79%）、农业劳动生产率（74.14%）、农村卫生厕所普及率（60.75%）、单位 GDP 能耗（60.5%）。实现程度在 30%~50%的指标有 10 项，分别是城镇人口比重（57.58%）、每万人拥有律师数（31.96%）、文化产业增加值占 GDP 的比重（44%）、人均公共文化财政支出（58.41%）、每万人拥有"三馆一站"公共文化设施建筑面积（37.12%）、城乡居民人均收入（30.02%）、公共交通服务指数（54.52%）、农村自来水普及率（49.66%）、单位 GDP 建设用地（56.7%）、主要污染物排放强度（50.2%）。实现程度不足 30%的指标有 3 项，分别是人均GDP（23.67%）、R&D 经费支出占 GDP 比重（6.64%）、每万人发明专利拥有量（14.87%）。具体数据见表 6-2。

从分项指标看，诸项指标的实现程度呈现出"三好三难"的不平衡特点：一方面，节能环保类等约束性指标完成较好，恩格尔系数、住房类、医疗卫生类、网络电视类等生活指标完成较好，法制安全类、社会管理类、基本保险类等预期性指标完成较好；另一方面，人均 GDP、城市居民人均收入等增量性经济指标完成困难，每万人拥有"三馆一站"公共文化设施建筑面积、文化产业增加值占 GDP的比重、R&D 经费支出占 GDP 比重等公共文化与科研创新等文化指标完成困难，农村自来水普及率、农村卫生厕所普及率等农村基础设施建设完成困难。"三好三难"的不平衡特点说明，湖北民族地区作为"限制发展区域"和"鄂西生态文

化旅游圈"，较好地发挥了生态环境保护功能区作用，但其工农业经济发展因此受到一定程度的制约，地方经济发展能力薄弱，这不仅直接导致经济发展指标完成困难，又间接影响了部分人民生活与文化建设指标的完成，应当引起有关决策部门的重视和深思。

（五）恩施州有望于 2018 年基本实现全面建成小康社会

根据现实发展基础和趋势，以及经济社会发展的一般规律，调研组对恩施州全面建成小康社会进程进行了预测分析。2012 年恩施州全面小康社会实现程度为70.71%，距离 2017 年基本实现全面建成小康社会（90%）还差 19.29 个百分点。总体上看，若按照恩施州 2010 年以来平均增幅（每年净增 3.695 个百分点）推算，恩施州可望于 2018 年基本实现全面建成小康社会（90%）。若按照 2000 年以来年均增幅（每年净增 2.43 个百分点）推算，恩施州则有望于 2020 年基本实现全面建成小康社会目标（90%）。

从全面建成小康社会的五大方面、39 项具体指标具体分析，恩施州要想基本实现全面建成小康社会（90%），还有很长一段距离，可谓喜忧参半。一方面，近年来恩施州全面建成小康社会增长势头较好，尤其是自 2005 年以来的增长势头十分强劲，年均增幅达 3.46 个百分点。除了总体进程增势明显外，2010 年以来，五大方面的差距也逐步缩小，到 2012 年，虽然"经济发展"方面的实现程度仍居末位，但其年均增速仅次于"资源环境"类，居第二位，达2.67 个百分点，这说明弱势的"经济发展"短板有望被填平补齐，或可赶超其他方面（图 6-3）。

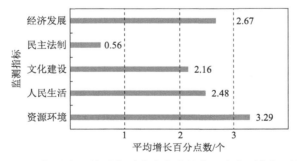

图 6-3　2000 年以来恩施州全面建成小康社会五大方面指标平均增幅

此外，从具体的指标来看，有些指标虽然目前实现程度不高，但在正常情况下经过努力仍可实现，如每万人拥有"三馆一站"公共文化设施建筑面积（37.12%）、公共交通服务指数（54.52%）、农村自来水普及率（49.66%）、单位 GDP 建设用地（56.7%）、主要污染物排放强度（50.2%）、农村卫生厕所普及率（60.75%）等增量性指标和约束性指标可望在地方政府优化调整结构、加大投入和管理过程中提高系数。因此，恩施州若继续保持良好的增长势头，并尽可能补齐短板，提升指标，有望于 2018 年基本实现全面建成小康社会。

恩施州于 2018 年基本实现全面建成小康社会，虽然有一定基础和优势，但不可盲目乐观。根据湖北省政府统一部署，全省全面建成小康社会已进入倒计时。随着全面建成小康社会进程离目标值越来越近，要求也会越来越高，实现难度也会越来越大，攻坚克难的任务也将更加艰巨。从总体实现进程而言，2012 年仅达到 70.71%，远远低于预期目标，差距过大意味着难度很大。从五大方面指标来看，经济发展和文化建设落后是不争的事实，且经济发展和文化建设方面的改观需要长期的投入和努力，不可一蹴而就。从 39 项具体指标来看，各项指标实现的难易程度有所不同。有些指标虽然实现程度较高，但仍需要加强和巩固，如失业率、环境质量指数（96.48%）等实现程度在 80% 以上的指标，并非都能维持其现有水平，随时可能回落。还有些指标不仅现有水平极低，其实现难度也极大，如每万人发明专利拥有量（14.87%）、R&D 经费支出占 GDP 比重（6.64%）等，是相当长一段时间都难以突破的瓶颈，需要在民族地区整体快速、协调发展条件下才能获得提升。

第二节　全面建成小康社会进程中的主要困难

全面建成小康社会是党和国家提出的宏伟目标。就湖北民族山区来看，经济发展、文化建设、人民生活、民主法制、资源环境等方面均存在不同程度的差距。从前述全面建成小康社会评估看，当前恩施州离全面建成小康社会还有很大的差距，难点突出。主要体现在：一是总体进程偏低，差距明显。2012 年仅达到 70.71%，距离全面建成小康社会（100%）则差近 30 个百分点。二是各组、各项指标实现程度不均，经济发展及部分单项指标差距较大，短板缺口十分明显。2012 年经济发展类指标实现程度仅达到 61.46%，实现程度不足 60% 的单项指标多达 13 项，实现进程较为缓慢和滞后的指标不仅多，且提升难度大。目前，突出的难点体现在经济建设和文化建设方面，如人均 GDP（23.67%）、R&D 经费支出占 GDP 比重（6.64%）、每万人发明专利拥有量（14.87%）等增量性经济指标严重滞后，但由于民族地区地方财力难以在短期内获得突破，提升难度颇大；文化产业与科研创新等软实力指标的建设和改善也面临难度大、周期长、见效慢等困境，短期内难有实质性改善。

调研过程中，地方政府部门和老百姓普遍反映，民族地区要如期全面建成小康社会有一定难度。其中，反映比较集中、反响比较强烈、矛盾比较突出的困难和问题主要有以下六个方面。

一、基础设施建设仍然滞后，瓶颈制约比较突出

近年，湖北省民族地区的基础设施建设在系列项目的推动下，取得突出成效，农民生产生活条件显著改善。但由于地处西部山区，先天不足，交通道路、安全饮水仍然是老百姓反映最强烈的问题。

一是交通设施落后、交通网络建设不完善，制约了地区经济社会发展，影响了群众生产生活。虽然近年相继修建和开通了宜万铁路、沪渝高速、渝利铁路、宜巴高速，将部分县市串联起来，但还有部分民族地区尚未被纳入进来，区域内的综合交通网络还未构建完善。例如，五峰县是湖北省仅有的无铁路、无高速、无航空、无水运、无国道的"五无"县，全县公路 3516 千米，其中四级以上等级公路只有 1079 千米，密度仅为 0.45 千米/千米^2，与全省等级公路密度 1.09 千米/千米^{2}有一定差距。鹤峰县作为湖北省七个扶贫示范奔小康县之一，在地理位置上不是全省最偏远的县，但受交通条件制约，目前已成为全省最偏远的县。该县是湖北省两个无铁路的县之一，境内尚未开通高速公路，群众外出十分不便，旅游资源无法得到开发利用。

湖北民族地区各县市境内交通联络不畅，村镇道路建设滞后。2012 年，恩施州全州每万人拥有公共汽车仅 1.66 辆，行政村客运班车通达率为 73.20%，合成公共交通服务指数仅为 54.52%，与全面建成小康社会目标差距较大。调研中，群众普遍反映县域内公路通村公里不达标、不畅通，通组公路通达率低，严重影响生产生活。以宣恩县和长阳县为例，宣恩县仍有三个村尚未通公路，有 10 个村通路不通车，全县 82%的村组不通公路，"肩挑背驮"仍然是农民运输生产生活资料的主要方式；长阳县全县 5000 多千米总通车里程中，未硬化的低等级路达 2800 多千米，占 56%，而且缺乏长效管护和维修资金，晴通雨阻，部分无法正常使用。如果把高速公路、国道省道干线比作"主动脉"的话，县、乡、村、组公路则是纵横交错的"血管"，直接关系着地区经济发展，以及老百姓的出行和生产生活。如今，"主动脉"延伸不够、"血管"通行受阻，道路交通已经成为制约湖北民族地区全面建成小康社会的重大瓶颈。

二是安全饮水问题依然突出，水源质量不高，安全饮用水率低。例如，宣恩县全县 279 个行政村中，还有 118 个村、1133 个村组饮水困难；其中，椿木营乡一万多人，近一半人常年饮用高氟缺碘水。鹤峰县有 593 个村组，占村组总数的42.3%，大约 4.5 万人不同程度存在饮水困难。五峰县有近三万人的饮水不安全，安全饮水成为农民强烈呼声。解决安全饮水问题，需要大量资金。目前，湖北省农村饮水安全工程人均投资标准为 500 元，这一投资远远不能满足山区的实际需要。特别是民族山区，有的地方缺乏水源，需新建水源工程，架设管线距离长、工程量大，增加了建设成本；根据概算，人均投资标准至少要达到 1000 元才能解

决民族山区安全饮水问题。

二、骨干产业培植仍然停滞，农民持续增收难度加大

在全面建成小康社会的进程中，做大做强民族地区经济总量是绕不开的一道难题；要提高人均产出水平、增加居民收入，要义仍然在于"做大蛋糕"、培植骨干产业。2013 年，湖北民族地区人均 GDP 与全省和全国平均水平仍然有一定差距。特别是产业门类虽多，但骨干产业仍然较少，对地方经济的带动、就近就业岗位的拓展、城乡居民收入的增加等方面作用不是十分明显。

一是农业产业特色品种虽多，但产量低、规模小、产业链条短，没有形成大的产业集群，农产品品牌效应弱、市场占有率低。例如，长阳县的高山蔬菜种植面积达到 50 万亩，柑橘和茶叶基地分别达到 13.6 万亩、9.1 万亩，魔芋 8 万多亩；先后引进建成了湖北一致魔芋生物科技有限公司、湖北三品源茶叶科技开发有限公司、湖北长阳火烧坪高山蔬菜集团等企业，逐步形成菜、果、茶、魔芋等特色农业。但是，这些特色农业受气候、生产技术、市场开拓等因素的影响较大，产业结构仍然比较单一，支柱农业尚未形成，龙头企业实力并不强，农产品开发链条短、附加值低，具有明显市场竞争力的农业品牌少，仅在宜昌地区有一定名气；而且，其基地在边远贫困地区覆盖率极低，特色农业的创收功能不强。目前，湖北民族地区农业特色产业建设普遍面临的问题是投入不足、发展不快，从而出现有基地无企业、有企业无龙头、有产品无品牌的现象，对农民持续增收的贡献作用并没有发挥出来。

二是受山区地理环境，以及国家生态功能区限制开发的制约，湖北民族地区的工业发展陷入矛盾之中。一方面，原有工业经济总量小、门类单一、科技含量低，缺乏市场竞争力和企业管理人才，面临着调整转型的重担；另一方面，对承接东部产业转移的吸引力不够，难以引进和布局重大工业项目，面临着有机会抓不住的困境。民族山区有着发展工业的丰富资源，如矿产、农林、水资源，但为确保国家主体功能区划的落实、保护好一方水土，矿产、农林、水资源无法得到大规模开发；即使开发，大多由上级部门管理，财政税收需上缴，对地方经济发展的贡献大大降低。

三是服务业发展粗放、零散、层次低，缺乏支柱和骨干产业。湖北民族地区第三产业发展的优势在于生态文化旅游资源丰富，但是从目前情况看，旅游景点分散、景区之间没有形成通道网络，进入性较差；同时，旅游系列产品开发力度不够，"吃、住、行、游、购、娱"等旅游要素建设均存在较大问题，旅游接待能力较弱，游客数量增长缓慢，现代服务业发展缺乏强大支撑和推动力量。

三、城镇化推进步伐比较缓慢，农民向市民转化的困难较多

湖北民族地区地处中部内陆山区，不具备人口聚集的先天地理优势，加之支柱骨干企业不多，就地城镇化缺乏成熟的产业支撑，基础设施、公共服务相对落后，导致城市和小城镇发育不足，城镇化进程比较缓慢。2012年，恩施州全州城镇化水平只有34.55%，长阳和五峰两县的比例分别为25.84%、30.69%，远低于全省53.5%的比例；要实现2020年城镇化率达60%的小康目标，湖北民族地区必须每年提高城镇化率超过三个百分点，有较大难度。

新型城镇化是人的城镇化，是农民收入增加、生活保障提高、生产方式改变的一个重大转变过程，而不是简单地建设一个城镇、将农民户口更改为城镇户口。在这一过程中，湖北民族地区面临着诸多困难。首先是农民收入难以提高、贫困人口较多、贫困发生率较高，致使城镇化难以推进。据统计，到2013年底，恩施州还有129万人贫困人口，占全州总人口的三分之一；长阳县有贫困人口12.8万人，占农村总人口的35.76%；五峰县贫困人口6.5万人，占农村总人口的32%。一州两县的贫困人口合计超过148万人，占湖北省贫困人口的45.8%。要将如此高比例的农村人口一部分转化为城镇人口，难度非常大。

其次，农民向市民转化的生活保障难以实现。一是难以就近提供足够的就业岗位，为城镇化人口提供持续增收的机会；二是公共服务设施和服务水平难以满足大量城镇化人口，医疗、卫生、教育、文化娱乐、养老、水电、社区管理等一系列保障条件均不足，地方财政投入压力剧增；三是配套改革进展缓慢，如户籍、土地、社会保障制度的改革，在湖北民族地区没有先例，也没有先行先试的政策，无法为农民向市民转化提供制度便利。特别是在农民向市民转化过程中，要让农民享有与本地市民相同的各项权利和公共服务，地方政府要承担大量的公共保障成本。据学者们保守估算，每转化一个市民，政府需投入十万多元；如果民族地区按每年3%、12万人的增速推进城镇化，就需投入超过120亿元，这对紧张的地方财政来说，有巨大的压力。

四、基础教育发展仍然薄弱，人口素质全面提升的矛盾突出

文化教育是全面建成小康社会的重要因素和条件，也是全面建成小康的主要内容之一。目前，湖北民族地区文化建设还处于起步阶段，文化产业增加值占GDP的比重、人均公共文化财政支出、每万人拥有"三馆一站"公共文化设施建筑面积等指标值远远低于目标值，建设任务非常艰巨。特别是基础教育发展比较薄弱，影响了人口素质的全面提升。

湖北民族地区基础教育发展薄弱突出表现为以下三个方面。

一是农村小学撤并后，出现上学难、上学成本增加。例如，宣恩县279个

行政村只有 59 个教学点，大部分村组距离中心学校较远，有的孩子要走三四小时的山路上学。一些中心学校由于不具备寄宿条件，许多家长不得不离家就近租房照顾孩子的生活，加重了农民负担，造成了劳动力资源浪费。据估算，因子女上学，距离近的家庭每年增加了 3000 元开支，距离远的家庭增加了 6000 元开支。

二是教育资源分布不均衡，县域之间、城乡之间差距大，导致上学舍近求远，择校之风愈演愈烈。调查发现，好的教师及优质资源大多集中在城镇学校，家长花大力气送孩子就读，导致城镇学校生源爆满，班额过大，而偏远的农村学校往往生源不足。例如，宣恩县到 2014 年春季，已有 16 所小学（学点）无学生就读，学校消失。巴东县一中因为高考升学率较高，吸引了周围县市家长送孩子就读，致使班级过大。这种"舍近求远""择校"情况，不仅增加了家庭负担，也在很大程度上影响了干部队伍的稳定。

三是师资队伍不稳定、专业化水平不高，特别是音乐、美术、体育等师资严重缺乏。由于山区教师待遇低，难以吸引高水平教师；不少年轻教师只把教师职业当作跳板，考研、考干、考公务员成为他们的主要目标，教师离岗（改行、调出或解聘）的比例较高。以宣恩县为例，2011～2013 年，全县共招聘 289 名教师，离岗 108 人，退休 248 人，队伍减员 67 人，出现骨干教师、优秀教育管理人员青黄不接现象。

基础教育发展滞后，深刻影响着新生代劳动力素质的全面提升。调查发现，湖北民族地区相当一部分学生初中毕业后就外出打工，接受职业技术培训的较少，打工者的总体素质偏低，所从事的多是建筑、服装鞋帽、玩具加工等较低端工作。同时，新生代劳动力就业观念与诉求也发生变化，对工作环境、工资福利、社会保障、文化生活等方面要求较高，技术工人大量外流，返乡的少，造成农村劳动力紧缺。

五、基层干部人才培养力度不够，影响队伍稳定的因素增多

党员干部是全面建成小康社会的主心骨和重要保证。近年，湖北民族地区干部队伍的建设取得一定成绩，但还存在一些问题，特别是基层干部选拔培养力度不够，致使其主心骨作用未得到有效发挥。

一是基层干部任务重、待遇低，付出和回报不对称，严重影响干部队伍稳定。当前，湖北民族地区正处于大发展、大追赶的阶段，自上而下铆足了劲儿，力求与全省、全国同步实现小康目标，大大增加了基层干部的负担。一些县市提出党政干部要满怀热情、时刻待命，不分休假日，实行"五加二""白加黑"工作制度，基层干部付出了非常大的努力。但是，基层干部的待遇非常低，有的科员月

工资不足 2000 元。在村级，村干部年补贴在 4000～7000 元，很多村干部要自己贴钱干工作。一些乡镇、村干部大部分时间在村组，不能与家人团聚，不能帮助家里做农活，在很大程度上影响了家庭经济收入。调研中，一些村的"两委"班子很难组建起来，有能力的年轻人都瞧不起干部，宁可外出也不愿当干部，基层队伍建设面临困难。

二是基层干部提拔晋升机会较少，政治前途不光明，严重挫伤了他们工作的积极性。按照规定，民族地区干部的培养和提拔对基层、对民族有一定的倾斜和比例；但是，由于国家公务员制度改革，以及组织管理的具体要求，现今很多年轻干部、非民族地区干部是通过"空降""考试选拔"任职，相当高比例的本土民族大龄干部长期得不到职务晋升，这大大影响干部队伍的积极性。

六、政策瓶颈突破仍然乏力，政策效率递减问题突出

湖北民族地区是国家集中连片特困地区，是扶贫攻坚重点工作区，是湖北"鄂西生态文化"建设区，得到上级的关怀和支持，也享受了一系列优惠政策。但是，由于缺乏刚性的规定，以及各方面的协调认同，政策效应仍然不明显，改革创新的任务仍然较重。

一是优惠政策"普通化"、不"特殊"，缺乏明确规定。中央和湖北省出台很多支持民族地区经济社会发展的优惠政策，但大多比较普通，没有特殊的刺激效应。以来凤县为例，该县龙凤示范区被国家片区规划赋予"三大改革"、"五个一体化"和"两个国家战略"的定位，但目前来凤县享受的各项政策和投资与普通县完全一样，在行政管理、财政税收、土地使用、金融投资、人才发展方面没有明确而具体的特惠政策。调研中发现，国家赋予龙凤示范区一体化发展很高的定位，给予了很多发展平台，但都没有政策化、项目化、资金化，明确支持不够，推进落实不够，工作力度不够，示范区想发展而缺乏足够的政策保障、项目支撑、资金支持。

二是由于行政分割、部门独立，缺乏刚性协调机制，政策效应降低。湖北民族地区很多优惠政策是建立于"西部""武陵山区""民族地区"这三大平台上的，需要跨区域合作，需要大规划、大投资、大合作。但是，由于认识上的问题，以及体制问题，片区优势无法发挥，政策效应较低。仍以龙凤示范区为例，龙山、来凤两县分别属于湖南的湘西土家族苗族自治州（以下简称湘西州）和湖北的恩施州，两县打破行政区划能够扩大市场，形成资源优势互补，在理论上符合经济发展规律；但从具体实践情况看，还存在协调机制和政策对接两个问题。一是片区协调机制还不完善，自上而下的推进机制还没有建立；二是将区域发展与扶贫开发相联系，需要特殊的优惠政策和大量的资金投入，而这些政策到目前为止仍然未出台，行政、财税、投资等多方面的政策，以及多部门间的一对一协调推进

刚性明显不足。在区划一体、资源整合、要素配置、基础建设、产业分工、环境保护等方面的协调还不能适应一体化建设的要求。

第三节　推进全面建成小康社会的对策思路

到 2020 年，湖北民族地区要与全国、与全省同步全面建成小康社会，时间紧、任务重，必须依靠中央和全省的大力支持，改革创新、充分调动各方力量、加快发展，实现跨越式发展。

一、充分调动广大干部群众积极性，激发全社会主动创造热情

全面建成小康社会，是湖北省各民族人民群众的共同心愿和努力目标，需要充分发挥广大干部群众的积极性、主动性、创造性，心往一处想、劲往一处使、拧成一股绳，增强建设的合力。

一是要坚持从民族地区的特点和现实出发，研究制定符合民族地区发展要求的小康社会目标体系和实施规划，不搞一刀切，在推动全面建成小康社会的目标前提下，支持民族地区选择有区别的小康社会目标方向和实现路径。

二是在民族地区大力宣传全面建成小康社会目标的重要意义、主要任务，让广大干部群众知晓、认识到与全国、全省同步实现全面小康的紧迫性，做到思想上统一、行动上一致，努力提高民族地区干部群众参与全面建成小康社会的主动性。

三是要针对民族地区的不同需要，广泛动员和组织社会力量参与全面建成小康社会行动，切实帮助解决突出困难和问题。要继续推进"616"对口支援工程，鼓励和引导社会慈善机构和基金流向民族地区，促进社会和谐发展。

在促进民族地区全面发展进程中，需要进一步深化对口支援工作机制。湖北省委、省政府做出在民族地区实施"616"对口支援工程和省内部分市对口支援民族县市决策部署以来，对口支援在民族地区扶贫开发、加快全面建成小康社会进程中发挥了不可替代的作用。当前民族地区在全面建成小康社会过程中，仍然面临加快发展与产业转型双重压力、生态环境保护任务艰巨、基础设施建设和社会事业发展相对滞后等问题，在充分发挥民族地区内生动力的同时，迫切需要外力的支持。建议湖北省委、省政府做出继续深入开展对口支援民族地区的重大决策，进一步深化对口支援工作机制，围绕改善基础设施、优化产业结构、提升公共服务能力、提高城乡居民收入，加大政策扶持力度，更加注重多层次、多领域、多渠道的合作，充分发挥市场在资源配置中的决定性作用和更好发挥政府的作用，引导资源融合对接，走合作共赢之路，充分调动各方面的积极性，进一步加大对

口支援民族地区工作力度，促进民族地区与全省同步建成小康社会。

四是要在民族地区各县市部门考核中纳入全面建成小康社会相应的指标，以评价各单位的工作成效。

二、加快推进扶贫攻坚工作，着力解决民生问题

促进民族地区全面建成小康社会，要打好扶贫攻坚战。要创新思路和机制，把整体推进与精准到户结合起来，加快推进民族地区区域发展与扶贫攻坚，提高扶贫效能。

一是要坚持从全面建成小康社会的大局出发，切实研究解决民族地区小康社会建设中的突出矛盾和问题，将扶贫攻坚与区域发展二者有机地结合起来，以区域发展推动群众脱贫，以扶贫攻坚促进区域发展。

二是要深化扶贫攻坚工作，在实施精准扶贫过程中集中解决一些突出问题。要将贫困个体的问题与贫困村组的普遍问题结合起来，将脱贫致富与能力建设结合起来，合理使用资金，提高扶贫资金的绩效。

三是要理清扶贫思路，创新扶贫机制，重点解决民生发展问题。要处理好扶贫资金与其他发展资金之间的关系，合理整合，有效配置，重点推进。要把改善民生放在首位，帮扶资金主要用于民生、用于基层。要进一步加大偏远山区安全饮水、卫生厕所、文化培训方面的扶贫资金投入，尽快让少数民族群众过上好日子。

三、大力推进交通畅通工程，构建便捷交通网络

交通畅通是经济社会发展的重要条件，是民族地区广大人民群众的殷切希望。因此，民族地区要坚持以解决基础性、关键性问题为先导，带动和促进小康目标的全面实现。要把解决交通瓶颈问题作为重中之重，着力构建高速畅达的交通网络。

一是要加快进度，打通对内对外联系的"大通道"。要与中央有关部门沟通联系，尽快部署和落实国家关于武陵山片区区域发展的交通规划，建设好跨地区的机场、铁路、高速，完善区域交通网络，扩大对外流动渠道。

二是要加大投入，畅通与"大通道"联系的"静脉""毛细血管"。要积极争取省级、县级专项资金支持，创新引入市场模式，调动社会资金，修建一批贯通民族地区各县市的高等级公路。要加强各县市交通部门之间合作，修建好一批连接路、断头路。

三是要将道路建设与城镇化建设结合起来，修建和维护好县、乡、村镇公路。城镇化是推动民族地区经济社会发展的主要路径，在这一过程中，要与重要交通

干线规划建设紧密结合起来，以道路建设推进城镇化发展。

四、实施骨干产业培育工程，增强自我发展能力

民族地区要从自己的优势和特点出发，既要兼顾产业发展的禀赋条件，也要遵循资源限制开发、生态涵养保护的要求，走绿色发展、绿色繁荣、绿色小康的路子，实现产业长远发展目标。

一是要大力发展特色优势产业，增强农民自我创收能力。要充分结合民族地区山区资源优势，大力推动优质水稻、玉米、土豆、菜油、果蔬、药材、茶叶的种植，以及畜牧、水产养殖，形成一批有影响力的特色农业品牌。

二是要以区域为单位，培育和形成骨干产业。要打破行政区划界限，跨区域进行产业布局，并围绕产业发展配套相关政策和基础设施，扶持发展龙头企业，带动农民增收致富。要把发展文化旅游业、农产品加工业作为促进区域经济发展的重点，不断提升民族地区产业发展的层级水平。

三是要把民族地区的自然资源和文化资源开发好、利用好，推动产业结构上水平，加快发展服务业，逐步把旅游业做成支柱产业。

四是要处理好工业企业的自我培育和引进工作。要抓好惠及当地和保护生态的工业企业，兼顾经济发展与生态保护，兼顾劳动就业和财政税收，做到又快又好发展。民族地区要善于利用外部资源，通过市场机制与省内其他地区，以及沿海地区连接起来，实现优势互补、合作共赢、共同发展。

五、大力推动社会事业提升发展，促进社会公平正义

发展的目的是要让广大人民群众过上幸福安康的生活。民族地区要紧紧围绕全面建成小康社会目标，顺应群众新期盼，坚持以保障和改善民生为导向，着力推动社会事业提升发展。

一是要大力实施教育民生工程，加大对偏远山区基础教育的投入，加快义务教育学校标准化建设和寄宿制学校建设。要优化基础教育结构，实行免费中等职业教育。要提高教师待遇，稳定和壮大教师队伍，提高基础教育水平。

二是要大力实施农村医疗卫生民生工程，切实加强乡镇卫生院基础建设，健全村级卫生网络，切实解决农民看病难问题。

三是大力实施农村养老民生工程，加大农村养老设施建设力度，探索多元化养老投入机制，主动适应农村人口老龄化和城镇化趋势。

六、大力培养少数民族干部，壮大基层人才队伍

民族地区全面建成小康社会，离不开党和国家的领导，离不开广大党员和干

部的努力。各级党委和政府要把培养和选拔干部人才，当作全面建成小康社会的一项重要工作。

一是要采取措施切实解决少数民族干部人才进不来、留不住、用不活的问题。要着眼培养不走的干部人才队伍，放宽入口、放活出口。要切实提高基层干部和骨干人才的待遇，帮助解决其突出困难，促进民族地区干部队伍稳定发展。

二是要着力加强基层组织建设，充分发挥基层组织的主力军作用。要重视村干部的培养和选拔工作，将一批有能力、有觉悟、有感情的年轻农民吸纳到人才队伍之中。

三是要提高当地少数民族干部选拔和任用的比例，要加大乡镇基层干部上调、外调、交流的力度。要通过学历学位和技能培训方式，提高基层干部人才队伍的能力水平。要进一步放活民族地区干部选拔任用渠道，采取定向招录、定向使用，扩大地方自主选拔使用干部权限、采用从其他性质单位招录等方式选拔优秀人才充实干部队伍。

七、积极争取国家的政策支持，强力推进各项规划的实施

一是积极争取国家的政策支持。湖北民族山区全面建成小康社会需要中央政府的有效政策支持，要抢抓实施新一轮西部大开发、国家启动长江经济带新一轮开放开发战略、实施武陵山片区区域发展与扶贫攻坚试点工作等机遇，加强与国家部委的沟通衔接，争取国家更多指导和支持，积极争取国家在产业布局和项目、资金安排上向湖北民族地区倾斜；用足用活中央和省政策，研究完善下一步政策措施，确保各项政策落到实处。

同时，要结合省情制定出配套政策和细则，形成稳定、完整的体系，并注重功能性、阶段性和可执行性，包括税收优惠、财政补贴和转移支付、动态稳定的财政投入增长机制、信贷融资、新兴产业项目支持等政策措施。

湖北省委、省政府历来高度重视民族地区发展，先后制定出台了《中共湖北省委、湖北省人民政府关于进一步加强民族工作 加快少数民族和民族地区经济社会发展的若干意见》（鄂发〔2006〕3 号）、《中共湖北省委、湖北省人民政府关于推进湖北武陵山少数民族经济社会发展试验区建设的意见》（鄂发〔2011〕25 号）和《中共湖北省委办公厅、湖北省人民政府办公厅关于建立省内部分市对口支援民族县市工作机制的通知》（鄂办文〔2011〕73 号）等政策性文件，出台了 20 条具体支持政策，有力支持试验区建设和加快民族地区全面建成小康社会进程。要对现有文件的贯彻落实和具体实施等情况，进行科学系统的社会评估，研究制订完善现有政策法规工作的具体工作建议方案。同时，贯彻中央民族工作精神和省委民族工作会议精神，针对民族地区全面建成小康社会面临的突出困难和

问题，建议省委、省政府在现有普惠政策的基础上，出台支持民族地区全面建成小康社会建设的政策文件，对民族地区予以特殊照顾。

建议湖北省有关部门每年要安排一定额度资金专项用于对民族地区的扶持；在制定和实施省有关政策和各专项规划时，加大对民族地区的倾斜力度；在分配相关资金时，充分考虑民族地区的扶持政策因素，给予倾斜支持。进一步落实好项目建设配套资金政策，建议重申减免项目建设配套资金政策，防止直接或变相加重民族地区负担，并督促各相关部门切实加以落实。建议进一步完善金融支持政策，引导金融机构在民族地区合理布局，采取相应政策措施推动金融机构对民族地区产业发展和企业成长予以支持，明确相应政策扩大少数民族地区城市建设筹融资渠道，推动民族地区城镇化建设。

要进一步完善生态补偿政策。进一步加大财政转移支付的力度，支持民族地区加强生态建设。特别是对关系全局利益的生态涵养重点区域要采取特惠政策促进生态得到有效保护。湖北民族地区是国家生态安全屏障保护区，为长江流域乃至全国生态安全做出了重大贡献，迫切需要建立健全生态补偿机制。要加大呼吁力度，敦促建立跨省生态补偿机制，实现受益省份向湖北省进行生态效益补偿。同时，积极争取中央财政加大对湖北省生态建设专项转移支付力度，进一步提高生态补偿标准。

二是强力推进各项规划的实施。要强力推进国家片区规划和《湖北武陵山少数民族经济社会发展试验区发展规划（2011-2020 年）》（以下简称湖北省片区规划）等各项规划的实施。进一步加大省县统筹、资源整合的力度，确保各项规划的有效衔接，有计划、分阶段、有组织地开展规划实施。同时，在启动涉及湖北民族地区经济和社会发展的"十三五"规划编制工作时，要把握好国家关于经济社会发展重大战略谋划和决策部署，把握好民族地区新的发展阶段和发展趋势的主要特征，把握好湖北民族地区面临的新形势、新情况，把握好"十三五"期间民族地区全面建成小康社会需要解决的重大问题和重大任务，把握好省委、省政府重大决策部署在"十三五"的衔接和延续。同时，做好规划编制前期工作，科学确定规划编制前期重大课题，提前谋划，明确省级部门和市、县规划编制工作要求。

第七章 片区发展的资源及优化：
以试验区为例

新时期，国家对湖北民族地区实施了两大区域性发展战略，一是中央把它划入 2010～2020 年集中连片特困地区作为扶贫攻坚主战场，自 2011 年开始实施国家片区规划；二是湖北省把它作为"武陵山少数民族经济社会发展试验区"（以下简称试验区）建设，并实施为期 10 年的规划建设期。这两大区域性战略为民族地区各县市的县域经济、人民群众生活，特别是减贫事业发展带来了巨大机遇，也取得较好效果。本章主要对试验区建设中的资源配置问题进行分析，提出体制机制优化的建议。

第一节 试验区建设中的两大资源配置机制

2010 年 11 月，湖北省委在"十二五"规划建议中提出"建立湖北武陵山少数民族经济社会发展试验区"。2011 年 2 月，湖北省在"十二五"规划中要求"大力推进湖北'武陵山少数民族经济社会发展试验区'建设"，试验区范围包括恩施州八县市、宜昌市的长阳和五峰两县，以及神农架林区，面积 3.2 万平方千米，总人口 473.4 万人，少数民族人口占 63%。同年 2 月 16 日，湖北省委、省政府在恩施州举行了试验区建设的启动仪式。

建设试验区，是湖北省委、省政府强力推进湖北武陵山区经济社会科学发展、跨越式发展，增进民族团结，探索集中连片特困地区实现脱贫致富新路径的重大举措。试验区建设任务之一为"拓展资源要素运作空间，增强资源要素跨区配置能力"，并"赋予试验区机构、人事、资源配置权力"和"探索试验区发展新模式、促进形成新机制"，特别是资源优化配置机制，具有十分重要的理论意义。

近年，试验区建设面临着一些新形势新情况，对资源配置体制机制提出新要求，主要体现在四个方面。一是试验区的经济发展还相对落后，亟须加快步伐，转变发展方式；而转变发展方式离不开体制机制创新，特别是资源配置机制的改革创新。二是试验区的发展资源既丰富（自然总量）又贫乏（金融、政策等资源），一直存在配置效率低的问题（形成浪费或无米之炊的状态），如何有效配置、发挥效率，是新时期试验区发展亟待解决的。三是 20 世纪 90 年代以来，市场机制在我国得以广泛传播和实践。东南沿海发达地区因较早推行以市场来配置资源的体制机制，促进了经济活力、加快了发展。党的十八大以来，中央提出在全国进一步深化体制机制改革，"发挥市场在资源配置中的决定性作用"。外部环境给试验区提出挑战和新工作。四是虽然经过三十多年的改革开放，试验区仍然是政策洼地，是市场经济发育较缓慢的地区，特别是资源配置方面一直秉承中央集中、地方听从，政府为主的指令性体制机制，地方自治、社会参与的市场竞争性机制缺乏，导致试验区在全国市场经济大潮中越落越远，不能发挥其应有作用。基于试验区目前资源配置体制机制存在的问题，以及经济社会建设所迫切需要的新机制现实，本章试图从理论上厘清政府和市场两大资源配置方式的优缺点，从实践中梳理试验区的各种资源配置的现状，找出资源配置中所存在的问题，提出进一步优化资源配置机制的建议。

一、资源配置的机制理论

配置资源是社会生产面临的基本问题。因为资源在一定时期里是有限的，而人的需要却是无限的，于是会产生以下问题和矛盾：①在资源有限前提下，存在着产品与产量的选择问题，即生产什么、生产多少的问题；②既定资源投入量下实现产量或收益最大化问题，即怎样生产的问题；③在资源有限前提下，如何分配问题，即哪些人可以更多地占有资源而另一些人少得资源的问题。所有问题，在经济学中被笼统称为资源配置问题，是研究社会生产的基本问题之一。

（一）经济活动中的资源范围

资源是指一国或一定地区内拥有的物力、财力、人力等各种物质要素的总称，分为自然资源和社会资源两大类。前者如阳光、空气、水、土地、森林、草原、动物、矿藏等；后者包括人力资源、信息资源及经过劳动创造的各种物质财富。

一般来说，经济活动中的资源是指通过使用或直接可以为企业、社会产生效益的东西，如土地、人、设备、厂房，等等。从资源的来源上划分，一个社会的所有资源可分为自然资源、人力资源、金融资源、文化资源、政策资源等。资源构成上可分为有形资源（一切以实物形式出现）和无形资源（比如，文化、政策、信息等）。下面主要对试验区的主要资源进行分类。

1. 自然资源

自然资源泛指存在于自然界、能为人类利用的自然条件（自然环境要素）。联合国环境署将其定义为：在一定的时间、地点条件下，能够产生经济价值，以提高人类当前和未来福利的自然环境因素和条件。自然资源具有可用性、整体性、变化性、空间分布不均匀性和区域性等特点，是人类生存和发展的物质基础与社会物质财富的源泉，是可持续发展的重要依据之一。

自然资源可划分为生物资源、农业资源、森林资源、国土资源、矿产资源、海洋资源、气候气象、水资源等，但最重要的自然资源是土地、矿产、水、生物、旅游。它是一个地区和居民所拥有的直接财富。所有的社会生产活动要建立在这些自然资源基础上。

试验区的自然资源十分丰富，重要的有林地、矿产、水、旅游①、生物等资源。例如，试验区林地资源丰厚，试验区森林覆盖率达 72%；矿产、水电资源丰富，拥有金属矿产 75 种，其中的高磷铁矿——鄂西大铁矿是全国四大铁矿之一。试验区硒矿储量世界第一，有"世界硒都"之誉；水电蕴藏量 743 万千瓦，可开发 550 万千瓦，目前装机容量达 400 多万千瓦；旅游资源丰裕，拥有神农架、利川腾龙洞、恩施大峡谷、八百里清江画廊、五峰柴埠溪等一批鄂西生态文化旅游圈的核心景区；生物资源丰富多样，是华中地区重要的"动植物基因库"，有各类自然保护区（小区）45 个，总面积达到 20.36 万公顷，是多种药材生产基地。

2. 人力资源

劳动力资源或劳动力，是指能够推动整个经济和社会发展、具有劳动能力的人口总和。通常来说，人力资源的数量为具有劳动能力的人口数量，其质量指经济活动人口具有的体质、文化知识和劳动技能水平。一定数量的人力资源是社会生产的必要的先决条件。优质的人力资源是财富创造的源动力。

试验区的人力资源相对来说不是十分充足，主要体现在三个方面。一是劳动力总量不大。2015 年恩施州常住人口 332.7 万人，人口密度为 138 人/千米^2；其中劳动力约 260 多万人；二是劳动力的身体健康程度不一，慢性病人较多；三是劳动力素质较低，拥有技术、技能和市场意识的劳动力并不太多。

3. 金融资源

金融资源是现代经济的重要组成部分，它主要指金融领域中关于金融服务主体与客体的结构、数量、规模、分布及其效应和相互作用关系的一系列对象的总和或集合体，金融资源的主体是金融行业。在我国，金融业可分为正规金融和非正规金融。正规金融是指通过国有商业银行、政策性银行、股份制商业银行等正式金融中介机构和金融市场进行的资金融通。正规金融行业有银行、证券、保险、信托、基金、财务公司等。非正规金融是指不通过依法设立的金融机构来融通资金的融资活动和用超出现有法律规范的方式来融通资金的融资活动的总和，如地下钱庄、快贷公司、民间融资、典当业等。金融资源是资本形成的必要条件，它是经济增长的源泉。

---

① 民族山区的旅游资源主要为自然资源，因此，本章将旅游资源包含入自然资源进行陈述。

试验区金融资源相对贫乏，主要表现三个方面。一是资本市场缺失。试验区没有建立起体系完备的资本市场，证券交易量较少。到 2015 年末，试验区共有长江和华泰两家证券公司在恩施开设营业部，开设股票基金账户 5.37 万个，全年保证金存款 2.27 亿元，交易额 734.8 亿元。二是正规金融机构总量较少，分布不均衡，乡村少有金融组织。三是资金来源和流向不利于本地，来源是少数居民的存款，流向是外地。2015 年末，试验区恩施州金融机构人民币存款余额 1049.54 亿元，其中住户存款余额 598.35 亿元；金融机构人民币贷款余额 659.42 亿元，贷款比例并不太高。

4. 政策资源

政策资源，是指国家为实现一定时期内社会经济发展战略目标而制定的指导资源开发、利用、管理、保护等活动的策略和实施的具体政策。一般包括上级政府的有形的财政转移支付、粮农补贴等政策，也包括无形的政策，如税收政策、补贴政策、教育帮扶政策、开放政策、招商引资政策等。

试验区本身就是湖北省政府为促进西部民族地区发展的一项战略安排，其中蕴含了诸如财政投资政策、税收政策、土地政策、科技人才政策、对口支援政策等。除省级政策外，试验区还享有国家的一些优惠政策，如西部大开发、中部崛起、"一带一路"等战略中的具体政策。据有关部门统计，近年试验区享受国家和省级优惠政策不下 50 项。可以说，政策资源一直是试验区各地方政府所追求的最大资源，它对经济社会发展驱动作用明显。

总之，资源是指能够被用于经济活动、促进经济增长和群众创收的要素，不论是有形的自然资源和人力资源，还是无形的金融资源和政策资源，都是试验区发展所不可缺少的。我们探讨资源优化配置，要突破那种仅将资源定义为林地、矿产等的思维。要注意的是，现阶段，政策资源一直是地区发展所追求的重要资源，也是有关部门资源配置极不合理的高发之地。说到底，体制机制存在问题，具体表现就是有关部门制定和实施的政策，以及政策资源分配存在问题。

（二）市场是资源配置的基础方式

十八大以来，我国在经济社会建设中对市场在配置资源中的作用非常重视，希望发挥"市场在资源配置中的决定性作用"。我们认为，市场经济体系的一个根本特征就是通过市场方式配置资源。试验区要优化资源配置，首先要从思想和理论上认识到"市场是资源配置的基础方式"这一根本性观点，才能在各项改革和实践中践行此种方式。

1. 市场是如何配置资源的

市场配置资源指的是经济运行过程中，市场机制根据市场需求与供给的变动引起价格变动从而实现对资源的分配、组合及再分配与再组合。因此，市场配置资源主要通过价格、供求、竞争等来进行。

下面以市场机制最常见的供求关系、价格发现的基本原理图来说明资源是如何配置的。图 7-1 中，在某一资源（生产要素、产品等）的需求不变情况下，由某种原因导致的供给增加会引起价格下跌，即 $S_1 \rightarrow S_2$，这是供给影响价格的基本机理（供求机理）。同样也存在价格发现机理，即价格影响供给情况，当价格低于原来的预期价格，生产者减少生产，供给减少促使价格回升，即 $P_2 \rightarrow P_1$。

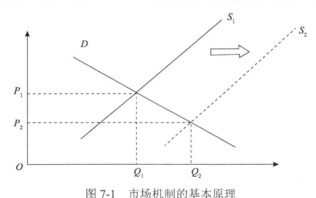

图 7-1　市场机制的基本原理

价格和供求的改变，会被反馈给市场，以及生产者和消费者，从而出现竞争情况。即竞争是市场机制的一个典型特征。竞争意味着有众多的参与者。合理的资源流量配置，加剧了不同产业、地区、企业间的生产竞争，即供求与价格机制的运行结果加剧了竞争运行强度，有利于已配置的资源的有效利用，提高资源利用率、产出率、优质率，改善产业、地区、企业的竞争环境、竞争地位，提高竞争能力与优势，改变资源再分配的流向、流量与资源利用效率。

总之，供求机制决定了资源配置流向选择；价格机制决定了资源配置流量；竞争机制决定资源利用率。反过来，竞争关系的展开调整了供求关系，形成了新的资源配置格局，这就是市场机制的基本运行机理。

2. 市场是资源配置的最优方式

市场是资源配置的最优方式。这是因为市场在资源配置上是最有效率的，有较高的经济效益。高的经济效益表示对资源的充分利用或能以最有效的生产方式进行生产（比如，以尽量少的人管理尽量大的企业等）；低的经济效益表示对资源的利用不充分或没有以最有效的方式进行生产。不同的市场组织下的资源配置效率和经济效益是不同的。在竞争程度越高的市场，资源配置会越有效率，而竞争程度的提高，靠的是市场自由程度的提高。因此，在资源配置机制中，只有扩大市场的作用，强化市场机制，减少政府干预，资源配置才会更有效率。具体来讲，市场在资源配置有效性上表现在以下方面。

1）促使微观经济运行保持高效率

在完全竞争市场条件下，生产效率低和无效率的生产者会在众多生产者的相互竞争中被迫退出市场，生产效率高的生产者则得以继续存在。同时，又有生产效率更高的生产者随时进入市场参与市场竞争，生产效率更高的生产者则在新一轮的市场竞争中取胜。因而，完全竞争市场可促使生产者充分发挥自己的积极性和主动性，进行高效率的生产。

2）促进生产效率的提高

完全竞争市场可以促使生产者以最低成本进行生产，从而提高生产效率。在完全竞争市场条件下，每个生产者都只能是市场价格的接受者，因而他们要想使自己的利润最大化，就必须以最低的成本进行生产，即必须按照其产品平均成本处于最低点时的产量进行生产。生产者以最低的生产成本生产出最高产量的产品，这是一种最佳规模的生产，这样的生产没有浪费任何资源和生产能力，因而，这样的生产过程也就是一种促进生产效率和效益不断提高的过程。

3）消费者获利及消费需求满足的最大化

在完全竞争市场条件下，价格趋向等于生产成本。因而，在许多情况下，它可以形成对消费者来说最低的价格，而且完全竞争市场条件下的利润比其他非完全竞争市场条件下的利润要小，所以在纯粹竞争的情况下，获利最大的是消费者。同时，完全竞争市场还可以使消费需求的满足趋向最大化。

4）增进社会利益

每个生产者都努力使其生产的产品价值最大化，其结果必然使社会的总产值有很大的增长，从而也就促进了社会公共利益的增加。

总之，在完全竞争市场条件下，资源能不断地自由流向最能满足消费者需要的商品生产部门，在资源的不断流动过程中实现了资源在不同用途间、不同效益间和在生产过程中的不同组合间的有效选择，使资源发挥出更大的效用，从而也就会大大提高了资源的配置效率与配置效益。

3. 市场配置资源的基本特征或条件

完全竞争市场是资源配置最有效率的市场，并达到帕累托最优状态。但完全竞争市场需要满足四个条件：一是市场上有大量的买者和卖者，以至于任何单个的生产者和消费者都不能影响市场价格；二是生产的产品是同质无差别的，这种无差别性体现在包装、质量、性能、外形等各个方面，以至于厂商不能利用产品的差别进行垄断，消费者也不会因产品差别形成特别偏好，不会出现生产者垄断市场价格现象；三是资源具有完全流动性，这保证任何生产者可自由进出市场不受任何法令及其他社会因素的限制，也不会因生产资源受到限制而形成垄断，促进资源配置的灵活性；四是市场具有完全信息，即市场上的每一个买者和卖者都掌握着与自己的经济决策有关的一切信息，这样每一个消费者和每一个厂商都可以根据自己掌握的完全的信息，做出最优的经济决策，从而获得最大的经济效益。

现实的市场机制要想使资源达到最优配置就需要尽可能地向完全竞争市场接近，更大程度地限制垄断。

根据以上讨论，由市场配置资源需要这样一些条件。

（1）自由的价格机制。市场经济要求价格是由竞争性的市场决定的，而不能由政府确定。这里的价格不仅指产品与劳务的价格，也包括各类生产要素的价格。只有价格是由市场上供求双方决定的，它才能体现各类资源的稀缺程度，才能为消费、为生产提供可靠的决策，实现资源的优化配置。如果价格由政府确定，它就可能偏离市场的均衡价格，导致价格体系的扭曲，影响资源配置的效率。例如，当政府给出的某种产品价格高出市场价格，高价格会刺激生产者扩大生产，同时又会限制社会的需求量，这必然造成产品的供过于求，产品积压，浪费社会有限的资源。又如政府规定了低于市场的利率，低利率表示生产者借入资本的成本低，这就无法筛选掉那些低生产效率的项目，导致生产者盲目地扩大生产、重复生产，出现规模不经济，也无法淘汰那些经营不善的企业，这同样是对社会资源的浪费。

（2）生产要素的自由流动。生产要素在更大范围内流动也是社会资源优化配置的先决条件。这里所说的自由流动是说生产要素的组合不受地区、部门行政的限制及垄断的阻碍。 在各种条件相同的情况下，在不同部门或地区增加同量生产要素其边际收益可能不同，在这种情况下，只要允许生产要素从边际收益低的部门或地区转移到边际收益高的部门或地区，就会增加社会的总收益。生产要素的这种自由流动 ，不仅导致社会总产出增加，而且是社会生产中的供给与需求的平衡、各个生产部门的平衡发展，以及充分发挥不同地区资源优势的基本保证。

（3）自由竞争与优胜劣汰机制。在市场经济条件下，资源优化配置是通过竞争实现的，一个人想要获得更多收入、取得更大发展，就要努力学习、勤奋工作、提高自己的本领，提供社会所需要的更高质量的服务，否则你的收入会更低，甚至失业。一个企业也是如此，要不断创新，开发或引进新技术、新产品，发现新市场、新的生产组织形式，否则企业就会面临亏损与破产。有效的竞争是与优胜劣汰机制联系在一起的，如果一个人干与不干都是一个样，如果一个企业盈利与亏损也是一个样，那么就不会有资源配置的高效率。

有效的竞争还必须建立在机会均等的基础上，所谓机会均等是指所有机会向所有的企业与个人开放。例如，一个人的职业选择因为其出身、肤色、性别而受到限制。又如，一个企业通过贿赂等手段从政府那里获得特惠（诸如特许经营权、税收减免、财政补贴等），在这种政府不规范干预经济活动的情况下，可能出现另一种竞争方式，即各个企业竞相向政府有关管理部门及其官员寻求这种特惠，这是一种极其有害的竞争。再如，一个企业通过欺行霸市、以次充好、虚假广告等不正当的手段获得更高的利润。所有这些都会破坏市场有效的竞争秩序，要受到政府法律的制裁。

（4）明晰的产权制度。上文所说的市场配置资源的一些条件是由市场经济更深层次的经济关系即财产关系所决定的，市场经济的财产关系的特征是产权独立，因此，产权独立是市场配置资源的基本条件。产权独立是指个人在法律保护下有权支配他的财产和能力来取得收入（这里的产权主要指依法占有财产的权利）。在现代股份制企业里，尽管财产不一定是企业法人所有（它可能是为数众多的股东们投资入股的），但股份公司的法人完全拥有独立地支配企业财产的权利，因而这里的产权也完全是独立的。独立的产权是市场经济的基本条件，因为产权独立使生产成为生产者个体的事情，政府不可能直接管理企业。为了使这种分散的个体生产形成相互联系的社会生产，就只有通过市场的形式，从而使这种社会生产表现为市场经济。因此，市场经济就是由法律界定了的、平等的、独立的产权所有者之间实现他们经济联系的一种形式。

产权一旦独立，可以带来三个方面的经济结果：①产权独立后生产就成为个体的事情，那么不同产权所有者之间的交易比例就无须由政府确定，表现这种交易比例的价格也只能由不同的所有者去确定了，因而表现为自由的市场价格。②一方面生产者为实现利润最大化，必然要不断地优化生产要素的组合，另一方面生产要素所有者也总是把自己所拥有的资源投向生产效率最高的生产项目，从而实现社会资源在更大范围内的合理配置，不会有部门与行政区划的障碍。③产权独立后，企业生产什么、生产多少，以及怎样生产的决策只能由企业自己确定，这些决策所带来的风险自然是由企业自己承担，企业为了自身的生存与发展，必须谨慎决策，必须不断创新。任何一个企业，如果墨守成规、不求进取，它将会被市场淘汰。市场正是通过这种优胜劣汰的机制，提高整个社会资源配置的效率。因此可以说正是这种独立的产权制度，才有市场经济，才带来市场配置资源的高效率。

（三）政府是资源配置的补充性方式

所谓政府配置资源就是计划配置资源，就是由政府按照预定的计划，通过行政手段将社会资源分配到各个部门。它是计划机制占主体地位的资源配置方式，是通过计划机制发挥作用来实现资源配置的。在现阶段，政府配置资源主要表现为政府对相关资源进行宏观安排，制定宏观政策予以调配。

1. 政府配置资源的理论渊源

（1）马克思主义政治经济学。马克思主义政治经济学指出，资本主义生产的实质是剩余价值生产，其社会存在两大对立的阶级，资本家凭借私人占有的生产资料对工人进行剥削，社会产品也由此进行按资分配。为了消除这种剥削，消除这种分配的不平等，应该实行社会公有制度，社会在统一的计划指导下进行经济生产，社会产品实行按劳分配，消灭阶级、消灭贫富分化。这就是社会主义计划经济的产生。但马克思显然没有注意到正是这种分配的不平等才激发了人们努力生产的欲望，社会实行平均主义，大大遏制了社会生产的动力；人们生产处于消极状态，社会财富就难以快速增长。马克思的计划经济显然是针对收入分配均等化而言的。

（2）微观经济市场失灵理论。根据微观经济理论，市场在完全竞争条件下才能达到帕累托最优状态，资源配置才是最有效率的。然而，完全竞争市场在现实中是不存在的，在很多情况下会出现市场的失灵，资源配置达不到帕累托最优状态。比如，垄断、外部性、公共产品、信息不对称等都会造成市场失灵，这就需要政府对市场进行干预以纠正市场失灵。

（3）凯恩斯主义。1929 年开始的资本主义世界经济危机，促使一种国家对经济发展进行干预的思潮的产生，这就是凯恩斯主义。凯恩斯从人类三大心理规律出发提出，市场常常会因消费不足致使生产处于不充分就业状态，这就需要国家实行一定的财政政策和货币政策对经济进行干预，刺激社会需求，促进经济增长。凯恩斯的干预主义实质是从宏观经济总量出发对市场经济的一种补充。

现代经济学认为，在市场失灵情况下，以及某些公共领域，需要政府来进行资源配置，进行宏观调控。中国过去依靠政府强有力的资源配置能力，有效动员社会力量，短时间内完成大任务，如三峡建设、库区移民等，这些生产及社会活动需要政府配置安排，这是市场机制所无法完成的。

2. 政府配置资源的优缺点

政府配置资源的方式有利有弊。优势体现在：①有利于动员社会力量。政府的最有效的功能就是可利用其强大的组织机构动员全社会的力量应对灾难，如应对外敌入侵、抵挡自然灾害等。比如， 2008 年我国的汶川大地震、2011 年日本9.0 级地震等的灾后处理，都表现出政府应对灾难的能力。②控制经济总量、指导经济发展。市场经济的参与者是一个个微观经济主体，所有参与者所产生的经济后果对每个参与者来说是无法控制的，这就需要政府从宏观上对经济总量进行控制，以便对市场经济运行的不良后果进行干预，从而指导市场经济健康发展。③改善社会福利。自由竞争市场使资源得到最有效的配置，但自由竞争市场也会产生一种社会的副作用，那就是社会两极分化，贫富差距严重，容易引起社会动荡。这就需要政府对社会的财富进行再分配，以便消除贫困，缩小贫富差距。简言之就是"效率优先，兼顾公平"。④促进机会均等。机会均等意味着公平竞争，意味着参加竞争的人处在同一起跑线上。机会不均等会带来许多社会问题，它会加剧贫困，引起社会低效率，甚至社会动荡。政府可制定促进机会均等的法律，如禁止就业歧视、促进教育公平等，同时向贫困人口和地区提供广泛的就业、教育、科技等方面信息。

弊端主要体现在：①对微观经济活动与复杂多变的社会需求之间的矛盾难以发挥有效的调节作用，容易产生生产与需求之间的脱节。②不能合理地调节经济主体之间的经济利益关系，容易造成动力不足、效率低下、缺乏活力等现象。③计划容易脱离实际，造成不必要的巨大浪费等。我国早期和苏联曾出现大量蔬菜腐烂、粮食坏掉等现象就是例证。如今房地产业"鬼城"的出现、过多的闲置土地也是由这种原因造成的。④计划经济体制与由众多平等个体组成的国家的现实情况相冲突。在一国内，宏观上人为地制造出计划制订者、计划执行者、计划执行利益受损者，微观上的企业主体被分成企业管理者和劳动人员等，这样就会出现阶层差别，消极怠工成为劳动者的必然选择。⑤政府失灵。这是指个人对公共物品的需求在现代化议会制民主政治中得不到很好满足，政府部门在提供公共物品时趋向于浪费和滥用资源，致使公共支出规模过大或者效率降低，政府活动并不总像理论所说的那样"有效"。当政府行为不能增进效率或者政府把收入分配给那些不该得到收入的人，政府失灵就产生了。

3. 政府配置资源的基本特征

总体看，政府配置资源存在以下基本特征。

（1）多发生在权力比较集中的地区和领域。纵观中外历史，可以发现凡是在中央权力较大的中央集权制国家，以及发展中国家和地区，政府配置资源的情形比较多。从领域看，主要集中在政策和资金资源方面。

（2）地方经济基础较弱、处于内陆。凡是经济实力薄弱的地区，市场参与者比较缺乏，生产要素也就是资源必然相对缺乏，导致在资源有限的情况下要办成大事、促进地方经济增长，必然依靠强有力的政府来配置和安排相关生产资源。同时，由于地处内陆，开放的机会和条件较少，市场配置资源的方式也比较欠缺，政府替代市场的情况比较普遍。

（3）民众民主自由意识，以及市场意识比较薄弱。

（4）地方领导人有较强的控制力。

需要指出的是，政府配置资源并不是一无是处。当前，有的人对政府在地方经济社会发展中的强有力领导作用颇有微词，这是缺乏起码经济学理论知识造成的。市场和政府在资源配置中各有优势，多数情况下市场比政府在资源配置方面更有效率，因此，我们在进行社会资源配置时，就要让市场在资源配置中起决定作用，让不能配置的资源交给政府配置，这就是政府与市场的关系。

二、试验区资源配置的两大机制

资源配置机制主要有两种方式：市场机制、政府机制。这两种机制各有优缺点，在不同历史时期发挥了不同作用。试验区同全国一样，在资源配置中，这两种机制均在不同领域发挥作用。

（一）我国资源配置机制的转变历史

我国资源配置机制总体上经历了政府机制、市场+政府机制两个大的阶段。

政府机制阶段主要指 1994 年以前，以政府计划为特征，所有生产生活资源由政府配置、安排的时期。当然，1978～1994 年为经济体制转轨时期，也存在两种机制共存情形。

市场+政府机制阶段是指 1994 年以来，中国特色社会主义市场经济体制建设时期。这一时期的主要特征是两种机制配合使用，在不同领域、不同地区，两种机制发挥的作用有所不同。

我国的市场经济起步较晚，1956 年的社会主义改造基本完成标志着我国进入全面的计划经济时期。在这一时期，我国的经济基本照搬苏联模式，随着苏联的解体，同时我们自身认识到计划经济的局限性，便开始了抛弃苏联模式，走有中国特色社会主义道路，中国从此走上了市场经济的探索之路。在我国真正意义上的市场经济的发展可分为四个阶段。

第一阶段：市场经济的初步发育阶段——从 1978 年 12 月党的十一届三中全会召开到 1984 年 10 月党的十二届三中全会《中共中央关于经济体制改革的决定》发表，其特点是家庭联产承包责任制和企业承包制，实现产权分离。

第二阶段：市场经济的全面探索阶段——从 1984 年 10 月中共中央做出关于经济体制改革的决定到 1992 年初邓小平南方谈话的发表。这一时期，改革的重点从农村转移到城市，从经济领域扩展到政治、科技、教育及其他社会生活领域。改革的深度和广度都较前一时期有显著提高，并对改革过程中出现的物价波动较大、市场秩序混乱、重复建设比较严重等进行整顿，创造出一个良好的社会市场经济环境。

第三阶段：整体推进，重点攻坚，以创立社会主义市场经济体制的基本框架为核心内容的综合改革阶段——从 1992 年初邓小平发表南方谈话到 1997 年党的十五大的召开。1992 年 10 月，中国共产党第十四次全国代表大会召开。大会明确提出，我国经济体制改革的目标是建立社会主义市场经济体制。1993 年 11 月，《中共中央关于建立社会主义市场经济体制若干问题的决定》发布，它是我国经济体制改革进入攻坚阶段的一个重大战略决策，是实现从旧经济体制向新经济体制过渡的宏伟蓝图，提出了建立现代企业制度，这是发展社会化大生产和市场经济的必然要求，是我国国有企业改革的方向。

第四阶段：市场经济完善阶段——从 1997 年党的十五大召开至今。1997 年党的十五大提出"使市场在国家宏观调控下对资源配置起基础性作用"；十六大提出"在更大程度上发挥市场在资源配置中的基础性作用"；十七大提出"从制度上更好发挥市场在资源配置中的基础性作用"； 十八大提出"更大程度更广范围发挥市场在资源配置中的基础性作用"；十八届三中全会提出"使市场在资源配置中起决定性作用"。

总结我国三十多年的经济体制改革历程，从计划经济到市场经济，中国经历过痛苦摸索，受到过惨痛教训，但也收获了巨大成果，每一层改革的蜕变都在赋予市场这只无形之手更大的力量，每次改革都体现出了市场在资源配置中的力量。

（二）试验区独特的自治机制

试验区是少数民族聚集区，为了维护民族地区政治稳定、民族团结和经济社会发展，国家给予民族地区一定的经济自治权。

自治机关享有的经济自治权具有确定的内涵。经济自治权是民族自治地方保持一定的经济建设和经济秩序所不可缺少的重要手段，经济自治权与一般的经济管理权有所不同，这种权利只有民族自治地方的自治机关才能享有。经济自治权从制定到实施都是在自治机关独立行使的，不受上级国家机关和部门的干涉。经济自治权是自治机关依法享有并行使的在国家宏观指导下，自主地管理本民族、本地区地方性经济建设事业的一种特定权利。

在民族区域自治理论界，经济自治权概括起来有两种，一种是狭义的经济自治权，一种是广义的经济自治权。狭义的经济自治权仅指《中华人民共和国民族区域自治法》（以下简称《民族区域自治法》）第 25 条至 31 条所规定的经济自主权。《民族区域自治法》第 25 条做出相应规定："民族自治地方的自治机关在国家计划的指导下，根据本地方的特点和需要，制定经济建设的方针、政策和计划，自主地安排和管理地方性的经济建设事业。"广义的经济自治权指《中华人民共和国宪法》（以下简称《宪法》）第 118 条对经济自治权做出的规定："民族自治地方的自治机关在国家计划的指导下，自主地安排和管理地方性的经济建设事业。"

根据《宪法》和《民族区域自治法》的规定，民族区域自治地方可以根据本民族的经济特点制定自治条例和单行条例，以及变通规定与补充规定等自治法规。根据《宪法》和《民族区域自治法》的规定，我们认为，经济自治权是指享有自治权的自治机关，在《宪法》和《民族区域自治法》规定的范围内，根据本地方经济发展的特点，自主地安排、管理本地方的经济，调整生产关系和经济结构，发展社会主义市场经济。附表 2 分别从政策制度、资源利用、财政税收、金融贸易四个方面进行自治权梳理。

第二节　试验区经济资源配置现状

一、主要经济资源的基本情况

试验区主要经济资源包括土地、水、矿产、生物、旅游等自然资源，还包括人力、金融、政策等外部资源。下面分层次说明试验区这些资源的基本情况。

（一）土地资源

试验区多为林地山坡，土壤为棕紫泥和沙夹泥，土质肥沃，土壤呈中性或弱酸性，属亚热带湿润气候区，试验区土地总面积 3.28 万平方千米，约占湖北土地总面积的 17.65%，耕地面积占湖北耕地总量的 11.90%，林地面积占湖北总量的 40.28%，牧场面积占湖北总量的 92.46%，耕地人均占有量为 0.0982 公顷，接近全国耕地人均水平，是湖北人均耕地占有量的 1.46 倍；林地人均占有 0.4998 公顷，远超全国平均水平，是湖北全省人均占有量的 4.96 倍；牧场人均 0.0148 公顷，是湖北人均占有量的 11.38 倍（表 7-1）。由此可见，试验区的土地资源在湖北有很明显的优势。

表 7-1　试验区土地资源情况（2014 年）

地区	人口/万人	土地面积/千米^2	耕地/公顷	林地/公顷	牧场/公顷
恩施州	403.3	24 061	384 002	1 452 027.2	66 607
五峰县	20	2 072	19 200	1 828 333	2 000
长阳县	41	3 430	53 760	237 073	2 813
神农架林区	8	3 253	7 047	295 261	662
试验区	472.3	32 816	464 009	2 360 667	70 082
湖北省	5816	185 900	3 899 900	5 860 400	75 800
试验区占全省比例/%	8.12	17.65	11.90	40.28	92.46

（二）矿产资源

试验区自然资源丰富，尤其是矿产资源居全国前列。其中恩施州属沉积岩分布地区，沉积矿产比较丰富，截至 2014 年底，已发现各类矿产 70 余种，产地 370 余处，其中探明有开采储量的 31 种，产地 235 处，已探明大型矿床 10 处、中型矿床 23 处、小型矿床 202 处、矿点 23 处。长阳县已探明矿产地 70 余处、矿种 30 余种，占湖北省发现矿种的 57%，五峰县铁矿最为丰富，湖北省矿产储量表内有六个铁矿区在五峰县境内，储量达 24 亿吨左右，富矿占 8000 万吨，可满足开采的需要。神农架林区已探明的矿种有磷矿、铁矿、镁矿、铅锌矿、硅矿、铜矿、建筑石材等 15 种（不含砂石、黏土），共有各类矿床（点）53 处，其中主要矿种有磷矿、铁矿、铜矿、镁矿、铅锌矿、硅矿等。主要矿产见表 7-2。

表 7-2　试验区矿产资源情况（截至 2014 年底）

地区	矿产	储量
恩施州	铁矿	12.93 亿吨
	钒矿	28.3 万吨
	铝土矿	966 万吨
	硒矿	50 亿吨
	煤炭	1.66 亿吨
	石煤	7.38 亿吨
	天然气	110 亿立方米
	熔剂用石灰岩	4 600 万吨
	冶金用白云岩	5.82 亿吨
	水泥用石灰岩	1.98 亿吨
	耐火黏土	5 890 万吨
	磷矿	13 亿吨
	硫铁矿	4 290 万吨
	石膏	56.4 亿吨
长阳县	煤炭	1.3 亿多吨
	硅石	18 200 万吨
	石灰石	10 亿吨
	重晶石	350 万吨
	锰矿	3 700 万吨
	铁矿	54 800 万吨
五峰县	铁矿	24 亿吨
神农架林区	磷矿	15 000 万吨
	铁矿	2 029.4 万吨
	铅锌矿	50 多万吨
	铜矿	117.6 万吨
	镁矿	37.1 万吨
	硅矿	850 万吨

（三）水利资源

试验区属亚热带湿润气候地区，雨量充沛、空气湿润，丰沛的地表径流同众多具有较大落差的深谷型河流相结合，构成了丰富的水能资源。其中恩施州是湖北省除宜昌以外水能资源最丰富的地区。至 2008 年底，全州拥有水电站 261 处，总装机容量 96.68 万千瓦（不包括水布垭水电站 184 万千瓦）。长阳县年均降水量达 1366 毫米。长江在湖北省境内的第二大支流清江自西向东流经全县 148 千米，县境内 433 条大小河流自南北方向汇入清江，水电理论总蕴藏量为 400 万千瓦，其中小流域 33.9 万千瓦。已建成隔河岩大型水利枢纽工程，电站总装机 120 万千瓦，年发电量 30.4 亿千瓦小时，小水电已开 3.42 万千瓦。五峰县境内有渔洋河、泗洋河、南河、天池河、湾潭河五大河流，支流 30 余条，流域面积 1956平方千米，水能蕴藏量 34 万千瓦，可开发水能达到 32 万千瓦，已开发 20 万千瓦。

神农架林区是湖北长江和汉江的分水岭。神农架林区的水能资源十分丰富，年平均降水总量为 36.44 亿立方米，多年平均径流量为 22.004 亿立方米，水资源总量为 22 亿～25 亿立方米，人均占有水资源 13 591 立方米。神农架林区河谷具有明显幼年期特征，河谷陡险、坡降大、水流急，适合水能资源的开发利用。勘测表明，神农架林区水能资源理论蕴藏量为 57 万千瓦，可开发利用 35 万千瓦。数据参见表 7-3。

表 7-3　试验区水资源情况（截至 2014 年底）

地区	水资源	数量
恩施州	水能	450 万千瓦
	人均占有量	5 730 立方米
	河流	382 条
	优质矿泉水	7 处
	地下水	年平均值为 62.49 亿立方米
长阳县	水能	400 万千瓦
	河流	433 条
五峰县	水能	34 万千瓦
	河流	五大河流 30 余条支流
神农架林区	人均占有量	13 591 立方米
	水能	57 万千瓦
	河流	317 条

（四）生物资源

试验区环境适宜，适合多种生物生长。恩施州有丰富独特的动植物资源，被誉为"天然植物园""种质基因库""鄂西林海""华中药库""烟草王国"；神农架林区更是名副其实的"物种基因库""绿色宝库"。数据参见表 7-4。

表 7-4　试验区生物资源情况（截至 2014 年底）

地区	生物资源	数量
恩施州	森林覆盖率	67%
	植物	3000 多种
	药用植物	2080 余种
	动物	500 多种
	水产（鱼类）	147 种
长阳县	森林覆盖率	73.6%
	植物	561 种
	药用植物	850 多种
	动物	1000 多种
	水产（鱼类）	70 多种
五峰县	森林覆盖率	81%
	植物	737 种
神农架林区	森林覆盖率	69.5%
	植物	3183 种
	药用植物	1800 多种
	脊椎动物	493 种
	水产（鱼类）	——

（五）旅游资源

试验区有得天独厚的地理气候条件，奇峰耸峙、峡谷纵横、洞穴密布、形成了许多神秘奇异、粗犷秀丽的自然景观，加之独特的丹霞地貌，第四季冰山运动子遗的原始珍稀植物群落点缀其间，更使试验区山青水秀，犹如画屏，是休闲度假和山水观光的最佳去处。随着第三产业的发展，试验区逐步开发了多个风景区，旅游资源极其丰富。景区数据参见表 7-5。

表 7-5　试验区 3A 级以上景区情况

地区	5A 级景区/个	4A 级景区/个	3A 级景区/个	人口/万人
恩施州	2	15	12	403.25
长阳县	1	0	3	42
五峰县	0	2	0	20.46
神农架林区	1	4	3	8
湖北其他地区	6	43	28	5387.29

（六）人力资源

根据 2003 年高等教育扩招后的十年统计，试验区在小学教育、中学教育和大学教育方面都低于湖北平均水平，特别是中学教育和大学教育与湖北平均水平有明显差距，神农架林区仅为湖北平均水平的三分之一至二分之一。这充分说明试验区后期教育严重不足，前期教育有待进一步提高。恩施州受教育人口与湖北全省情况对比见图 7-6。

表 7-6　恩施州受教育人口与湖北全省情况比较

年份	恩施州				湖北省			
	高等学校毕业生数/人	普通中学毕业生数/万人	小学毕业生数/万人	总人口数/万人	高等学校毕业生数/人	普通中学毕业生数/万人	小学毕业生数/万人	总人口数/万人
2003	3 700	6.23	5.97	381.8	119 118	118.88	118.7	5 685
2004	3 500	—	5.6	382.7	143 246	131.6	109.93	5 698
2005	4 000	6.9	5.68	384.73	187 920	143.85	102.07	5 710
2006	6 900	6.98	5.69	387.9	262 600	147.26	94.663	5 693
2007	5 100	6.43	5.7	391.1	280 000	144.08	83.291	5 699
2008	7 000	6.55	5.27	395.34	351 854	141.07	71.513	5 711
2009	6 685	6.8	4.7	394.9	328 202	137.37	64.7	5 720
2010	7 300	6.86	4.56	397.6	331 303	128.89	61.74	5 728
2011	6 900	6.66	4.2	401.2	363 000	120.04	58.342	5 758
2012	7 700	6.06	3.77	403.3	353 014	98.803	51.382	5 779
十年总计	58 785	—	51.14		2 720 257	1311.8	816.33	

注：2004 年恩施州普通中学毕业生数缺失，故未统计总数

（七）金融资源

金融是资本的源泉，没有金融资本难以顺利形成，发达的市场常常伴随的是发达的金融。试验区是经济发展较落后的地区，其金融业的发展也相对滞后，表现为以正规金融为主、非正规金融为补充，城乡二元结构差异明显等。在城镇正规金融有中国工商银行、中国农业银行、中国银行、中国建设银行、农村商业银行、中国邮政储蓄银行等，证券市场乏力；非正规金融有地下钱庄、互助基金、快贷公司、典当等民间金融形式。例如，农村正规金融的主要形式有农村商业银行和中国邮政储蓄银行两种形式，非正规金融发育比较缓慢，其融资渠道主要为依靠亲朋好友信用关系借贷，融资渠道贫乏。试验区金融机构年末存贷款情况见表 7-7。

表 7-7　试验区金融机构年末存贷款情况　　　　　　　单位：亿元

年份	恩施州		长阳县		五峰县		神农架林区	
	存款余额	各项贷款余额	存款余额	各项贷款余额	存款余额	各项贷款余额	存款余额	各项贷款余额
2005	148.20	102.80	19.72	7.68	8.57	4.42	5.42	1.07
2006	188.73	122.93	23.02	8.50	10.47	4.30	7.50	1.21
2007	232.00	147.50	27.25	12.01	12.99	4.44	9.58	1.91
2008	289.42	157.16	34.65	14.85	17.23	5.74	13.11	2.33
2009	355.75	206.92	42.59	20.51	21.65	7.50	16.60	3.13
2010	467.05	250.74	52.41	29.08	28.40	9.43	17.03	4.24
2011	579.00	376.00	63.50	34.68	34.00	11.91	89.82	6.41
2012	680.52	370.91	74.73	39.07	44.79	15.24	36.80	8.21

（八）政策资源

政策是一种重要资源。这已为沿海开发区和其他开发先行者的实践所证明。这些地区把中央给的政策用足、用活，并转化为生产资源，充分发挥政策优势，使经济高速发展腾飞。

政策资源一般从五个方面影响经济的发展：①影响市场自由度，能够提高市场活力的政策就能够促进经济发展；②影响资本形成，对某一地区注入更多资金，有利于资本形成，且会直接拉动经济增长；③影响劳动力素质，有利于劳动力素质提高的政策，就有利于经济发展；④影响科技创新，科技是第一生产力，有利于科技创新的政策必然有利于经济发展；⑤影响收入消费，通过增加收入促进消费有利于拉动经济增长。试验区作为少数民族贫困山区，享受比一般地区更多的国家和社会政策，如何充分利用这些特殊政策致力于自身发展是至关重要的。附表3对试验区享受的国家政策情况进行了汇总。

从附表3中可以看出，影响资本投资的政策较多；影响市场自由度的政策有提及，但几乎还没落到实处，如户籍制度改革、财政预决算管理和财税制度改革等；影响收入消费的政策落实较好，影响人力资本的政策在进一步落实中。

二、主要经济资源配置的基本情况

上文细述了试验区的土地、矿产、森林、旅游、人力，以及金融和政策等方面的资源情况。试验区内对这些资源的配置情况如下。

（一）土地、矿产、森林、旅游等资源由国家所有并支配

按照我国有关法律规定，国家拥有土地、矿产、森林等自然资源的所有权，集体和居民只拥有这些资源的使用权和收益权。所有权决定了其他权利，因此，这些资源的分配和调控是由国家政府来完成的。例如，试验区的矿产资源开发由中央政府决定（国家配置），因此，其收益权即税收归国家。土地、森林等资源在分配到户后，随着产权制度改革，可以流转，其收益归农民。现阶段，在森林、土地确权工作完成后，政府配置资源的方式逐步向市场配置方式过渡。农民可以按照自愿、市场原则支配这些资源，可以流转、转包给专业合作社或生产大户。

旅游资源是一种特殊的经济资源，它依附于土地、森林等自然资源。因此，其资源配置方式也是由政府主导的。近年，随着乡村旅游、农业观光和休闲养老旅游等新兴旅游模式的开发，旅游资源范围不再局限于自然和文化方面，因而其配置方式逐步向市场过渡，越来越多的农民、企业，通过市场方式进行该类资源的配置。

（二）人力资源由市场自由配置

因为户籍制度改革，现阶段劳动力可以自由流动，体现市场配置人力资源的情形。这种配置方式，导致本地劳动力减少，特别是具有一定技能水平的人力资源外流严重。我国的教育考试、就业制度，在人力资源配置中扮演重要角色。

（三）金融资源以政府（国有）配置为主，市场配置开始发育

我国正规金融的产生、运营、监管等方面具有一定的特殊性，这些正规金融资源，主要包括国有金融机构，如四大商业银行、农村商业银行、中国农业发展银行，它们的资金流动（贷款），从理论上是由其自主决定。但是，

在试验区，由于商业原则贯彻不彻底，政府作用比较大，它们的资金流动均是由政府主导。

近年，非正规金融开始出现，如互助基金、典当、高利贷等民间金融在试验区有所发展。这些金融资源具有典型的民间特征，市场配置机制明显。

（四）政策资源的中央和省级政府配置

政策资源包括试验区的特殊政策（如试验区本身、国家片区规划、民族优惠政策，以及全国性的普惠政策），是由上级政府配置的。这些政策资源背后，是资金投入或者相关优惠待遇，因而是各级政府争夺的主要资源。

第三节　试验区资源配置中的主要问题及优化建议

试验区资源配置方式的形成既有历史原因，也有国情省情原因，是一个不断改革、完善的过程。在这一过程中，主要暴露出五个问题。

一、政府配置资源的主导作用过于强大

目前来看，民族地区资源配置机制中，政府对市场的干预是全方位的，市场决定性作用没有有效发挥，表现为以下几个方面。

（一）对生产资料的干预

政府对生产资料的干预主要体现在对自然资源的干预。我国是社会主义公有制国家，我们的一切自然资源，如土地、矿产、森林等都属于国家或集体所有。虽然我们实行了一定的产权分离政策，如土地流转、矿产开发承包等制度，但产权属于国家或集体，而政府是国家的代理人，也是大多数集体经济的经营管理者，产权的实施最终由政府管理实现，这就使得任何生产都在政府授权控制下进行。另外，地方政府也仅是国家行使权力的代理机构，所以自然资源，如矿产的开发权都由国家主导，地方政府也失去了自主权，这是国家对地方政府的干预。然而政府是一个集合概念，最终的产权分配是不明晰的，公有资源有可能变成"公共资源"，最终演化为"公有物悲剧"。

（二）对金融行业的干预

政府对金融行业特别是银行进行干预，导致资本市场缺乏活力，中小企业进入市场困难；市场缺乏生产性竞争，留在市场上的企业垄断力量较强，从而市场处于低效率状态。

（三）对市场竞争的干预

政府对市场竞争的干预表现为政策偏袒国有企业，私人企业不能平等地和国有企业进行竞争。国有企业属于国家所有，政府是国家代理人，政府与国有企业的亲缘关系使得国有企业在亏损状态时常常受到国家的扶持。市场的本质就是优胜劣汰，企业亏损理应退出市场，这才是市场竞争的应有之意，扶持低效率的企业不仅助长企业低效率行为，更破坏市场公平竞争。

（四）对市场准入限制

据统计，不谈企业准入条件，就企业审批一项，我国大概要经十三四道程序，而其他国家一般需六道程序。这种烦琐的审批程序令许多想进入市场的生产者望而生畏，这就会阻止一部分优秀的创业者进入市场，甚至还会因程序腐败产生逆向选择，阻止更多优秀生产者的进入，从而影响市场竞争。

（五）中央对地方的干预

根据财权与事权匹配原则，有多大的事权就需要有多大的财权与之匹配。目前，我国财政收入构成中，中央占据主导地位，地方在经济上对中央形成依赖。以 2008 年为例，全国财政总收入 61 330.35 亿元，占全国 GDP 的 21.4%，其中，中央本级收入 32 680.56 亿元，占全国财政收入的 53.3%；地方本级收入 28 649.79 亿元，占全国财政收入的 46.7%。中央财政收入的雄厚实力使得中央可以对地方经济实施很大程度的干预，而地方因资金的薄弱常常对中央形成依赖。同时，地方收入的不足造成地方政府盲目逐利的动机，政府的逐利动机体现在权力的发挥上，权力的乱作为会影响地方市场经济的运行。

二、政府配置资源的低效性

（一）土地资源有闲置

目前试验区在土地资源配置上存在许多问题。首先，存在土地闲置，开发不合理现象。随着经济发展，城乡建设用地增多，城镇周边"圈地运动"导致了土地闲置，甚至占用部分优质耕地，这样造成土地闲置甚至优良耕地被撂荒，更使得社会资本凝固在部分不合理开发利用的土地上，形成了"种田不能、开发没效益"的尴尬局面。

其次，城镇内部土地使用结构不合理。城镇内部用地结构混乱，各建设用地占用比例失调，居住及工业用地所占比例较高，且布局分散，道路交通用地偏少且布局不合理，城镇绿化、体育、娱乐等公共用地极少。

再次，分散的小农经济造成耕地大量闲置。随着经济的发展，靠自己耕地解决温饱的小农经济已无法适应经济社会的发展，靠家庭自身的耕地获取的经济收益已远远满足不了生活的需要，外出打工成为农村家庭经济收入主要来源，愿意种地的却难以找到比打工收益更大的农业经济市场，这直接导致大量耕地闲置，无法被有效利用。

最后，矿产企业土地利用不合理，土地污染严重。长期以来矿产企业对矿产资源的开采只注重短暂经济效应，多数矿产企业采矿的同时忽略了对矿山环境的保护，给部分地区生态环境造成了严重破坏；另外，没有对采矿进行科学合理的统一布局和有效监控，造成采矿点零散、废弃尾矿闲置等情况，并且存在重复开采等问题。

（二）矿产资源浪费多

试验区中小型矿山企业居多，多数企业尚未走出粗放式经营阶段，管理水平低、科技手段不足、专业人才匮乏、片面追求短期效益，采富弃贫、采易弃难、选高弃低现象相当普遍，资源浪费严重；可利用资源非正常减少，人为缩短了矿山服务年限；试验区矿产资源大部分都属于共生和伴生矿产，在开采生产当中未能全部回收利用。

矿业生产产业链短，深加工能力弱，没有形成规模产业和延续产业链，资源没能发挥出最大效益。矿山开采引发的环境问题日益突出，矿山开采后复垦和恢复植被程度低。矿山开发造成的地表塌陷、透水隐患等地质灾害逐年增加。大部分矿产企业生产产生的废弃矿渣、尾矿大部分被无序散乱堆放，压覆资源、植被，造成严重污染；在治污、排污等方面投入不足，废气、废水、废渣不能达标排放，既造成资源浪费，又造成环境污染，矿区生态环境治理难度加大。

（三）生物资源挖掘浅

试验区有良好的生态环境，但没有好品牌的生态产品；有多种名贵珍稀生物，却没有发展出相应多的养殖户；有很广的森林资源，但开发利用率低。

（四）旅游资源利用低

试验区旅游资源丰富多彩，层出不穷，可开发的旅游景点很多，但是，由于交通发展落后，目前有大量的旅游资源还"养在深闺"无人知，处在原始未开发的状态。现已开发的旅游景点不多，开发率很低，而且那些已经开发的景点由于交通原因，开发程度较低，仍处于开发的初始阶段。已经开发的旅游景区，因为受到当地交通条件的限制，没有得到充分利用。

（五）金融资源待松绑

正规金融因为肩负多重任务和金融风险考虑，不愿向本地中小企业提供贷款，致使资金外流。政府对银行等金融机构的直接管控，导致银行不敢随意借贷，正规金融成政府的钱袋子。金融机构缺乏对市场的调查研究，不能准确评估市场风险，错过许多借贷机会。金融机构对公司风险评估更看重公司背景、公司人脉等非市场因素。

（六）城乡经济发展水平的二元结构和人才外流

试验区属经济相对落后的地区，生活水平、就业机会、工资水平和管理理念等与发达地区相比，存在很大差距，致使本土人才更多流向发达地区，外地人才也不愿进入。另外，本地区劳动群众受教育程度普遍较低，居民文化素质有待进一步提高。

（七）政府在资源配置中的"缺位"

政府在资源配置中的缺位是指政府在资源配置中没有认清自己的位置，没有理顺自己在资源配置中应该充当的角色。主要表现在两个方面，一是不该自己参与的参与过多。比如，政府经常制定矿产开采目标，招商引资目标，甚至不惜代价完成预期目标以维护政绩。其实正确的招商引资策略是政府创造良好的市场环境、适当的优惠政策，对外发布自己的需求，筑巢引凤，让市场自发地引导企业进行投资。二是该参与的没能有效参与。这表现在对市场的监管不力，诈骗活动猖獗，危害市场竞争，同时，环境治理不力，污染日趋严重。

三、试验区的自治机制处于两难的境地

试验区虽多属少数民族自治地区，但其自治机制处于两难的境地。

（一）地方的自治权非常有限

根据《宪法》和《民族区域自治法》有关规定，少数民族自治地区拥有一定的自治权，但实际上这种自治权很难得到发挥。首先，少数民族经济自治权的指导思想、基本原则和基本法律制度，直接源于《宪法》，少数民族经济自治权法律制度的全部规定都必须同《宪法》相一致而不得与之相抵触，但《宪法》是面向国家全体人民而制定的根本大法，其内容已经比较具体和详尽，因此，少数民族自治地区在行使自治权时几乎没有多少发挥的空间。其次，法律条文大多以原则性规范为主，可操作性条款则相对较少。如像"加强领导""应当照顾""优

先照顾""要充分重视""努力作到""尽量配备"等之类的表述比比皆是，只定性，不定量，给操作与执行造成了困难。最后，在行使自治权时，其效果难以预测，存在风险性，进一步阻止少数民族自治地区发挥其自治权的积极性。

（二）地方自治权与市场自主权之间存在矛盾

如果地方自治权过大，地方过多参与资源配置，将会影响市场的作用。市场自主权是一把双刃剑，一旦缺乏监督和制约，就会像脱缰的野马，用不好就会肆无忌惮，危害极大。地主自治权和市场自主权被赋予一个能担当社会责任的主体时，才能发挥出好的效果；如果一个缺乏社会责任感的主体拥有大的自主权时，就会四处干预、不仅危害市场，甚至滋生出腐败，引发社会问题。

（三）试验区的自治机制遭遇区域协调困难

试验区没有统一的行政区划，行政协调困难。试验区有十多个县市，片区跨越恩施州、宜昌市、神农架林区，各地的不同政策在经济发展过程中会导致多种问题，各地区会因资源的归属产生矛盾，政策的制定、落实等也会存在不一致性，这就需要一个统一的组织进行协调。

四、试验区优化资源配置机制的建议

（一）转变发展观念，对市场和政府作用再认识

1. 经济发展的瓶颈要求深化市场经济机制改革

自改革开放以来，在邓小平同志解放思想、解放生产力的倡导之下，我国经济发展取得了巨大的成果，人民生活水平显著提高。但如今，我们的基本生活资料已得到满足，消费空间在当前经济发展水平上已趋饱和，技术创新成为解决经济发展的首要问题，而技术创新来自制度的激励，制度来自上层建筑的改革，因此，现有上层建筑已无法容纳现有生产力的发展，我国经济发展已进入新阶段，如何突出重围，打破中等收入陷阱的魔咒，使经济进入下一个黄金期，是我国当前面临的重大问题。毫无疑问，既然当前上层建筑不再适应生产力的发展，就需要我们对上层建筑进行变革，也就是对政治体制及相关制度的改革。

根据国务院扶贫办、国家发展和改革委员会关于国家片区规划中"把解放思想、转变观念，大胆探索、锐意创新作为推动区域发展与扶贫攻坚的强大动力，深化重点领域和关键环节的改革，允许在相关领域先行先试"的指导意见，武陵山未来的经济发展，应进一步把"解放思想，转变观念，深化改革"的理念放在首要的位置上，意识是行动的先导，有了锐意进取意识，自然就有了发展的动力。

而当前我们解放思想、转变观念就是要进一步深化市场经济、改变政府职能，在大胆探索上，要坚定不移地让市场在资源配置中起决定作用。

2. 计划与市场的实践证明市场是资源配置的最有效方式

市场的核心是自由公平竞争，计划机制的核心是行政干预。计划与市场自古就是资源配置的两种形式，"洛阳纸贵"正是市场经济的体现。在生产力高度发达的今天，市场经济已变成世界主要的经济形式，放眼经济发达的国家无一不是市场经济的忠实执行者，甚至在微观领域，有的企业家把市场经济的思维应用到企业管理上也取得了巨大的成功。而计划经济因没有良好的价格机制，不能对市场供求做出良好的反应，同时因干预挫伤激励机制使经济个体没有最大限度的逐利动机，从而造成资源配置无效率。

我国在认识到计划经济的弊端后，勇于改革、锐意进取，逐渐进行市场经济体制改革，从而使我国在短短三十多年时间内经济获得巨大成就，同时一批企业家开始走向国际舞台，这也使我们见证了市场机制的威力。

在党的十八届三中全会之后，将市场经济发挥基础性作用改变为市场经济起决定性作用，这体现我国经济体制改革的决心。但市场经济并非万能良方，不完全信息、不公平的竞争环境，以及公共产品和生产的外部效应，都会造成市场配置资源的低效率，从而出现市场失灵，这时就需要政府这只看得见的手对市场进行干预，从而让市场回归有效率的状态。

因此，要想让市场在资源配置中发挥决定性作用，就必须处理好市场与计划（政府）的关系，理清市场与政府的边界。我们知道市场的本质是自由公平的竞争，因此，政府职能就是纠正市场失灵，提供自由公平的竞争环境。这就要求政府只需行使以下职能：发布市场信息、建立公平竞争的法律体制并实现法治政府、提供公共产品、纠正外部性。吴敬琏也曾表示，市场和政府两者并非"半斤八两"的关系，各自的作用范围和职能不一样。市场的基本功能是有效配置资源和形成兼容性激励机制。政府的作用是提供公共品，如好的制度、稳定的宏观经济环境、基本的社会保障、良好的教育体系和科研体系、预测性的规划等，而不是直接干预企业的微观经济活动。政府不能直接组织融资、操办项目、指定技术路线。

（二）切实加强市场决定性作用

我国市场经济体制是从高度的计划经济变革而来的，因此，市场机制还很不完善，让市场在资源配置中起决定作用还存在诸多障碍，主要是思想意识和制度方面的障碍，主要表现在市场经济意识的淡薄，政府干预的惯性意识很深；制度建设上，没有明晰的产权制度和完善的私有制度。因此，发挥市场机制的决定性作用需要进一步改革。

首先，在意识形态上要改变政府大包大揽的习惯。政府除了提供公共产品（如道路、桥梁建设，教育，医疗，社会保障等）之外，其他产品交给企业生产。破除官僚作风，打造服务型政府。

其次，在制度建设上要对土地、金融等重要领域进行改革：①放开土地流转和建设用地的规定，让土地真正成为自由商品，让市场决定土地资源的配置，因为对土地的管制是政府干预市场的根源；②降低企业准入制度，增强市场活力；③放松金融管制，让资本在市场中自由流动，使资本回归到市场最需要的地方去；④明确政府职能，分清市场与政府的界限。

（三）理清中央与地方的关系和作用

中央与地方的关系就像身体与五脏的关系，只有每个脏器能自由健康地发挥作用，身体才能强健。但身体不能对各个脏器功能进行干预，一旦某一器官遭到扰乱，身体就会出现不良反应。中央就是身体，各级政府就是脏器，中央与地方的关系实质就是整体与部分的关系，因此，理清整体与部分的关系就能使整体发挥出最佳状态。中央作为整体，需要从全局出发，为地方经济发展制定宏观经济目标，地方为实现目标而努力，中央不能随便干预地方政府经济行动，以防止扰乱地方政府功能的发挥。

因此，对中央与试验区的关系可有如下建议：中央应给予地方政府更多政策和更大的自主权，可放手让试验区打造一个真正的市场经济试验田；地方政府应以市场经济为核心，完善市场法律制度、建设高效法律体系、打造法治政府，提高政府公信力、塑造诚信社会、保障市场机制运行，以法律代替政策，避免政策对市场的干扰；成立试验区区域自治委员会，把试验区作为单独的行政区，解决协调难题，重点实践市场经济。

（四）简政放权，创新和利用市场手段，提高资源配置效率

我国是自然资源公有制国家，而一切生产资料来源于自然资源，因此要充分利用好现有资源。要做到这一点首先是政策先行，政策上以实现自由市场为目标进行大的突破。

（1）土地利用方面，放开土地流转管制，实行自由流转政策，无需流转登记，商业用地由市场决定，无需政府参与。

（2）放开民间融资，实现阳光融资，实行竞争的融资机制。

（3）进一步放开企业准入制度，减少准入程序，实现宽进宽出。

（4）扩大社会保障制度，统一社会保险，如养老保险、医疗保险等实现区域统一，提高劳动力流动性。

（5）实行企事业单位法人培训制度，强化现代企业管理理念。

（6）鼓励创新及人才引进，禁止就业歧视。

（五）充分利用资源优势，用政府和市场两只手抓好特色产业发展

与其他地区相比，试验区的优势体现在生态、旅游、文化、环境方面。利用生态优势发展绿色产业、绿色有机产品既是当前的市场诉求，也是未来市场趋势，抢先发展绿色产品，如绿色养殖，绿色加工等，打造独特的产品文化，有利于经济的可持续发展。推动旅游业的发展需要完善交通条件，实现水、陆、空空间立体交通，壮大旅游产业；利用独特少数民族文化包装产品，将独特的文化渗透到产品服务的各个方面，实现产品差异化；利用优美的自然环境打造养老胜地，吸引发达地区退休老人在此居住，颐养天年。在这个过程中，要充分利用政府和市场两只手，政府推动、市场调节，共同抓好特色产业发展。

第八章　片区发展与精准扶贫协同推进：
以武陵山片区为例

集中连片特困地区是我国经济社会发展的重点区域，是实现全面建成小康社会的关键区域，是促进民族团结进步的重要区域。武陵山区作为连接中部和西部、少数民族聚居面积最大的集中连片特困，是 14 个集中连片特困地区中最早通过区域发展与扶贫攻坚规划的片区。2013 年 2 月，湖北省政府制订了湖北省片区规划，把少数民族人口集中的一州两县纳入片区规划扶持的主体范围。五年多来，在中央和省级两级片区规划的支持下，湖北民族地区 10 个县市经济社会建设取得一定成效，但也存在一些问题。本章将对照片区规划的主要建设目标，考察民族地区各县市的建设成效及存在问题，提出将精准扶贫与片区规划两大战略协同发展建议。

第一节　武陵山片区规划实施总体概况

按照中央把集中连片特殊困难地区作为新阶段扶贫攻坚主战场的战略部署和国家区域发展的总体要求，2011 年中央决定率先启动武陵山片区区域发展与扶贫攻坚试点工作，为全国其他集中连片特困地区提供示范。同年 10 月，国务院扶贫办、国家发展和改革委员会通过国家片区规划，以求"区域发展带动扶贫开发，扶贫开发促进区域发展"。国家片区规划范围跨湖北、湖南、重庆、贵州四省（直辖市）共 71 个县市区，集革命老区、民族地区和贫困地区于一体，是跨省交界面大、少数民族聚集多、贫困人口分布广的集中连片特困地区，也是重要的经济协作区。

2013 年开始，湖北、湖南、重庆、贵州四个分片区抢抓国家扶持武陵山片区发展的重大机遇，推进各省（直辖市）分片区科学发展、跨越式发展。为更有效地推动国家片区规划的实施，四个分片区分别制定和实施分片区规划。例如，2013 年 2 月湖北省政府制定了湖北省片区规划，把包括恩施州、长阳县、五峰县在内的 11 个县市纳入规划范围，开启湖北民族地区区域发展的新时代。

武陵山片区各省（直辖市）在国家有关部门的帮助下，还制订专项规划，如国家旅游局编制《武陵山片区旅游发展规划》，湖南省编制《大湘西地区全面建成小康社会推进工作三年行动计划》，国家开发银行和湖南省民族事务委员会合作编制《湖南省武陵山片区区域发展与扶贫攻坚系统性融资规划》，农业部帮助编制《恩施州现代农业发展规划》《恩施州马铃薯主粮化专业规划》。有的是把支持武陵山片区工作纳入相关规划，如水利部在全国水土保持规划中明确提出"保护武陵山山地丘陵区森林植被"；文化部会同各有关部门编制了"十三五"时期贫困地区公共文化服务体系建设规划纲要。这些规划为武陵山片区的减贫与发展起到一定促进作用。

一、两级片区规划的发展目标

　　武陵山片区土地总面积为 17.18 万平方千米。2010 年末，总人口 3645 万人，其中城镇人口 853 万人，乡村人口 2792 万人。2010 年，农民人均纯收入 3499 元，仅相当于当年全国平均水平的 59.1%。按照国家统计局测算结果，2009 年武陵山片区人均纯收入低于 1196 元的农村贫困人口 301.8 万人，贫困发生率 11.21%，比全国高 7.41 个百分点。《中国农村扶贫开发纲要（2001－2010 年）》实施期间，武陵山片区共确定 11 303 个贫困村，占全国的 7.64%。片区 71 个县市区中有 42 个国家扶贫开发工作重点县，13 个省级重点县。部分贫困群众还存在就医难、上学难、饮用水不安全、社会保障水平低等困难。

　　四个分片区减贫与发展形势均比较严峻。以湖北分片区为例，范围包括恩施州的恩施市、利川市、建始县、巴东县、宣恩县、咸丰县、来凤县、鹤峰县，宜昌市的秭归县、长阳县、五峰县，共计 11 个县市，辖 120 个乡镇 3028 个行政村，土地总面积 3.23 万平方千米。这一分片区是一个以土家族、苗族聚居，侗族、白族、蒙古族、回族等少数民族散杂居为主要特征的少数民族地区。据 2010 年 11 月 1 日第六次全国人口普查统计，片区总人口 497.8 万人，乡村人口 341.5 万人。其中，汉族人口 184.2 万人，占总人口的 37%；土家族人口 223.9 万人，占总人口的 44.9%；苗族人口 78.75 万人，占总人口的 15.82%；侗族人口 8.86 万人，占总人口的 1.78%。2010 年，分片区农民人均纯收入 3326 元，仅为全国 5919 元的 56.20%、全省 5832 元的 57.03%。有农村贫困人口 196.4 万人，贫困发生率高达 39.45%。

　　国家片区规划总体目标是：到 2015 年，初步形成区域内良性互动的运行机制与体制，以旅游业为重点的特色优势产业加快发展，交通等基础设施骨架基本形成，公共服务能力显著增强，生态环境质量得到改善，人民生活水平得到提高，全面建成小康社会的基础更加牢固。

　　湖北片区规划总体目标是：到 2015 年，片区发展取得明显进步，经济社会发展水平明显提高，贫困面貌明显改善，以生态文化旅游产业和富硒绿色食品产业为主的特色优势产业快速发展，交通等基础设施骨架基本形成，公共服务能力显著增强，生态环境质量明显改善，人民生活水平得到提高，全面建成小康社会的基础更加牢固。

国家片区规划和湖北省片区规划分别对经济社会发展的主要指标做出设定，见表 8-1。

表 8-1　国家片区规划和湖北省片区规划所设定的建设目标

指标	国家片区规划目标		湖北省片区规划目标	
	"十二五"时期	"十三五"时期	"十二五"时期	"十三五"时期
地区生产总值年均增长率/%	10	12	13	13
三次产业结构比例	—	—	21：37：42	15：41：44
城镇居民人均可支配收入年均增长率/%	7	高于全国平均水平	13	13
农村居民人均纯收入年均增长率/%	8	高于全国平均水平	13	13
城镇化率/%	38	45	38	47
人均教育、卫生、社会保障和就业三项支出达到全国平均水平的比例/%	60	80	65	85
高中阶段教育毛入学率/%	80	90	80	90
新农合参合率/%	—	—	98	99
城镇基本医疗保险覆盖率/%	—	—	97	98
人口自然增长率/‰	6.4	5.9	6.4	5.9
万元地区生产总值能耗/吨标煤	1.9	1.2	0.9	0.51
万元工业增加值用水量/m³	200	160	160	150
森林覆盖率/%	57	60	70	72

二、湖北民族山区与省内其他地区贫困比较

湖北省是我国贫困比较严重的省份之一，境内有四大集中连片特困地区，区域性、整体性贫困问题比较突出。这四大片区，均是山区，其中秦巴山区贫困发生率

稍高，武陵山区贫困人口最多，农民人均纯收入也最低。可以说，民族山区的减贫与发展问题解决了，湖北全省的减贫与发展问题也就解决了（表 8-2、表 8-3）。

表 8-2　2010 年湖北四大集中连片特困地区基本情况

片区	范围	土地面积/万平方千米	人口	乡村人口/万人	贫困人口	农民人均收入
武陵山区	11 个县市（国家级贫困县[1]10 个、省级贫困县[2] 1 个）	3.23	497.8 万人（有 30 多个世居少数民族，占总人口的 63%）	409.31	196.46 万人（贫困发生率 48.0%）	3326 元（仅为全国的 56%、全省的 57%）
大别山区	8 个县市（国家级贫困县 7 个、省级贫困县 1 个）	1.55	550.07 万人（以汉族为主，无世居少数民族）	446.66	109.12 万人（贫困发生率 22.6%）	4061.1 元（仅为全国的 68.4%）
秦巴山区	10 个县市区（国家级贫困县 7 个，省级贫困县 1 个）	3.02	377 万人（有 2 个民族乡）	274	157.36 万人（贫困发生率 56.46%）	3552 元（仅为全国的 61.3%）
幕阜山区	4 个县（国家级贫困县 1 个，省级贫困县 1 个）	0.86	238.2 万人（以汉族为主，无世居少数民族）	194.1	43.23 万人（贫困发生率 22.27%）	4624 元

资料来源：湖北省扶贫开发办公室网站 http://www.hbfp.gov.cn/info/iIndex.jsp?cat_id=10059[2012-07-16]

1）国家级贫困县即国家扶贫开发工作重点县；2）省级贫困县即省扶贫开发工作重点县

表 8-3　2013 年武陵山片区湖北片区与该省其他片区贫困面比较

地区	贫困县	贫困村		贫困户		贫困人口	
	总数/个	总数/个	占行政村比重/%	总户数/万户	占农户比率/%	总人数/万人	贫困发生率/%
武陵山片区	11	839	28.26	41.62	33.32	131.46	30.63
秦巴山片区	8	510	24.58	28.42	40.38	88.32	33.51
大别山片区	8	859	24.53	30.71	25.50	96.76	21.01
幕阜山片区	4	234	25.08	11.68	26.68	37.69	19.53
四片区合计	31	2442	25.76	112.43	31.27	354.22	26.31
全省合计	31	4821	19.15	191.51	18.29	580.69	14.70

资料来源：湖北省扶贫开发办公室《2014 年湖北省扶贫开发建档立卡数据》（内部资料）

在国家和省级政府的大力扶持下，湖北四个集中连片特困地区贫困状况有所缓解。到 2013 年底，全省建档立卡贫困农户 190 多万户、580 多万人，四个集中连片特困地区就占了户数和人口数的 60% 左右，是全省名副其实的贫困集中区域（表 8-3）。

三、国家片区规划实施总体概况

在党中央、国务院高度重视和关心关怀下，在各部门和四省（直辖市）协同配合、共同推进中，国家片区规划顺利实施。据不完全统计，"十二五"期间，中央各部门累计投入资金超过 5000 亿元；仅 2015 年支持武陵山片区发展的资金就达 2400 多亿元。以湖北省为例，"十二五"期间，武陵山片区政策落实单位共支援片区资金 320 亿元，拉动相关投资 518 亿元；"616"对口支援工程实施单位共为湖北民族地区对接项目 2635 个，落实资金 142 亿元，为民族地区提供技术支持项目 1500 多个，培训各类人才 20 多万人次；省内部分市帮扶资金近 6.2 亿元，撬动相关投资近 40 亿元，极大地促进了片区区域发展和扶贫攻坚工作。下面主要对规划实施中的投资和重大项目落实情况予以分析。

（一）国家片区规划总投资情况

总投资指的是对基础设施、产业发展、民生改善、公共服务、人力建设、生态环境等六方面的规划投资。武陵山片区总投资基本情况：进度较慢，仅完成计划目标的 21%。从各省（直辖市）完成情况来看，除重庆市进度达到 46%，接近50%，其他省份均在 30% 以下，湖北省甚至仅完成目标投资的 10% 左右（表 8-4）。

表 8-4　武陵山片区各省份总投资情况（2014）

省份	规划总投资/亿元	完成总投资/亿元	完成规划目标投资百分比/%	排名
贵州	4 987	1 354	27.15	2
湖北	5 699	554	9.72	4
湖南	18 001	2 439	13.55	3
重庆	7 279	3 377	46.39	1
合计	35 966	7 724	21	

资料来源：根据各省（直辖市）数据资料统计整理

（二）武陵山片区各省（直辖市）完成投资情况

国家片区规划中大体从基础设施建设、产业发展、民生改善、公共服务、人力建设、生态环境、体制等方面进行规划安排。

从 2011 年到 2014 年 3 月武陵山片区的四个省（直辖市）各项任务投资进展及完成规划比例来看，总体而言，重庆市完成情况较好，湖北省进展有待加快（表 8-5）。

表 8-5　武陵山片区各省（直辖市）投资完成率　　　单位：%

地区	基础设施	产业发展	民生改善	公共服务	人力建设	生态环境
湖北	6.26	16.53	8.17	13.55	72.98	9.54
湖南	13.11	15.66	11.48	18.80	13.20	6.96
重庆	64.76	28.99	31.00	29.88	105.98	32.10
贵州	21.87	28.58	28.54	32.03	32.50	32.59

资料来源：《湖北省武陵山片区规划实施情况监测和评估》（内部资料）

由表 8-5 可以看出：①基础设施方面，重庆市完成规划投资的 64.76%，完成情况较好，而湖北省只完成规划投资的 6.26%，处于最后一位；②产业发展方面，重庆市完成规划投资的 28.99%，完成率最高，湖南省完成规划投资的 15.66%，位于最后；③民生改善方面，重庆市完成规划投资的 31.00%，位于第一，湖北省仅完成规划投资的 8.17%，位于最后；④公共服务方面，贵州省完成规划投资的 32.03%，位于第一，湖北省完成规划投资的 13.55%，位于最后；⑤人力建设方面，重庆市完成规划投资的 105.98%，超额完成任务，位于第一，湖南省完成规划投资的 13.20%，位于最后；⑥生态环境方面，贵州省完成规划投资的 32.59%，位于第一，湖南省仅完成规划投资的 6.96%，位于最后。

总体看，重庆市完成情况较好，分别在基础设施、产业发展、民生改善、人力建设方面完成情况高于武陵山片区其他省。而湖南省完成情况较差，在产业发展、人力建设、生态环境方面均处于最后一位；同样，湖北省在基础设施、民生改善、公共服务方面居于最后一位，今后仍需加大投资力度。

（三）重大项目落实情况

重大项目落实情况主要是指截至 2014 年 3 月底，交通、水利、能源三方面的重大项目实施进度及完工情况。与"十二五"规划进程相比，武陵山片区重大项目落实进度较缓慢。片区总体规划重大项目为 418 项，截至 2014 年 3 月底，片区完工项目仅为 29 项，占总规划项目的 7%。其中在交通方面，片区规划项目为 295 项，截至 2014 年 3 月底，总共完成项目 25 项，完工率为 8%；在水利方面，片区规划项目为 86 项，截至 2014 年 3 月底，总共完成项目数为 4 项，完工率为 5%；能源方面片区规划项目为 37 项，截至 2014 年 3 月底，总共完成项目数为 0 项。

各省（直辖市）在重大项目落实情况上差异较大，其中湖南省在交通方面完成情况相对较好，完成项目 10 项，而各省（直辖市）在水利方面完成均不理想，在能源方面更是尚无完工项目（表 8-6）。

表 8-6　2011～2014 年各省份在交通、水利、能源三方面重大项目完成情况

省份	交通			水利			能源	
	规划项目数/项	已完成项目数/项	完成情况排名	规划项目数/项	已完成项目数/项	完成情况排名	规划项目数/项	已完成项目数/项
湖北	89	6	2	4	0	4	9	0
湖南	156	10	1	38	1	3	14	0
重庆	24	4	4	8	1	2	4	0
贵州	26	5	3	36	2	1	10	0
合计	295	25		86	4		37	0

（1）湖北省的交通、水利和能源三大类重点项目共有 102 项，规划总投资 2349 亿元，其中政府财政投资 1760 亿元，其他投资 589 亿元。目前，89 项交通项目中，未开工的项目 16 项，正在开展前期工作的项目 28 项，正在开工建设的项目 39 项，已完工项目 6 项，共完成投资 33 亿元；4 项水利项目正在开展前期工作的项目 3 项，尚没有正在开工建设的项目；9 项能源项目中尚未开工 3 项，正在开展前期工作的项目 1 项，已开工建设的项目 5 项。

（2）湖南省的交通、水利和能源三大类重点项目共有 208 项，规划总投资 6591 亿元，其中政府财政投资 6259 亿元，其他投资 332 亿元。目前，156 项交通项目中未开工的项目 51 项，正在开展前期工作的项目 52 项，正在开工建设的项目 43 项，已完成的项目 10 项，共规划投资 5677 亿元，共完成投资 545 亿元；38 项水利项目中未开工的项目 3 项，正在开展前期工作的项目 7 项，正在开工建设的项目 28 项，已完成的项目 1 项，共规划投资 706 亿元，共完成投资 2 亿元；14 项能源项目中未开工的项目 1 项，正在开展前期工作的项目 7 项，正在开工建设的项目 6 项，没有完成的项目。

（3）重庆市的交通、水利和能源三大类重点项目共有 36 项，规划总投资 1948 亿元，其中政府财政投资 1579 亿元，其他投资 369 亿元。目前，24 项交通项目中未开工的项目 13 项，正在开展前期工作的项目 4 项，正在开工建设的项目 3 项，已完成的项目 4 项，共规划投资 1887 亿元，共完成投资 172 亿元；8 项水利项目中未开工的项目 1 项，正在开工建设的项目 6 项，已完成的项目 1 项，共规划投资 34 亿元，共完成投资 14 亿元；4 项能源项目中未开工的项目 1 项，正在开展前期工作的项目 2 项，正在开工建设的项目 1 项，已完成项目为零项。

（4）贵州省的交通、水利和能源三大类重点项目共有 72 项，规划总投资 1519 亿元，其中政府财政投资 1036 亿元，其他投资 483 亿元。目前，26 项交通项目中未开工的项目 4 项，正在开展前期工作的项目 3 项，正在开工建设的项目 14 项，已完成项目 5 项，共规划投资 1390 亿元，共完成投资 293 亿元；36 项水利项目中正在开展前期工作的项目 19 项，正在开工建设的项目 15 项，已完成的项目 2 项，共规划投资 101 亿元，共完成投资 7 亿元；10 项能源项目中未开工的项目 3 项，正在开展前期工作的项目 2 项，正在开工建设的项目 5 项，没有已完成项目。

总体而言，交通、水利、能源三大类重大项目完成情况均不理想。相对而言，交通方面完成的项目最多，为 25 项；而能源方面，各省（直辖市）尚没有一项完成。

第二节　国家片区规划实施效果考察

在各级政府的强力推动下，武陵山片区规划顺利实施，地区经济社会发展和贫困情况有了较大改观。据不完全统计，"十二五"期间，中央各部门累计投入资金超过 5000 亿元；"十二五"前四年片区共减少贫困人口 318 万人，贫困发生率从 26.3%下降到 16.9%，下降了 9.4 个百分点；片区的地区生产总值年均增速、城乡居民收入年均增长，前四年都快于四省（直辖市）平均水平。四年来，片区内交通等基础设施骨架基本形成，以旅游业为重点的特色优势产业加快发展，基本公共服务保障水平显著提高，生态环境得到改善，民族团结示范区建设不断推进，片区"四区"（扶贫攻坚示范区、跨省协作创新区、民族团结模范区、国际知名生态文化旅游区）建设已见雏形。

一、片区总的发展情况

以衡量区域发展和减贫的重要指标来看，2013 年武陵山片区的地区生产总值达到 6244.39 亿元，比 2011 年增长 31.52%；农民人均纯收入达到 6000.86 元，比 2011 年增长 43.09%，贫困人口数量减少到 699.61 万人，减贫人数达 205.23 万人（表 8-7）。

表 8-7　武陵山片区三项指标一览表

分片区	地区生产总值			农民人均纯收入			贫困人口数量		
	2011 年/亿元	2013 年/亿元	增长/%	2011 年/元	2013 年/元	增长/%	2011 年/万人	2013 年/万人	减贫数/万人
湖南分片区	2728.49	3482.2	27.62	4023.95	6054.76	50.47	494.07	348.24	145.83
重庆分片区	642.63	815.17	26.85	4627.71	7074.56	52.87	47.34	62.17	-14.83

续表

分片区	地区生产总值			农民人均纯收入			贫困人口数量		
	2011 年/亿元	2013 年/亿元	增长/%	2011 年/元	2013 年/元	增长/%	2011 年/万人	2013 年/万人	减贫数/万人
湖北分片区	596.4	790.3	32.51	3959	5248.18	32.56	114.84	132.31	−17.47
贵州分片区	780.2	1156.72	48.26	4164.82	5625.94	35.08	248.59	156.89	91.7
片区总计	4747.72	6244.39	31.52	4193.87	6000.86	43.09	904.84	699.61	205.23

从各分片区减贫数据[①]来看，到 2014 年武陵山片区贫困人口还有 475 万人，占全国 14 个集中连片特困地区贫困人口总数（3518 万人）的 13.5%，占全国农村贫困人口总数（7017 万人）的 6.8%。贫困发生率 16.9%，比 2013 年贫困发生率（18%）下降 1.1 个百分点，比全国 14 个集中连片特困地区数据（17.1%）低 0.2 个百分点，比全国贫困发生率数据（7.2%）高 9.7 个百分点。

2015 年，武陵山片区贫困人口下降到 379 万人，占全部 14 个集中连片特困地区贫困人口总数（2875 万人）的 13.2%，占全国农村贫困人数（5575 万人）的 6.8%，比上年下降 96 万人，下降幅度为 20.2%，在 14 个集中连片特困地区中下降幅度排第五位。贫困发生率为 12.9%，比全国 14 个集中连片特困地区贫困发生率（13.9%）低 1 个百分点，比全国数据（5.7%）高 7.2 个百分点，在 14 个集中连片特困地区中排第 10 位，具备率先脱贫的基础和条件。

2015 年，武陵山片区农民人均可支配收入 7579 元，高于 14 个集中连片特困地区平均值（7525 元），比上年增长 12.4%，超过片区增长平均值（11.9%），在 14 个集中连片特困地区中排第五位。

二、基础设施及生活环境进一步改善

基础设施建设包括交通、水利、能源设施建设，以及城市、农村基础设施建设等，完善基础设施建设至关重要，是国家片区规划中首要施行的项目。"十二五"期间，武陵山片区各省（直辖市）各部门按照规划内目标，开展基础设施建设项目。取得明显成绩，人民生活环境得到进一步改善，以下就"十二五"期间各省（直辖市）在基础设施及生活环境改善进行概括。

武陵山片区湖北分片区在"十二五"期间完成宜昌—巴东、长阳—五峰、恩施—鹤峰等跨市、跨县公路，初步实现了片区内贫困地区部分交通连接，加强了

---

① 2014 年、2015 年减贫与收入数据来自国家统计局住户调查办公室《2015 年全国农村贫困监测调查主要结果》（内部资料）和《2015 中国农村贫困监测报告》。

片区地域之间的沟通与贸易。在农村道路建设方面，湖北省纳入国家片区规划的十项重点工作项目中村级道路畅通项目有241项，其中包括通乡路改造和通村沥青（水泥）路建设、农村公路安保工程和危房改造等项目，目前已完成11项，"十二五"期间能完成的项目为39项，行政村通沥青路比例达98%，为农村居民出行及生活提供极大便利。在饮水工程项目及农村电力保障项目上，湖北省纳入国家片区规划的项目数分别为61项、66项，目前分别完成1项、11项，"十二五"期间分别能完成10项、3项，人民饮水安全及电力供给得到保障，人民生活得到进一步改善。

武陵山片区湖南分片区规划的十项重点工作项目总共计1442项，其中村级道路畅通项目126项，饮水安全项目78项，农村电力保障项目74项，危房改造项目33项，四项改善农村基本生产生活条件的项目数约占总项目数的22%，项目的完成加快了新农村建设，加强了农村生活生产服务设施建设，进一步改善农业生产条件、人居环境。特别是大交通网络项目，即高速包头—茂名的怀化—通道段、吉首—怀化段、吉首—茶洞段建设，其中怀化—通道段途经怀化市中方县、洪江市、会同县、靖州县，邵阳市的绥宁县，至怀化市通道县坪阳乡，实现怀化与邵阳五个县及周边大中城市的高速对接，将通道县从一个四面群山阻隔的闭塞山区县一跃成为湘西南交通小枢纽，对加快通道县工业化、城镇化建设进程，推动各县经济发展具有重要意义；吉首—怀化段，途经湘西州的吉首市、凤凰县，怀化市的麻阳县、鹤城区、芷江县，是内陆西部地区和泛珠江三角洲区域相联系的便捷通道，对国家实施西部大开发和中部崛起发展战略具有重要意义；吉首—茶洞段，终点为湘黔渝三省（直辖市）交界处的"边城"茶洞镇，该项目的完成将湖南、贵州、重庆三省（直辖市）的交通连接，对湘西州的经济发展、对外开放、旅游开发和增进民族团结等具有十分重要的意义。这些道路工程项目的完成，使湖南乃至我国旅游资源、矿产资源和水利、农林资源得到充分利用和整合，同时增强湖南西部地区经济辐射能力，促进区域经济发展和旅游业的发展，改善区域交通运输条件及投资环境，推动西部地区小康社会建设。

武陵山片区重庆分片区在"十二五"期间纳入国家片区规划的十项重点工作项目共计187项，其中村级道路畅通项目16项，饮水安全项目11项，农村电力保障项目35项，危房改造项目7项，四个工程项目数约占总项目数37%，项目的完成对改善农村基本生产生活条件起到了重要的推动作用，人民生产生活条件得到进一步改善。特别是完成渝利铁路丰都段建设，促使重庆到恩施州利川市的铁路开通，实现了跨区域连接，加强了区域间交流，改变了丰都不通铁路的历史，为当地经济、旅游等发展带来了新机遇。同时，南涪铁路（武隆段）的完成打通了三（江）南（川）"断头"铁路，在渝黔、渝怀铁路之间形成环线，建起渝东南地区铁路运输新通道，为沿线的涪陵、南川、武隆三区县带来了新的发展机遇，将拉动三地经济的跨越式发展；涪陵—丰都—石柱高速路的贯通，使重庆分片区内县城与重庆市主城连接，促进涪陵、丰都、石柱三地旅游业飞速发展；地方高速涪陵—武隆高速的完工，打通了一条旅游通道，实现了分片区内的区域连通。

武陵山片区贵州分片区纳入片区规划的十项重点工作项目共计 2049 项，其中村级道路畅通项目 134 项，饮水安全项目 32 项，农村电力保障项目 281 项，危房改造项目 27 项，四个工程项目数约占总项目数 23%。村级道路建设项目打通了"断头路"实现了区域农村公路网络化，改善了农业生产条件；饮水安全工程解决了分片区内 236.75 万人饮水安全问题；农村电力保障工程，解决了无电行政村用电问题，满足农村生活和生产用电。危房改造工程，完善了农村基本住房保障，改善了农村居民生活居住环境。

总的来说，国家片区规划实施以来，区域间的交通网络构建、分片区内的交通道路、农村出行道路完成较好，逐步实现了片区内部分县市交通连接，推动了片区内各区域之间的交流，为推动区域间优势互补、建立经济协作区提供前提条件；同时减少片区内交通运输成本，进一步促进片区内贫困地区与中心城市的合作交流。十项重点工作项目的实施，为打通毛细血管与解决饮水安全问题提供基础，提供了农村电力保障，使农村与城市实现同网同价，提高了农村生产生活质量。

三、特色优势产业逐步形成

（一）武陵山片区旅游业发展良好

国家片区规划中提出武陵山片区各地域相邻，山水相连，自然条件相近，人缘相亲，经济相融，文化相通，经济和市场的互补性很强，旅游资源尤为丰富，民俗风情尤为浓郁，文化底蕴尤为厚重。加快武陵山片区旅游产业发展，是推进武陵山经济跨越发展，实现武陵山片区扶贫致富的重要选择。其中，湖北恩施州、湖南怀化市、湖南湘西州、贵州铜仁、重庆秀山、重庆酉阳是武陵山片区内重要的旅游景点集散地，已经形成一定的旅游业基础。

湖北恩施州旅游经济呈现良好发展态势。2013 年，接待游客 2650 万人次，实现旅游综合收入 147.5 亿元，增长 23.4%。利川龙船水乡景区、巴东巴人河生态旅游区被批准为国家 4A 级景区，恩施州形成以州城为中心，方圆 80 千米内的"1+10"（1 个 5A 级景区+10 个 4A 级景区）高密度高 A 级旅游景区集群，4A 级以上高等级旅游景区数处于湖北省前列。

湖南怀化市地域狭长，旅游资源北、中、南三大板块分化明显。北部板块以沅陵县为中心，包括溆浦、辰溪、麻阳三县，历史文化特色比较突出；中部板块以怀化城区为中心，包括芷江、两洪、中方及新晃，古城古村落建筑文化、夜郎文化、侗族文化特色突出；南部板块以通道为中心，侗族风情特色突出。2013 年，怀化市接待旅游人数 2408.01 万人次，实现旅游总收入 148.80 亿元，增长 17.8%。

湖南湘西州旅游产业快速发展。2013 年，接待国内外游客 2322.8 万人次，实现旅游收入 144.9 亿元，分别增长 23.2% 和 37.5%。全州 4A 级及以上旅游景区 8 家，新增全国重点文物保护单位 7 个；矮寨奇观、红石林晋升国家 4A 级景区，以老司城遗城为代表的"中国土司遗产"被确定为 2015 年中国申报世界文化遗产唯一项目，矮寨大桥上榜世界十大非去不可新地标；吉首矮寨镇创湖南省特色旅游名镇，永顺县小溪村、保靖县亨章村、泸溪县红土溪村创建为湖南省特色旅游名村，永顺县山水牛郎寨创建为湖南省五星级乡村旅游区点。

贵州铜仁市 2013 年启动建设环梵净山"金三角"文化旅游创新区和 12 个重点景区，以及梵净山、大明边城 5A 级景区和九龙洞等 5 个 4A 级景区创建。全年接待游客 2000 万人次，旅游收入 157 亿元，增长 31.0%。

重庆秀山县近年深化"大边城"旅游开发理念，启动全县乡村旅游建设，完成特色村寨民居风貌改造，成功举办油菜花节、渝湘黔边区龙舟赛等系列活动。2013 年全年接待游客 152 万人次，实现旅游综合收入 6.3 亿元，分别增长 42.7% 和 47.7%。酉阳县成功创建阿蓬江大峡谷国家 3A 级旅游景区，建成五柳广场和龙潭古镇，乡村旅游提速发展。2013 年共接待游客 600 多万人次，实现旅游综合收入 20.01 亿元，比上年增长 22.9%。数据参见表 8-8。

表 8-8　2013 年武陵山片区旅游人数与收入情况

地区	旅游人数/万人次	旅游人数增长率/%	综合收入/亿元	综合收入增长率/%
湖北恩施州	2650	20.6	147.5	23.4
湖南怀化市	2408.01	20.2	148.8	17.8
湖南湘西州	2322.8	23.2	144.9	37.5
贵州铜仁市	2000	—	157	31.0
重庆秀山县	152	42.7	6.3	47.7
重庆酉阳县	600.02	29.0	20.01	22.9

资料来源：根据 2013 年各地国民经济与社会发展公报和政府工作报告整理

（二）特色农业逐步成型

由于具有先天自然资源优势，加之近年来各级政府依照国家片区规划大力扶持，武陵山片区特色农业发展迅速，无论是规模、品牌、竞争力还是发展潜力都呈现良好态势。

一是特色农业规模化实现形式多样，规模优势初步显现。如湖南湘西州以家庭农场和大户方式，重庆的酉阳县和黔江区通过园区和农业产业龙头企业形式来推进特色农业规模化。以湘西州为例，该州逐步形成了柑橘、烟叶、畜牧水产、百合、中药材、蔬菜、茶叶、猕猴桃八大优势支柱产业，基本形成了一县一业或多业的特色优势产业格局，特色优势农业总产值近 50 亿元，占农业总产值的近 50%；全州农产品加工企业达 629 家，州级以上龙头企业发展到 111 家，农产品加工企业 2012 年实现销售收入 53.4 亿元，各类农民专业合作社已发展到 741 个。

二是特色农业的品牌优势逐渐凸显。经过多年建设，武陵山区已经形成了一定数量的知名农产品，如安华黑茶、湘西椪柑、靖州杨梅、秭归脐橙、石柱黄连等。按照农业部、国家工商行政管理总局等部门评定，截至 2017 年，武陵山片区共有 47 种产品被评为地理标志产品，其中特色农产品为 41 种，有四种农产品被评为中国名牌农产品，共有 28 个乡镇被评为中国特产之乡。

三是合理的产业布局基本形成。目前片区内已经大致形成了油茶、茶叶、桑蚕、烤烟、蔬菜、魔芋、柑橘、中药材、干果、特色养殖、优质楠竹等 11 个传统产业基地，各地区正在整合资金、技术，延伸和完善特色农业产业链，千方百计培育大户、家庭农场、农民专业合作组织和龙头企业等新型农业经营主体。

四是一批有影响的特色农业产业化龙头企业开始成长。2013 年以来，片区内多家特色农业产业龙头企业不断崛起，这些企业对推动农业规模化经营起到了显著作用。其中由国务院扶贫办评定的"国家扶贫龙头企业"25 家，由农业部评定的"农业产业化国家重点龙头企业"14 家，上述两类企业在武陵山片区内的四个省份都有分布，在贵州和湖南分片区分布相对集中，见表8-9。

表8-9　武陵山片区特色农业产业化龙头企业区域分布表　　　　单位：家

区域	国家扶贫龙头企业	农业产业化国家重点龙头企业	有特色农业产业化龙头企业县市数
湖北分片区	6	2	4
湖南分片区	9	3	6
贵州分片区	7	7	5
重庆分片区	3	2	3
合计	25	14	18

四、民族山区群众增收能力有所提升

随着基础设施的完善，便利的交通推动着武陵山片区特色优势产业逐步成型，旅游业与特色农业成为支柱性产业，带动了片区劳动力就业，提高了群众收入。更主要的是，片区内少数民族群众增收能力有所提升。

以武陵山片区湖北分片区为例。湖北省通过就业促进项目提高分片区内转移就业贫困人口的城市适应能力，提高农民增收能力，缩小农村转移就业劳动者与城镇居民在城市公共服务方面的差距，促进转移就业劳动者融入城市（表 8-10）。

表 8-10　湖北省就业促进重点项目

就业建设项目	具体情况
劳动力转移就业实训基地	建立 1 个州级，10 个县级集职业技术培训、劳务中介、信息服务、转移服务为一体的综合性实训基地
就业、创业孵化基地	建立就业创业孵化基地 11 个
就业、家政服务中心	建立就业、家政服务中心 200 个
城镇就业能力提升体系建设	建立城镇就业能力提升培训中心 11 个

资料来源：湖北省片区规划

湖北省投资多个项目，提高分片区内劳动力增收能力。一是实施几个大的培训工程，如"温暖工程"，对农村有劳动能力者进行素质培训 15 万人次；雨露计划对农村贫困人口进行职业技能培训三个月以上 15 万人次；阳光工程，对农村 18～60 岁劳动力进行特色农业实用技术培训 50 万人次。二是建立新型农民创业培训基地，开办新型农民培训夜校、电脑室、科技图书馆、群众文化活动室等阵地，多渠道、多形式地对村民进行科普知识宣传，加强农民实用技术培训和转岗技能培训。三是开展农业、林业、养殖知识培训，组织农民学习创业知识和政策法规。通过培训，山区少数民族群众从文盲成为有一定技能的外出务工农民和有文化、懂技术、会经营的新型农民，提升了贫困人口自我发展能力。

五、社会事业取得较快发展

国家片区规划实施以来，片区内教育科技、文化、医疗方面取得重大进展。

一是教育科技方面得到长足提高。如湖北省恩施州已经建有幼儿园 458 所，其中公办幼儿园增加到 87 所，在园幼儿数 10.02 万人，学前三年毛入园率达到 78%；建成中等职业学校 12 所，招生 1.06 万人，在校学生 2.96 万人。湖南省湘西州建有普通高校 3 所、中等职业学校 28 所、普通中学 182 所、小学 233 所、特殊教育学校 4 所、幼儿园 559 所，全州小学适龄儿童入学率为 99.8%、高中阶段教育毛入学率 75.5%。

片区的科技成果和转化比较丰硕。如湖北省恩施州 2014 年就有专利申请 720 件，其中，发明专利 344 件，企业专利 277 件，比湖北省片区规划实施前分别增加 195%、255%和 230%；获得专利授权 287 件。全州科技成果和专利进一步增加，已经建立高新技术企业 15 家，年增加值 8.92 亿元，占 GDP 的比重为 1.46%。该州还颁布了硒标准、制定了硒标识，引进和培育了一批硒产品研发生产企业，成功举办了首届中国恩施·世界硒都硒产品博览交易会。

二是医疗卫生事业健康发展。主要表现：①医疗卫生机构和医师人员增加，资源总量持续增长。例如，贵州省铜仁市，全市建有卫生机构 3481 个，其中含综合医院 84 个、乡镇卫生院 162 个、社区卫生服务机构 47 个、村卫生室 2849 个，以及妇幼保健院（所、站）11 个和疾病预防控制中心（防疫站）12 个等。湖北省恩施州每千人床位数 4.8 张，每千人执业医师（助理）1.47 人。②人民健康水平稳步提高。例如，湖北省恩施州全州孕产妇死亡率 0.705‰，婴儿死亡率 6.58‰，五岁以下儿童死亡率 9.07‰。③医疗卫生服务范围扩大。例如，湖南省湘西州，全州为城乡居民免费提供 11 类 43 项基本公共卫生服务项目和 7 项重大公共卫生服务，累计为 204 万名城乡居民建立了健康档案，规范化电子建档率达 79.03%。

三是社会保障水平不断提升。例如，恩施州自湖北省片区规划实施以来，社会保险覆盖面持续扩大，到 2014 年各项社会保险覆盖面扩大 15.77 万人，年末企业基本养老保险参保人数 30.03 万人，机关事业单位养老保险参保人数 2.55 万人，城乡居民社会养老保险参保人数 147.89 万人，参保率 99.3%，新农合补偿比为 70.5%，养老金发放率 100%。贵州省铜仁市全市 2014 年参加新农合人数 351.21 万人，参合率达 98.3%；全市享受低保人数 82.32 万人，其中农村低保人数 75.63 万人。

第三节　片区规划实施过程中的困难与问题

到 2016 年下半年，中央和各省（直辖市）两级片区规划已经实施五年，武陵山片区发展仍然存在较多困难，例如，基础设施仍然不足、主导产业仍未形成，社会公共服务仍然落后等。同时，在规划实施中暴露了一些问题，例如，一些县市认为片区规划比较空洞、项目太大、与地方衔接不够，以及中央部门落实不理想，协调困难等。

一、片区发展面临诸多困难

一是武陵山片区基础设施欠账较多，农田基层水利事业仍然薄弱，安全饮水问题尚未解决。特别是内联外通的骨干交通网络尚未形成，交通动脉依然不畅，乡村公路这根"毛细血管"堵塞严重，再加上"断头路"，很容易形成"梗阻"。

以重庆市为例。目前，武陵山片区重庆分片区公路、等级公路密度分别为 89.8 千米/100 千米^2、73.7 千米/100 千米^2，大大低于全市和全国平均水平。农村公路建设滞后，至今仍有 13% 的行政村农村公路路面未硬化，不通公路的自然村寨还很多。同时，各区县连接周边区县的快速通道尚未完全打通，高山地区的畜禽果蔬等农副产品运出难，工业品运进难，农村商贸流通严重不畅。

武陵山片区民生水利基础较为薄弱，民生水利建设任务十分繁重。目前，片区的基层水利服务机构存在性质不清、职责不明，机构不全、力量不足、条块分割、管理不顺，人才缺乏、人员老化，经费不足、条件简陋，工作人员待遇很低、生活困难等主要问题，难以有效管理农村涉水事务，一些地方基层服务机构甚至出现了网破、线断、人散的局面。

二是武陵山片区生产基础相同、资源相似、产业趋同，缺乏错位发展的理念，难以形成真正的骨干产业。根据国家主体功能区规划，武陵山区绝大部分地区属于限制开发区，工业经济发展的空间有限；旅游业层次不高，大多以观光旅游、门票经济为主，基础设施相对落后，可进入性不强，精品景区整合不够，"吃、住、行、游、购、娱"要素建设不够，缺乏龙头支柱企业，多以酒吧、特产店等散户为主，旅游产业层次整体偏低。旅游业产业发展支撑政策缺乏，缺乏必要的产业政策支持和引导投入。旅游投入严重不足、投融资平台缺乏，已经成为武陵山旅游开发的瓶颈。

比如，发展情况相对较好的重庆分片区，2017 年三次产业结构比为 17：51：32，工业化率比全市低近 10 个百分点，企业数、产业活动单位数分别仅为全市平均水平的 44%、48%，市场主体数量较少，市场活跃程度不高，经济发展后劲不足。

三是片区扶贫开发任务艰巨，农民增收压力大，就业渠道亟须拓宽。武陵山片区贫困面广、贫困程度深，脱贫难度大，贫困发生率高，生态环境脆弱，基础设施薄弱，经济发展水平太低，特色产业尚未形成规模，内生发展动力不强，社会事业发展滞后，公共服务供给不足，返贫问题比较严重。

虽然武陵山片区贫困问题相较于全国其他 13 个集中连片特困地区来说，贫困发生率略低、农民人均可支配收入略高，但形势仍然严峻，距离 2020 年脱贫摘帽、全面建成小康社会目标有一定距离。如 2015 年全片区贫困人口仍有 379 万人，贫困发生率 12.9%，比全国贫困发生率高 7.2 个百分点；农村居民人均纯收入 6873 元，为全国平均水平的 63.8%，还有 3% 的农户居住在竹草土坯房中，20% 的农户饮水困难，超过 50% 的自然村没有通车、通宽带，片区发展形势依然严峻。

四是片区社会事业发展迟缓，公共服务保障水平低，城乡发展不平衡，表现在发展理念上的重城轻乡，导致城乡之间差距较大，且呈扩大趋势。资源总量差距大，大多数公共服务资源，特别是优质资源集中在城市，农村基础薄弱，服务水平偏低，与城乡人口比例呈现倒挂态势。比如，水平较高的基础教育资源大都集中在城市，部分乡镇、农村学校尚未达到标准化创建要求，特别是师资水平低、结构性缺编问题严重，难以满足多元化、素质性的教学需求。

五是片区民族文化的传承和保护存在着诸多问题。首先是民族文化发展主题不鲜明；其次是民族文化发展缺乏正确引导；最后是优秀文化没有得到有效开发利用。部分地方专注于地方经济的发展，对民族文化的意义认识不到位、思考不深入，普遍存在"一手硬一手软"的情况、文化旅游融合发展深度不够。武陵山片区具有十分丰富而有特色的非物质文化遗产，但在文化与旅游的融合发展上创新不够，深度不够，产品设计多有雷同的现象。文化旅游资源存在着行政管理体制不协调，条块分割、区域分割、部门分割的现象。如一个景区的管理，涉及旅游、园林、宗教、文物等多个政府部门；历史街区同样也存在着文物、土地、建设、旅游等多头管理的情况。目前这样的机制导致珍贵的资源发挥不出应有的品牌效应，旅游规模和效益增长速度偏慢，严重制约了文化旅游事业的健康发展。

六是基层组织和人才队伍没有发挥出应有的作用。由于片区内不能享受与区外均等同质的教育、卫生公共服务资源，农村教师、医疗卫生人员缺乏，农民群众缺医少教的问题突出，已成为影响片区经济社会可持续发展和农民群众脱贫致富的"瓶颈"。这些问题不解决，将会影响片区全面建成小康社会目标的实现。文化旅游专业管理、策划、开发人才缺乏，众多非物质文化遗产濒临失传的困境。

七是区域发展不平衡的特点依然明显。一方面武陵山片区内部各个地区发展不平衡，同为武陵山片区县，有些县的农民人均纯收入已经达到8000元以上，有些地方却还在4000元左右徘徊。另一方面，武陵山片区与周边地区的差距还在进一步拉大，区域协同发展的任务依然艰巨。

二、规划实施过程中存在的问题

（一）行政分割导致片区规划实施情况不理想

国家片区规划中的重大项目安排是基于整个片区，跨省跨县情形普遍，需要各省（直辖市）、各县协调行动。但是，目前行政分割状态导致了各类项目推进的重点、进度和实施效果均不同，对区域发展的推动作用没有预想的大。

按照中国扶贫发展中心数据，湖北分片区的交通、水利、能源三类重大项目推进缓慢，截至2014年3月底仅完工6项，全部集中在公路交通上，仅完成规划总数102项的5.9%，在四大片区中排名最后。其余未完成的项目都是跨行政区域的，有些县市不在湖北省境内，甚至不在武陵山分片区内，没有相应建设资金投入，影响到湖北分片区重大项目的推进。

在十项重点工作项目中，湖北分片区完成了78项，占规划总数1221项的6.4%，落实情况也不理想。各县市推进进度不一，长阳5项、五峰19项、秭归2项、宣恩8项、咸丰12项、利川11项、来凤0项、建始6项、恩施市15项、鹤峰0项、巴东1项。在推进重点工作项目过程中，各县市优先次序不同，有的先安排特色产业增收项目，有些先安排卫生和计划生育项目，有的先安排教育扶贫项目。这种方向不一、进度不一导致能够体现湖北分片区优势的项目无法形成"规模效应"，例如，特色产业项目、乡村旅游项目、文化建设项目，区域规模和品牌效应就比较低。

在片区规划实施过程中，行政分割的管理体制也制约了规划的效果发挥。有的地方是发展和改革部门牵头，有的是扶贫部门牵头，资金则由财政系统安排划拨，部门利益难以协调统一，导致工作效率低、规划推进慢。

（二）部分项目缺乏足够资金支持，落地效应不明显

武陵山片区区域发展与扶贫攻坚支持政策和增加资金到位很少，政策措施出现"雷声大、雨点小"和悬空现象，重大项目很难落地。总体来讲，与"十二五"规划进程相比，武陵山片区重大项目落实进度较缓慢。武陵山片区总体规划项目为 4532 项，截至 2014 年 3 月底，武陵山片区完工项目仅为 37 项，占总规划项目的 0.8%。湖北分片区规划总投资 5699.32 亿元，截至 2014 年 3 月完成投入 554.27亿元，仅完成任务的 9.73%，未达到时间过半、任务完成过半的目标，在武陵山四大分片区中排名最后。在已完成的投资中，政府投入 284.56 亿元，其他投入269.71 亿元，分别占投入总量的 51.34%、48.66%。对比重庆分片区完成投资中，政府投入占比 74.16%，其他投入 25.84%，湖北分片区的政府投入比重过低。细分三类重大项目和十项重点工作项目，湖北分片区的政府投入占比均较低。

近年，湖北地方财政收入能力有所增强，但相对于全省经济社会发展所需的财政投入量仍显紧张。2014 年，湖北省完成财政总收入 4095.80 亿元，其中地方公共财政预算收入 2566.90 亿元，而全年财政支出 5008.85 亿元，财政缺口达到913.05 亿元。国家片区规划中，重大项目和重点工作，一部分为中央财政投入，一部分需要地方资金配套投入。因地方财政困难，配套资金无法供给，导致规划项目无法落实，延缓了片区规划实施进度。

以湖南分片区为例。按照国家扶贫标准，到 2013 年底，湖南还有农村贫困人口 640 万人，占全省农村人口总数的 11.2%；中央确定该省 37 个县市区位于集中连片特困地区，占全国 505 个县市区的 7.33%。2014 年中央和省共安排财政专项扶贫资金 20.17 亿元，平均到每个贫困人口，仅 286 元。据专家测算，一个贫困村要实现整体脱贫，平均投入至少要 800 万～1000 万元。而目前只有少数几个村能达到这个投入标准，其余的"整村推进"村多则几百万元、少则只有几万元。与繁重艰巨的扶贫任务和贫困群众强烈要求相比，扶贫资金投入严重不足。

值得注意的是，国家片区规划是在 2011 年 10 月由国务院批复实施，其时国家"十二五"规划纲要已经先期出台，重大项目规划及资金盘子已经安排。湖北分片区的规划是在 2013 年由省政府公布实施，更晚于省"十二五"规划安排，导致开展十项重点工作项目所需资金未纳入全省资金盘子之中。

地方财政紧张，以及武陵山片区和湖北分片区规划在编制时间上滞后于国家和湖北省"十二五"规划，造成部分重大项目和重点工作所需资金难以落实，出现片区规划"雷声大、雨点小"和悬空现象，落地效应不明显。

（三）规划中的政策差异较大，落实不力，导致发展计划落空

一是武陵山片区一些县市比照实施西部大开发部分政策尚未落实。恩施州、湘西州、张家界市申请比照实施西部大开发政策。国务院西部地区开发领导小组办公室国西办综〔2006〕42 号文件复函：同意张家界市桑植县、永定区、武陵源区比照享受西部大开发有关政策。国务院办公厅国办函〔2007〕2 号文件明确中部六省比照实施西部大开发有关政策的县区有：慈利县、桑植县、沅陵县、会同县、麻阳苗族自治县、新晃侗族自治县、芷江侗族自治县、靖州苗族侗族自治县、通道侗族自治县、长阳县、五峰县等。但是，实施西部大开发政策标准没有统一，政策效果存在差距，亟待优化和落实，加大对比照实施西部大开发政策县市支持力度。

以湖南省为例。湖南省有 37 个县市区纳入国家片区规划，只有 31 个县市区享受国家集中连片特困地区特定的扶贫开发政策，湘西州的吉首市、张家界市的永定区和武陵源区、怀化市的鹤城区与洪江市、娄底市的冷水江市等六个不享受扶贫开发政策的"天窗县"，要求享受片区政策的呼声强烈。同时，武陵山片区兄弟省（直辖市）所辖县市区绝大多数享受西部大开发政策，湖南省仅有湘西州八县市比照享受、张家界市三县区部分享受西部大开发政策，其余 26 县均不能享受，同一片区差异巨大。

二是少数民族优惠政策尚未全面正确落实。有些民族政策与实际脱节，导致在社会主义市场经济体制下许多民族政策法规条文逐渐失效，需要修改补充民族政策法规。商业银行在商业体制下"扶富不扶贫"，民族地区中小企业贷款趋向困难。

三是行政分割且跨省（直辖市）合作协调机制尚未建立，导致片区规划实施情况不理想。国家片区规划中的重大项目安排是基于整个片区，跨省跨县情形普遍，需要各省（直辖市）、各县协调行动。但是，目前行政分割状态导致了各类项目推进的重点、进度和实施效果均不同，对区域发展的推动作用没有预想的大。

为加大跨省统筹协调力度，中央建立片区联系制度，由国家民族事务委员会负责联系武陵山片区。自 2012 年起，国家民族事务委员会每年选派七十多名联络员深入武陵山片区开展联络工作。但由于片区规划实施主体不是民族事务委员会，财权、事权均在其他部门，民族事务委员会"有名无实"，协调联络作用有限。

（四）规划管理不够灵活，部分项目不接地气

中央推出国家片区规划是促进整个地区经济社会发展、减少贫困人口的综合举措。但是地方在实施过程中，部门职能分立，发展和改革部门负责区域发展工作，扶贫部门负责扶贫工作，扶贫和区域发展结合得并不好，形成两条线，合力效应没有得到最大限度发挥。具体体现是区域经济社会指标在改善，而个体和家庭贫困问题没有得到有效解决。一些县市和村镇处理不好、找不到区域发展和减贫两项目标结合的载体与途径，产业扶贫成为花架子，扶贫与社会保障不能衔接。

国家为推动国家片区规划的实施，出台了一系列管理文件，特别是对资金的管理和运用限制较多。但是，在实际工作中，地方政府希望将各类资金整合打包、集中使用，发挥最大效用。受制于国家片区规划管理的严格规定，一些地方干部普遍谨小慎微、依章循事，不敢创新，致使片区规划的实施进度和效果不理想。

同时，国家片区规划中部分项目没有考虑到当前农村劳动力外流加速、劳动力减少，农业生产出现的新情况，致使项目不接地气，没有群众主动参与，成为编制部门"自我欣赏"的纸上项目。

第四节　片区规划与精准扶贫协同推进的建议

民族山区的发展，离不开各级政府，以及企业、社会团体的大力支持和帮助。在 2011 年开始实施集中连片特困地区区域发展和扶贫攻坚战略之后，2014 年推动精准扶贫精准脱贫工作，民族山区迎来减贫与发展的新机遇期。但是，目前一些地方政府领导对精准扶贫与片区发展二者之间的关系没有进行深入思考，基层对如何处理二者关系也不甚清楚，以扶贫代替发展，唯扶贫为一，将精准扶贫精准脱贫工作代替片区发展工作，导致县域经济和社会建设落后。正如中国扶贫研究中心主任张琦指出，当前"片区区域发展与扶贫开发之间关系处理不清、缺乏结合"（张琦等，2015）。我们要在深入思考二者关系基础上，协同推进精准扶贫与片区发展两项工作，将个体减贫与县域经济发展结合起来，共同为片区减贫与发展发力。

一、片区规划与精准扶贫工作目标和途径的一致性

2011 年中央启动实施片区区域发展与扶贫攻坚战略，试图将片区的发展与扶贫统一起来，探索新的区域发展方式。全国 14 个集中连片特困地区也相继实施了片区规划，启动一批建设项目，推出一批优惠政策措施，取得一定成效。2014 年以来，国家着力实施精准扶贫精准脱贫战略，减贫工作得到空前重视。遗憾的是，

一些民族山区把它作为第一政治任务，把片区发展，特别是县域经济发展放在相对次要位置。

（一）二者工作目标、对象和内容具有相同点

我们认为，精准扶贫既可以是减贫的重要方式，也可以成为片区发展的新方式。这是因为：①精准扶贫与片区发展的目标、对象和内容是一致的。精准扶贫的目标是减少贫困人口，其瞄准对象更为具体，扶贫内容下沉到村到户，实施"五个一批"措施，通过发展生产、易地搬迁、生态补偿、发展教育、社会保障兜底等措施，既能够使个体状况得以改善，也能够促进地区发展。②精准扶贫比新四化方式更贴合片区实际。对片区来说，实施新四化（新型工业化、信息化、城镇化、农业现代化）有一定的难度，也容易出现一些负面问题。例如，片区农业基础设施薄弱、劳动力外流、技术人才匮乏，导致实施农业现代化、信息化更为艰难；片区企业较少，资金不足，招商吸引力不足，导致实施新型工业化难度较大。而精准扶贫以户为单位，因地制宜、分类指导，更贴近贫困群体，实施效果更为理想。一户一村脱贫摘帽了，地区也相应发展了。③精准扶贫工作可以兼顾区域发展。目前，各地实施的一些精准扶贫措施，既是解决个体贫困问题的措施，也是解决区域整体性贫困问题的措施。例如，贫困村的道路和水利设施建设、一村一品的产业扶贫、基础教育的投入和补贴，均能够较好地促进区域经济社会发展。

（二）以精准扶贫促进片区发展的主要途径

目前来看，有三条精准扶贫途径是促进区域发展的较好途径和措施。

一是精准产业化扶贫途径。产业是精准扶贫的"铁抓手"。目前，各片区普遍坚持以产业项目扶持为主要手段，因人制宜、因户施法，让每家每户都有持续增收的渠道和致富的门路，真正让群众实现自我发展、自我致富。同样，一个地方的快速发展，一定伴随着产业的崛起；没有产业的区域，就会变成一潭死水。产业是强县之本、致富之源、脱贫之基。可以说，精准扶贫的主要工作内容就是片区发展的主要工作内容，二者是重合的，在精准扶贫过程中也实现了地区发展目标。

二是劳动力培训途径。片区发展少不得技术。精准扶贫的一个重要内容是进行劳动力技术培训，如农业技术、外出务工技术、金融理财和农产品营销技术，等等。劳动力培训不仅使贫困人口掌握一项就业技能或实用技术，促进稳定就业和增收脱贫，而且为地区发展提供智力支持，为新形势下地区发展提供了高质量的生产要素。

三是基础设施建设途径。"公路通、百业兴"，交通在片区经济社会发展中

具有基础性、先导性作用。因此，精准扶贫所实施的村组道路、水、电、学校等基础设施建设，不仅改变贫困个体的贫困问题，也解决了片区发展中的行路难、饮水难、用电难、读书难等整体性问题。从目前情况看，造成片区贫困和发展滞后的重要原因是基础设施落后，因此搞好基础设施建设，可以实现减贫和地区同步发展。

实践中，中部和西部各片区自 2015 年以来已经将精准扶贫工作作为地方政府的主要工作内容，各政府部门实行挂图作战，围绕精准扶贫开展一系列工作。预计到 2020 年，精准扶贫工作将是片区发展的主要方式和途径。

二、进一步完善片区规划，落实规划政策和项目

（一）明确规划实施主体，充分发挥民族事务部门作用

建议片区规划的实施主体明确为武陵山经济社会发展办公室（以下简称武陵办）。武陵办应统一设置在发展和改革系统内，将扶贫开发办公室与之合并，避免机构分立、效率降低的情况。国家民族事务委员会是片区规划的协调联系单位，主要负责跨省跨县市项目的协调工作，可以将该类项目的事权、财权统一到国家民族事务委员会，配置相应的工作机构和工作经费，解决行政分割导致规划实施效果不明显问题。

（二）部分项目和工作尽快纳入国家和省"十三五"规划，搞好衔接工作

针对片区规划与"十二五"规划脱节情况，建议国家和省政府在编制"十三五"规划时，优先安排片区规划中的项目和工作。要由国家发展和改革委员会牵头，协调中央与省级各部门，进一步做好片区规划和各系统部门的规划衔接工作。

（三）允许地方政府创新，加大融资力度和财政投入力度

建议地方政府在财政支出预算中将片区规划年度投资额度加大。要明确每一年度涉及片区规划所需资金，设置任务进度表，作为财政预决算的重要内容。

建议允许地方政府在设置保证资金前提下，有效整合各类财政资金，集中力量办大事。要充分发挥金融部门的投融资功能，建议加大政策性银行对武陵山片区的建设项目投资、金融信贷资金的支持力度。

（四）对产业发展和群众能力提升项目加大投入力度

地方政府要依据当地实际，适度修正片区规划中的部分项目，将三类重

大项目和十大重点工作落到实处。建议各级政府对农业产业、贫困人口能力提升的项目投入加大，确保每年度投入额度不少于规划数的 50%，投入比例不低于 70%。

三、协同推进片区发展与精准扶贫工作的政策建议

（一）进一步完善少数民族和民族地区优惠政策

一是创新民族贸易和少数民族特需商品生产政策，调整一批民族贸易县。湖北省、重庆市等 10 个省份所辖民族自治地方全部列入民族贸易县范围，执行民族贸易县政策。建议国家民族事务委员会、财政部、中国人民银行修订《全国少数民族特需商品定点生产企业名单及其生产的少数民族特需商品目录》时，扩大全国少数民族特需商品定点生产企业名单及其生产的少数民族特需商品种类，以适应社会主义市场经济发展形势。

二是免除武陵山片区基础设施建设项目配套资金。近几年来，国家和省级政府支持武陵山片区一批项目，但要地方财政配套一定比例资金。武陵山片区有 42 个国家扶贫开发工作重点县、13 个省级扶贫开发工作重点县，难以到位项目配套资金。《民族区域自治法》第 56 条指出："国家在民族自治地方安排基础设施建设，需要民族自治地方配套资金的，根据不同情况给予减少或者免除配套资金的照顾。"《国务院实施〈中华人民共和国民族区域自治法〉若干规定》第 7 条规定："国家安排的基础设施建设项目，需要民族自治地方承担配套资金的，适当降低配套资金的比例。民族自治地方的国家扶贫开发工作重点县和财政困难县确实无力负担的，免除配套资金。其中，基础设施建设项目属于地方事务的，由中央和省级人民政府确定建设资金负担比例后，按比例全额安排；属于中央事务的，由中央财政全额安排。"但是，这项民族优惠政策尚未全面执行。建议国家民族事务委员会根据民族法规向国务院汇报，落实基础设施建设项目资金"零配套"政策，免除武陵山片区财政困难县市及县以下基础设施建设项目配套资金。

三是请求各级财政部门为国家民族事务委员会增加各项专项资金。《国务院实施〈中华人民共和国民族区域自治法〉若干规定》第 10 条规定："中央财政设立少数民族发展资金和民族工作经费，资金规模随着经济发展和中央财政收入的增长逐步增加。地方财政相应设立并安排少数民族发展资金和民族工作经费。"因此，建议按照财政部、国家发展和改革委员会、国务院扶贫办 2011 年印发的《中央财政专项扶贫资金管理办法》，逐年加大投入规模，逐年增加全国民族事务委员会系统的少数民族发展资金，并为民族事务部门增设"民族文化专项资金"。设立武陵山片区区域发展专项资金，建议中央财政为国家民族事务委员会每年预

算武陵山片区区域发展专项资金 100 亿元，各级财政每年为同级民族事务部门预算大笔武陵山片区区域发展与扶贫攻坚专项资金，用于扶持武陵山片区区域发展与扶贫攻坚。

（二）制定和完善土地政策和生态补偿政策

一是根据民族山区林地确权和土地流转情况，在土地审批上给武陵山片区政策倾斜。要出台武陵山片区专项土地规划，在严格控制基本农田用地、保证粮食问题的基础上，放宽非基本农田用地、山地用地的审批。进一步减少或免除基础设施、公益建筑的土地审批费用，降低地方政府财政负担，要尽量简化土地审批程序，缩短土地审批周期。

二是完善生态补偿政策。建议国务院审议、出台国家发展和改革委员会主任办公会议通过的《关于建立完善生态补偿机制的若干意见》，提高生态公益林补偿标准，加大重点生态功能区生态补偿力度。建议国务院加快推进生态补偿试点工作，扩大试点范围，把武陵山片区作为国家生态补偿试点地区，对贫困村具有水土保持和碳汇生态效益的生态林进行生态补偿。实施重点生态修复工程，建立流域性生态补偿机制。加快建立生态补偿制度，加快推进生态补偿立法。建议全国人大常委会早日颁布实施生态补偿和专项资源补偿相关法律，形成健全的生态补偿法律制度。

（三）进一步加大投资力度和产业项目范围

一是实施差别化产业扶持政策，重点支持民族山区旅游业、特色农业、民族文化产业和生态环保型产业发展，在投资管理上予以优先考虑，在用地、信贷等方面优先给予政策倾斜。支持符合条件的旅游企业发行企业债券，设立武陵山片区旅游产业投资基金。

为解决地方政府在片区发展中资金缺口大和筹资渠道少的矛盾，国家应该从银行贷款等方面给予政策支持，着力帮助地方政府拓展融资渠道，搭建融资平台，改善招商引资环境，加速片区经济发展。为此，可以考虑引导银行提高武陵山地区政府贷款比例。既要积极对地方政府债务风险做科学系统的评估，确保地方政府财政状况良性运营，又要提高国有资产抵押贷款额度，引导银行增加对地方政府贷款，确保地方存款用于本地区建设的比例。加大武陵山地区转移支付力度，协调建立武陵山片区发展的专项资金，在确定转移支付比例时将武陵山片区列为一个重要因素，进一步加大融资方面的支持力度。

二是中央投资向农业产业、扶贫开发、民生工程、基础设施和生态环境等领域倾斜。国家有关部门专项建设资金投入向武陵山片区倾斜，提高对公路、铁路、民航、水利等建设项目投资补助标准或资本金注入比例，适当提高农村小型基础设施建设补助标准。

中央和省级政府要加大项目建设力度，以水、电、路等基础设施建设推进设施扶贫。坚持"交通先行，旅游前行，环保躬行，产业力行"的片区发展理念。①加快片区区域性综合交通枢纽与商贸物流中心的建设步伐，抓好铁路及高速公路建设；②大力推进武陵山区重点核心景区的旅游环线建设工程；③抓好国省干线、主要通道连接线、省际县际断头公路、通村通组公路等交通通道建设，积极构建连通内外、安全便捷的立体化交通网络格局；④加快水、电、气、通信等基础设施建设与配套步伐，以此推进新农村建设；⑤对所有公益性基础设施建设项目，要力争取消县以下配套资金。

（四）加快民族文化和社会保障体系建设步伐

一是通过振兴民俗文化、发展民族特色文化教育事业，推进文化扶贫。①加大武陵山片区公共文化服务网络建设支持力度，努力实现城乡居民基本公共文化服务均等化。挖掘丰富的民族历史文化和民间文化资源，形成鲜明的文化特质，推进民族特色文化事业的大发展、大繁荣。②大力推进旅游休闲、民俗演艺、文化创意产业的发展，将民族文化优势转变为创意产业与体验产业优势，促进体验经济发展。③推进教育优先发展计划，在武陵山片区推行十二年制义务教育，大力发展职业教育，提高贫困地区劳动者素质与技能，实施武陵山区就业创业工程。

二是加快发展医疗卫生事业。完善公共卫生、医疗服务、疾病预防、医疗保障、医疗救助、药品监督体系；加强市和县区人民医院、中医院、专科医院建设，每个县区至少建成一所二级甲等医院；改善乡镇卫生院设施，完善新农合制度。

三是健全社会保障体系。加大财政对社会保障资金支持力度，扩大养老、医疗、失业、工伤、生育等社会保险覆盖范围，建立保障性社会保险、企业福利性保险和个人商业性保险等社会保障体系。实施新型农村养老保险制度，完善最低生活保障制度。加快福利设施建设，发展社会福利和慈善事业。实施一批民生工程，加大廉租房等保障性住房建设力度，启动公共租赁房建设。

第九章 总 结

减贫与发展一直是中国"三农"问题的核心主题。自 2011 年实施国家片区规划、2014 年开展精准扶贫精准脱贫工作以来,民族山区迎来了重大发展战略机遇,各片区积极推动两项工作,取得一定成效。但是在实际工作中,基层政府对精准扶贫与片区发展二者之间的关系没有进行深入思考,对如何处理二者关系也不甚清楚,往往以为"扶贫=发展",或者"发展>扶贫";2014 年开展精准扶贫工作以后,更是以扶贫代替发展,唯扶贫为一。正如中国扶贫研究中心主任张琦指出的,当前"片区区域发展与扶贫开发之间关系处理不清、缺乏结合"(张琦等,2015)。这一关系处理不好,导致县域经济社会发展(包括农业经济)、贫困减少成为两张皮,部门条块分割明显,各自为政,最后出现顾此失彼,个体减贫与区域发展都没搞好。

同时,在党中央和政府提出 2020 年脱贫摘帽、全面建成小康社会的目标,并指出"一个民族都不能少""决不能让一个苏区老区掉队"的大宏观背景下,少数民族和民族地区的减贫与发展问题显得非常重要,民族山区更成为当前我国减贫与发展的难点和硬骨头。这些地区是全国集中连片特困区、少数民族集中区、各省(自治区、直辖市)最落后地区,减贫与发展中出现的困难和问题较多。特别是距离两大目标实现仅剩三年情况下,中央和各省级政府出台了一系列促进民族地区发展的新政策,实施了多项减贫新举措,从而产生了一些新问题,例如,易地搬迁推进缓慢、金融扶贫效率不高、资金整合机制不畅、审计与责任担当等,需要深入地进行调查研究。

本书以湖北省为例,阐明民族山区如何处理精准扶贫与片区发展关系,反映地方政府推进两项工作中的成效、问题与困难,并提出相应政策措施建议。研究框架如图 9-1 所示。

按照上述思路,全书主体内容由八章构成,主要是对湖北民族山区的贫困状况和发展现状进行调查分析,并对精准扶贫精准脱贫的四大关键性措施予以考察,对片区的资源配置和规划实施情况予以分析,对民族山区扶贫和发展中的困难与问题进行剖析,进而提出在湖北民族山区,可以将精准扶贫工作和片区发展工作协同推进,将 2020 年按时脱贫摘帽和实现全面建成小康社会两大目标有机统一起来的观点。

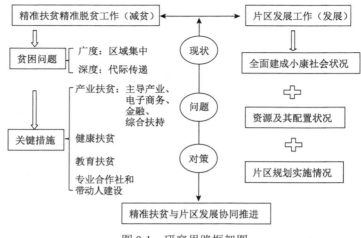

图 9-1　研究思路框架图

第一节　民族山区推进两项工作中存在的困难和问题

通过对湖北民族山区 10 个县市 20 多个乡镇的多次调查，我们发现以下几个方面。

（1）民族山区区域性贫困问题比较严重，主要特征为规模大、程度深。其中，贫困程度深的表现是贫困户中三分之一为长期贫困户，贫困代际传递现象非常普遍，一般经历过三代以上的贫困，时间跨度达到八十多年。①代际传递的主要内容有传统创收方式、传统观念、有限资源；②贫困在代际传递，既是由经济文化内在机制决定，也取决于自然地理条件、人文素质、产业选择和政策执行等外部因素。

（2）当前民族山区推进精准扶贫精准脱贫工作中存在一些紧迫性问题。主要表现为：①设定摘帽目标完成时间过早，销号任务分解过高过紧；②贫困对象识别程序不规范、要求不统一，致使数据不精准；③易地搬迁政策不够灵活、不切实际，工作推进难度较大；④资金整合仍存难度，与分部门审计的体制机制还未理顺；⑤健康扶贫政策含金量不高，无法阻断因病致贫返贫。

（3）民族山区健康和教育扶贫力度还不足以破解世代贫困问题。尽管健康和教育扶贫是民族山区最重要、最根本的两大扶贫方式，是打破贫困代际传递的关键措施，但因资金投入不足，目前民族山区健康扶贫、教育扶贫的力度还不够，特别是因上学成本上升出现教育致贫，以及因缺乏就业支撑致使教育脱贫功能减弱。在湖北民族山区，"知识改变不了命运""读书不如打工"等思潮正考验着教育扶贫政策措施的成效。

（4）当前，要高度重视减贫与发展中出现的基层组织化问题，以及政策资源被精英捕获的问题，保护穷人权益和扶贫资金绩效。①当前农村出现基层政府组织弱化、民间组织和个体能力强化现象，容易出现村霸、地主资本家等新型群体及组织。②当前农村出现减贫与发展政策资源配置向精英、能人、大户集中的现象，政府的扶贫政策被他们占有，真正的贫困群体并未得到扶助，这将拉大农村贫富差距，加剧社会矛盾和破坏基层稳定。③资产收益扶贫是化解村集体收益低和穷人增收的一种可尝试途径，湖北民族山区探索出土地产权入股、扶贫资金入股、小水电投资收益分红等三种模式，需警惕这一扶贫方式下出现的新集体资产收益分散流失问题。

（5）湖北民族地区全面建成小康社会进程较为稳定，2020 年基本可以达到建成目标。当前主要困难和问题是基础设施建设滞后，骨干产业培植乏力，农民持续增收困难，基础教育薄弱，人口素质和干部队伍素质急需提升。

（6）试验区的资源配置以中央和上级计划安排为主，欠缺地方自治和市场机制，导致配置低效。目前，政府对生产资料、金融行业、市场竞争和准入进行限制，中央对地方的干预比较多，造成资源配置低效。试验区的自治机制处于两难的境地：地方的自治权非常有限、地方自治权与市场自主权之间存在矛盾、区域协调困难。

（7）武陵山片区规划的实施在一定程度上促进了湖北民族地区发展，但存在"雷声大、雨点小"和悬空现象等问题。主要表现是：片区规划的支持政策和增加资金到位很少，重大项目很难落地；片区发展存在诸多困难，如农田基层水利薄弱、安全饮水问题尚未解决、产业趋同、公共服务保障水平低、城乡发展不平衡。值得关注的是，现阶段各县市把政府工作重点放在扶贫脱贫上，把县域经济发展放在次要位置。

第二节　协同推进两项工作的对策建议

出现以上问题，既有历史原因，也有国家宏观战略和政策变迁原因，更有地方政府认识不清、执政理念方面的原因。本书对此提出以下六条建议。

（1）正确认识和处理精准扶贫与片区发展两项工作的关系。实际上，扶贫脱贫工作与片区发展工作的目标、对象和内容存在相同点，精准扶贫可以成为促进片区发展的一种方式和途径。因此，今后一段时间要加强协同推进片区发展与精准扶贫工作，把县域经济发展和个体减贫有机结合起来；要把县域经济做大做强，进一步加大投资力度和产业范围，重点向农业产业、民生工程等领域倾斜；把农业产业、旅游服务产业作为扶贫的重点领域，同时加快民族文化和社会保障体系建设步伐，实现群众脱贫、片区发展两大目标的同步完成。

（2）在推进精准扶贫和片区发展工作中，可以分工协作。在精准扶贫工作中，重点抓产业、健康和教育等事关民族山区长远脱贫的领域；在片区发展工作中，重点推进交通畅通工程和骨干产业培育工程。地方政府要对健康和教育扶贫承担一定责任，县级政府应设立专项健康扶持基金，将贫困户的医疗卫生支出全部负担起来；要创造就业机会，加快职业技术教育发展，将教育与就业连接起来协同发展。

（3）推动片区发展（含试验区建设）过程中，要转变发展观念，理清中央与地方的关系与作用，简政放权；要对市场和政府的作用进行再认识，创新和利用市场手段，提高资源配置效率。

（4）稳步推进精准扶贫精准脱贫工作，防止冒进和突击扶贫。当前，地方政府要按照国家标准和时间进度调整民族山区脱贫销号任务，改善贫困对象识别和退出程序，动态看待贫困对象变化，抓好扶贫脱贫工作的重点原则、考核内容和工作对象；因地制宜、精准灵活推进易地搬迁工作，加强审计与扶贫部门的协调沟通，为资金整合保驾护航；加大资金投入，出台关键性政策。

（5）各级政府要将扶贫开发与特色农业建设结合起来，把电子商务、金融等关键扶贫政策用好用足。减贫与发展离不开1~2个主导产业，选择产业不能脱离当地实际。①民族山区主导产业是特色种养业+旅游服务业，要适应当前的供给侧结构性改革进行产业转换；②电子商务扶贫和金融扶贫两大工程可将民族山区的特色农业转化为增收产业。湖北省长阳县和宣恩县在此两方面摸索出适合自己的扶贫模式；恩施龙凤镇综合扶持、聚焦农业，将农业减贫作用发挥出来，值得推广。

（6）减贫与发展中既要发挥村组干部、企业大户和合作组织的带动作用，也要保护穷人利益。各级政府要认识到，在农业生产转型、劳动力外流加速、个体主义强化的新情况下，贫困村脱贫致富离不开村组干部、企业大户的示范带动。

参 考 文 献

陈端计, 杨莉莎, 史扬. 2006. 中国返贫问题研究. 石家庄经济学院学报, 29(2):166-169.

陈国阶, 方一平, 高延军. 2010. 中国山区发展报告——中国山区发展新动态与新探索. 北京: 商务印书馆.

陈全功, 李忠斌. 2009. 少数民族地区农户持续性贫困探究. 中国农村观察, (5): 39-48.

陈文江, 杨延娜. 2010. 西部农村地区贫困代际传递的社会学研究——以甘肃 M 县四个村为例. 甘肃社会科学, (4): 18-23.

邓维杰. 2014. 精准扶贫的难点、对策与路径选择. 农村经济, (6): 78-81.

丁煌, 吴艳艳. 2012. 政策执行过程中的隐蔽违规行为及其约束机制探讨. 社会主义研究, (2): 58-62.

杜宝贵. 2012. 公共政策资源的配置与整合论纲. 广东行政学院学报, (5): 18-22.

杜家毫. 2013-12-03. 加强分类指导实施精准扶贫. 人民日报, (16).

杜志雄, 詹琳. 2015. 实施精准扶贫新战略的难题和破解之道. 中国发展观察, (8): 23-26.

范建生. 2015. 精准扶贫 "一户一策" 是个好方法. http://focus.cnhubei.com/original/201508/t3368879.shtml[2016-03-19].

范小建. 2012-12-07. 开创中国特色扶贫开发事业新局面. 人民日报, (16).

方可成. 2012-02-16. 扶贫策略该变了. 南方周末, (3).

葛志军, 邢成举. 2015. 精准扶贫: 内涵、实践困境及其原因阐释——基于宁夏银川两个村庄的调查. 贵州社会科学, (5): 157-163.

宫留记. 2016. 政府主导下市场化扶贫机制的构建与创新模式研究——基于精准扶贫视角. 中国软科学, (5): 154-162.

龚晓宽, 王永成. 2006. 财政扶贫资金漏出的治理策略研究. 经济理论与经济管理, (6):43-47.

国家行政学院编写组. 2016. 中国精准脱贫攻坚十讲. 北京: 人民出版社.

国家统计局住户调查办公室. 2015. 中国农村贫困监测报告 2015. 北京: 中国统计出版社.

国务院发展研究中心农村经济研究部课题组. 2012. 中国特色农业现代化道路研究. 北京: 中国发展出版社.

韩斌. 2015. 推进集中连片特困地区精准扶贫初析——以滇黔桂石漠化片区为例. 学术探索, (6): 73-77.

韩春, 陈元福. 2011. 关注贫困女性 破解贫困代际传递陷阱. 前沿, (12): 13-15.

何电源. 1986. 关于开发武陵山区的几点设想. 农业现代化研究, (6): 13-15.

洪天云. 2011. 关于武陵山片区发展现代农业的若干思考. 中国扶贫, (21): 36-38.

湖北省扶贫开发办公室. 2012. 湖北省武陵山集中连片特困地区概况. http://www.hbfp.gov.cn/pggj/pgjg/7200.htm[2016-03-15].

湖北省扶贫开发办公室. 2015-09-28. 关于全力推进精准扶贫精准脱贫的决定. 湖北日报, (1).

湖北省扶贫开发办公室. 2016. 解读湖北健康扶贫政策要点. http://www.hubei.gov.cn/zwgk/zcsd/

201612/t20161206_925221.shtml[2016-12-16].

湖北省政府研究室、湖北省旅游局、湖北省扶贫开发办公室联合调研组. 2014-12-11. 实现恩施强
　　富美的科学路径——恩施州深入推进旅游扶贫的实践与启示. 恩施日报, (2)

黄承伟. 2011-07-18. 二论片区扶贫体系研究：片区扶贫战略研究的若干问题. http: //www.
　　sxsfpb. gov. cn[2015-06-27].

黄承伟, 覃志敏. 2015. 我国农村贫困治理体系演进与精准扶贫. 开发研究, (2)：56-59.

黄季焜, 章奇, Rozelle S. 2007. 中国农村贫困减缓的决定因素和有利于穷人的经济增长. 中国
　　国际扶贫中心, http: //www. iprcc. org. cn/ppt/2007-12-20/1198127087. doc[2016-01-20].

黄秀云. 2016. 精准扶贫模式及路径优化探析——基于恩施市龙凤镇扶贫试点的调查. 北方经
　　贸, (5)：24-28.

姜爱华. 2008. 政府开发式扶贫资金绩效研究. 北京：中国财政经济出版社.

蒋和平, 辛岭, 尤飞, 等. 2011. 中国特色农业现代化建设研究. 北京：经济科学出版社.

蒋显福. 1999. 走地方特色的开发脱贫之路. 政策, (9)：48.

金艳鸣, 雷明. 2006. 部门产出增加与减贫——基于贵州省社会核算矩阵的乘数分析应用. 山西
　　财经大学学报, 28(4)：30-34.

九三学社湖南省委员会. 2014-02-07. 关于我省武陵山片区分类发展与精准扶贫的对策建议.
　　http://www.hunan.gov.cn/zhuanti/2014hnslhzt/jj/taya49752/201402/t20140207_1028179.html
　　[2015-12-10].

克里斯滕森 L, 潘磊, 汪三贵. 2010. 落后地区减贫驱动因素——中国西部农村案例研究.
　　http://59.252.32.26/panda/Upload/Info/20100525164558001. Pdf[2013-10-15].

李鸥. 2014. 精准扶贫恩施市龙凤镇的政策背景、实施现状与对策建议. 清江论坛, (4)：55-58.

李鸥, 叶兴建. 2015. 农村精准扶贫：理论基础与实践情势探析——兼论复合型扶贫治理体系的
　　建构. 福建行政学院学报, (2)：26-33.

李文, 汪三贵. 2004. 中央扶贫资金的分配及影响因素分析. 中国农村经济, (8)：44-48.

李小云, 唐丽霞, 许汉泽. 2015. 论我国的扶贫治理：基于扶贫资源瞄准和传递的分析. 吉林大
　　学社会科学学报, (4)：90-98.

李小云, 于乐荣, 齐顾波. 2010. 2000—2008 中国经济增长对贫困减少的作用：一个全国和分区
　　域的实证分析. 中国农村经济, (4)：4-11.

李小云, 张雪梅, 唐丽霞, 等. 2006. 中国财政扶贫资金的瞄准与偏离. 北京：中国社会科学文
　　献出版社.

李晓明. 2006. 贫困代际传递理论述评. 广西青年干部学院学报, (2)：75-78, 84.

李裕瑞, 曹智, 郑小玉, 等. 2016. 我国实施精准扶贫的区域模式与可持续途径. 中国科学院院
　　刊, (3)：279-288.

梁军峰. 2012. 村民监督委员会：以权力制约权力的新机制. 科学社会主义, (2)：68-69.

林闽钢, 张瑞利. 2012. 农村贫困家庭代际传递研究——基于CHNS数据的分析. 农业技术经济,
　　(1)：29-35.

林潇. 2016-06-14. 全市易地扶贫搬迁推进会要求争分夺秒推进易地搬迁. 三峡日报, (1).

刘伯龙, 竺乾威, 何秋祥. 2011. 中国农村公共政策：政策执行的实证研究. 上海：复旦大学出
　　版社.

刘冬梅. 2001. 中国政府开发式扶贫资金投放的实证研究. 管理世界, (6)：123-131.

刘解龙. 2015. 经济新常态中的精准扶贫理论与机制创新. 湖南社会科学, (7): 34-37.

刘璐琳. 2012. 武陵山区扶贫开发的制约因素与政策建议. 宏观经济管理, (6): 71-79.

刘守敏. 2014. 实施精准扶贫之我见. 老区建设, (11): 39-41.

刘永富. 2015-12-15. 到 2020 年实现"两不愁三保障"核心是"两个确保". http://www.gov.cn/
　　xinwen/2015-12/15/content_5024145.htm[2015-12-17].

鲁丽梅. 2012. 论武陵山区域扶贫开发策略. 民族论坛, (7): 48-51.

陆汉文, 黄承伟. 2016. 中国精准扶贫发展报告(2016): 精准扶贫战略与政策体系. 北京: 社会
　　科学文献出版社.

罗楚亮. 2010. 农村贫困的动态变化. 经济研究, (5): 123-138.

罗凌. 2014. 关于精准扶贫的调查和思考. 中国乡村发现, (4): 134-138.

马良灿, 哈洪颖. 2017. 项目扶贫的基层遭遇: 结构化困境与治理图景. 中国农村观察, (1):
　　2-13.

彭裘林. 1999. 刍议扶贫开发与农业产业化的结合. 经济工作导刊, (4): 29-30.

彭信琼. 2016-11-10. 恩施州大力实施健康扶贫工程. 恩施日报, (1).

冉光和, 鲁钊阳. 2008. 扶贫资金运用中存在的问题及对策研究. 南京社会科学, (9): 68-74.

山西省农业厅. 2011-04-05. 山西临县实施片区扶贫开发推进农业现代化进程. 吕梁日报, (1).

沈红. 2000. 中国贫困研究的社会学评述. 社会学研究, (2): 91-103.

沈茂英. 2015. 四川藏区精准扶贫面临的多维约束与化解策略. 农村经济, (6): 62-66.

石柱县扶贫开发办公室. 2014. 关于深入推进农村扶贫开发实施精准扶贫工作的意见. http://
　　www.cqszx.gov.cn/zfxx/bmxxgk/fupinban/bmwj/2014-9/39271.html[2015-08-13].

帅传敏, 李周, 何晓军, 等. 2008. 中国农村扶贫项目管理效率的定量分析. 中国农村经济, (3):
　　24-32.

司树杰, 王文静, 李兴洲. 2016. 教育扶贫蓝皮书: 中国教育扶贫报告(2016). 北京: 社会科学
　　文献出版社: 3-5.

苏北. 2015. 扶贫深处是赋权. http://www.banyuetan.Org/chcontent/jrt/2015611/138800_2.html
　　[2015-06-20].

谭诗斌. 2012. 现代贫困学导论. 武汉: 湖北人民出版社.

谭贤楚. 2012. 西部民族山区农村返贫人口的基本状况与特征——基于恩施州的实证研究. 安
　　徽农业科学, 40(36): 17857-17858.

唐丽霞, 罗江月, 李小云. 2015. 精准扶贫机制实施的政策和实践困境. 贵州社会科学, (5):
　　151-156.

唐任伍. 2015. 习近平精准扶贫思想阐释. 人民论坛, (10月下): 28-30.

仝志辉, 贺雪峰. 2002. 村庄权力结构的三层分析. 中国社会科学, (1): 158-167, 208-209.

汪三贵. 2008. 中国扶贫资金的管理体制和政策评价. 老区建设, (3): 16-17.

汪三贵, 郭子豪. 2015. 论中国的精准扶贫. 贵州社会科学, (5): 147-150.

汪三贵, 张伟宾, 杨龙. 2016. 少数民族贫困问题研究. 北京: 中国农业出版社.

汪霞. 2012. "关系"对政府政策执行力的侵蚀及治理. 理论界, (7): 26-27.

王春福. 2005. 论公共政策的双重价值取向. 求实, (2): 61-63.

王海港. 2005. 中国居民家庭的收入变动及其对长期平等的影响. 经济研究, (1): 56-66.

王瑾. 2008. 破解中国贫困代际传递的路径探析. 社会主义研究, (1): 119-122.

王立, 王峥, 王永梅. 2012. 公共政策过程中的利益考量——基于利益相关者理论的分析. 管理学刊, (4): 80-84.

王培安. 2017-03-21. 实施健康扶贫工程 防止因病致贫返贫. 人民日报, (16).

王庆华. 2009. 论政策过程中的利益博弈与价值博弈. 中国行政管理, (10): 74-76.

王书华, 王元, 刘冬梅. 2012-11-19. 新时期片区扶贫开发的特征和政策建议——秦巴山区广元市调研的案例分析. 中国科学报, (3).

王思铁. 2014. 精准扶贫: 改"漫灌"为"滴灌". 四川党的建设(农村版), (4): 14-15.

温会礼. 2007. 论新形势下扶贫开发的"四个结合". 老区建设, (9): 9-11.

吴国宝. 2015. 实现精准扶贫的挑战及应对. 国家治理周刊, (38): 24-27.

希尔 M, 休普 P. 2011. 执行公共政策. 黄健荣等译. 北京: 商务印书馆.

夏静, 张晶. 2016-01-25. 教育精准扶贫的"湖北做法". 光明日报(06).

肖云, 严茉. 2012. 我国农村贫困人口对扶贫政策满意度影响因素研究. 贵州社会科学, (5): 107-112.

萧征龙. 2012. 试论新时期武陵山区农村扶贫开发的转型问题. 中共铜仁市委党校学报, (3): 16-20.

徐孝勇, 赖景生, 寸家菊. 2009. 我国农村扶贫的制度性陷阱与制度创新. 农业现代化研究, 30(2): 184-188.

亚洲开发银行. 2004. 亚洲开发银行与中华人民共和国: 共同致力于扶贫事业. http://www.docin.com/p-40343713.html[2014-10-23].

杨朝中. 2014. 构建精准扶贫的体制机制. 政策, (5): 53-55.

宜昌市发展和改革委员会. 2016. 宜昌市脱贫攻坚易地扶贫搬迁工作方案解读. http://www.ycfp.gov.cn/art/2016/2/3/art_41365_907431.html[2015-08-13].

岳希明, 罗楚亮. 2010. 农村劳动力外出打工与缓解贫困. 世界经济, (11): 84-98.

张兵. 2008. 贫困代际传递理论发展轨迹及其趋向. 理论学刊, (4): 46-49.

张萃. 2011. 中国经济增长与贫困减少——基于产业构成视角的分析. 数量经济技术经济研究, (5): 51-63.

张凤华, 叶初升. 2011. 经济增长、产业结构与农村减贫——基于省际面板数据的实证分析. 当代财经, (12): 14-21.

张丽君, 吴本健, 王润球, 等. 2017. 中国少数民族地区扶贫进展报告(2016). 北京: 中国经济出版社.

张立群. 2012. 武陵山片区可持续发展的路径探析. 武陵学刊, (7): 41-45.

张琦, 黄承伟等. 2015. 完善扶贫脱贫机制研究. 北京: 经济科学出版社.

张钦, 李松, 邹欣媛, 等. 2015. 人才短缺考验中国扶贫"冲刺期". http://www.banyuetan.org/chcontent/jrt/201592/149309.html[2015-12-01].

张晓宁, 惠宁. 2010. 新中国 60 年农业组织形式变迁研究. 经济纵横, (3): 78-81.

张秀兰, 徐月宾. 2007. 发展型社会政策及其对我们的启示. //第二届社会政策国际论坛文集, 北京:中国劳动社会保障出版社:146-177.

赵晓峰, 邢成举. 2016. 农民合作社与精准扶贫协同发展机制构建: 理论逻辑与实践路径. 农业经济问题, (4): 23-29, 110.

中共中央, 国务院. 2015-12-08. 中共中央 国务院关于打赢脱贫攻坚战的决定. 人民日报, (1).

中共中央组织部干部教育局, 国务院扶贫办行政人事司, 国家行政学院教务部. 2016. 精准扶贫
　　精准脱贫: 打赢脱贫攻坚战辅导读本. 北京: 党建读物出版社.

周敏慧, 陶然. 2016. 市场还是政府: 评估中国农村减贫政策. 国际经济评论, (6): 63-76.

周应华. 2005. 武陵山区新一轮扶贫开发和农业发展的战略对策. 农业经济问题, (4): 44-48.

朱玲. 2008. 在生命的起点阻止贫穷的代际传递. 中国人口科学, (1): 30-36, 95.

朱云, 吴春锋, 黄斌琼. 2014. 精准扶贫方式方法研究. 老区建设, (15): 41-44.

左停, 杨雨鑫, 钟玲. 2015. 精准扶贫: 技术靶向、理论解析和现实挑战. 贵州社会科学, (8):
　　156-162.

Aliber M. 2001. An overview study of the incidence and nature of chronic poverty in South Africa.
　　Forthcoming CPRC Working Paper.

Araujo M C, Ferreira FHG, Lanjouw P, et al. 2006. Local inequality and project choice: theory and
　　evidence from Ecuador. World Bank Policy Research Working Paper No. 3997.

Arrow K J, Hurwicz L. 2007. Studies in Resource Allocation Processes. New York: Cambridge
　　University Press.

Bardhan P. Mookherjee D. 2005. Decentralizing antipoverty program delivery in developing
　　countries. Journal of public economics, 89 (4): 675-704.

Behrman J R. 2006. Methodological note: using micro data to understand better the intergenerational
　　transmission of poverty in low income developing countries. Manchester IDPM/CPRC Working
　　Paper No.68.

Behrman J R, Murphy A, Quisumbing A R, et al. 2010. The impact of mothers' intellectual human
　　capital and long-run nutritional status on children's human capital Guatemala. CPRC Working
　　Paper No. 160.

Bird K. 2005. The intergenerational transmission of poverty: an overview. CPRC Working Paper No. 99.

Bird K. 2011. Stopping the intergenerational transmission of poverty: research highlights and policy
　　recommendations. CPRC Working Paper No. 214.

Bird K, Higgins K, McKay A. 2011. Education and resilience in conflict- and insecurity-affected
　　Northern Uganda. CPRC Working Paper No. 215.

Bird K, McKay A, Shinyekwa I. 2007. Isolation and poverty: the relationship between spatially
　　differentiated access to goods and services and poverty. Stellenbosch: Understanding and
　　Addressing Spatial Poverty Traps.

Burke W J, Jayne T S. 2008. Spatial disadvantages or spatial poverty traps: household evidence from
　　rural Kenya. MSU International Development Working Paper No.93.

Christiaensen L, Demery L, Kuhl J. 2006. The role of agriculture in poverty reduction: an empirical
　　perspective. World Bank Policy Research Working Paper 4013.

CPRC. 2005. The Chronic Poverty Report 2004–05, http://www.gov.uk/dfid-research-outputs/the-chronic-
　　poverty-report-2004-05 [2015-05-19].

FAO. 2004-04-16. Role of the forest industry in poverty alleviation. Canberra: FAO Advisory
　　Committee on Paper and Wood Products Forty-fifth Session. http://www.fao.org/docrep/007/
　　j3609e/j3609e09. htm[2015-01-15].

Grant K, Moore K, Royston S, et al. 2011. Policies for interrupting the intergenerational transmission of poverty in developed countries. CPRC Working Paper No. 199.

Hall A, Midgley J. 2004. Social Policy for Development. New York : SAGE Publications Ltd.

Harper C, Marcus R, Moore K. 2003. Enduring poverty and the conditions of childhood: lifecourse and intergenerational poverty transmissions. World development 31 (3): 535-554.

Jenkins S, Siedler T. 2007. Using household panel data to understand the intergenerational transmission of poverty. CPRC Working Paper No. 74.

Loayza N, Raddatz C. 2006. The composition of growth matters for poverty alleviation. World Bank Policy Research Working Paper 4077.

Moore K. 2004. Chronic, life-course and intergenerational poverty and South-East Asian youth. CPRC Working Paper.

Moore K. 2005. Thinking about youth poverty through the lenses of chronic poverty, life-course poverty and intergenerational poverty. CPRC Working Paper 57.

Peterman A. 2011. Widowhood and asset inheritance in sub-Saharan Africa: empirical evidence from 15 countries. CPRC Working Paper No. 183.

Platteau J P. 2004. Monitoring elite capture in community-driven development. Development and change , 35 (2): 223-246.

Ravallion M, Chen S H. 2004. China's (uneven) progress against poverty. Policy Research Working Paper Series 3408.

Ravallion M, Datt G. 1996. How important to India's poor is the sectoral composition of economic growth?. World Bank eonomic review, 10 (1): 1-25.

Rodgers J R. 1995. An empirical study of intergenerational transmission of poverty in the United States. Social science quarterly, 76 (1): 187-194.

World Bank. 1990. World development report 1990: poverty. New York : Oxford University Press.

World Bank. 2000. World development report 2000/2001: attacking poverty. New York: Oxford University Press.

附　　录

附表1　国家统计局《全面建成小康社会统计监测指标体系》

类别	权重		具体指标	计量单位	目标值（方案一）	目标值（方案二）		
						东部地区	中部地区	西部地区
经济发展	22	1	人均GDP（2010年不变价）	元	≥57 000	比2010年翻一番		
		2	第三产业增加值占GDP比重	%	≥47	≥50	≥47	≥45
		3	居民消费支出占GDP比重	%	≥36	≥36		
		4	R&D经费支出占GDP比重	%	≥2.5	≥2.7	≥2.3	≥2.2
		5	每万人口发明专利拥有量	件	≥3.5	≥4	≥3.2	≥3.0
		6	工业生产率	万元/人	≥12	≥12		
		7	互联网普及率	%	≥50	≥55	≥50	≥45
		8	城镇人口比重	%	≥60	≥65	≥60	≥55
		9	农业劳动生产率	万元/人	≥2	≥2		
民主法制	14	10	基层民主参选率	%	≥95	≥95		
		11	每万名公务人员检察机关立案人数	人/万人	≤8	≤8		
		12	社会安全指数	—	=100	=100		
		13	每万人口拥有律师数	人	≥2.3	≥2.3		
文化建设	14	14	文化及相关产业增加值占GDP比重	%	≥5	≥5		
		15	人均公共文化财政支出	元	≥150	≥150		
		16	有线广播电视入户率	%	≥60	≥60		
		17	每万人口拥有"三馆一站"公用房屋建筑面积	平方米	≥400	≥400		
		18	城乡居民文化娱乐服务支出占家庭消费支出比重	%	≥5	≥5		

续表

类别	权重		具体指标	计量单位	目标值（方案一）	目标值（方案二）		
						东部地区	中部地区	西部地区
人民生活	28	19	城乡居民人均收入（2010年不变价）	元	≥25 000	比2010年翻一番		
		20	地区人均基本公共服务支出差异系数	%	≤60	≤60		
		21	失业率	%	≤6	≤6		
		22	恩格尔系数	%	≤40	≤40		
		23	基尼系数	—	0.3~0.4	0.3~0.4		
		24	城乡居民收入比	以农为1	≤2.8	≤2.6	≤2.8	≤3.0
		25	城乡居民家庭人均住房面积达标率	%	≥60	≥60		
		26	公共交通服务指数	—	=100	=100		
		27	平均预期寿命	岁	≥76	≥76		
		28	平均受教育年限	年	≥10.5	≥10.5		
		29	每千人口拥有执业医师数	人	≥1.95	≥1.95		
		30	基本社会保险覆盖率	%	≥95	≥97	≥95	≥93
		31	农村自来水普及率	%	≥80	≥85	≥80	≥75
		32	农村卫生厕所普及率	%	≥75	≥80	≥75	≥70
资源环境	22	33	单位GDP能耗（2010年不变价）	吨标准煤/万元	≤0.6	≤0.55	≤0.62	≤0.65
		34	单位GDP水耗（2010年不变价）	立方米/万元	≤110	≤105	≤110	≤115
		35	单位GDP建设用地占用面积（2010年不变价）	公顷/万元	≤60	≤55	≤62	≤65
		36	单位GDP二氧化碳排放量（2010年不变价）	吨/万元	≤2.5			
		37	环境质量指数	—	=100	=100		
		38	主要污染物排放强度指数	—	=100	=100		
		39	城市生活垃圾无害化处理率	%	≥85	≥90	≥85	≥80

注：①全国单位GDP二氧化碳排放量暂无数据，待有关部门公布时再纳入计算；②复合指标环境质量指数中的PM2.5达标天数比例暂无数据，用城市空气质量达标二级以上天数占全年比重代替；③各地区单位GDP二氧化碳排放量、基尼系数、每万名公务人员检察机关立案人数、地区人均基本公共服务支出差异系数数据无法取得，可暂时不纳入计算

附表2　民族地区的经济自治权内容

《民族区域自治法》赋予经济自治权	相关内容	意义
制定经济建设的方针、政策和计划，自主地安排和管理地方性的经济建设事业的自治权	第25条规定："民族自治地方的自治机关在国家计划的指导下，根据本地方的特点和需要，制定经济建设的方针、政策和计划，自主地安排和管理地方性的经济建设事业。" 第26条规定："民族自治地方的自治机关在坚持社会主义原则的前提下，根据法律规定和本地方经济发展的特点，合理调整生产关系和经济结构，努力发展社会主义市场经济。 民族自治地方的自治机关坚持公有制为主体、多种所有制经济共同发展的基本经济制度，鼓励发展非公有制经济。"	这一规定使民族自治地方在制定地方国民经济和社会发展计划方面有了较大的自主权
管理、保护和优先开发利用自然资源的自治权	第27条规定："民族自治地方的自治机关根据法律规定，确定本地方内草场和森林的所有权和使用权。 民族自治地方的自治机关保护、建设草原和森林，组织和鼓励植树种草。禁止任何组织或者个人利用任何手段破坏草原和森林。严禁在草原和森林毁草毁林开垦耕地。" 第28条规定："民族自治地方的自治机关依照法律规定，管理和保护本地方的自然资源。民族自治地方的自治机关根据法律规定和国家的统一规划，对可以由本地方开发的自然资源，优先合理开发利用。" 《国务院实施〈中华人民共和国民族区域自治法〉若干规定》第8条规定："国家根据经济和社会发展规划以及西部大开发战略，优先在民族自治地方安排资源开发和深加工项目。在民族自治地方开采石油、天然气等资源的，要在带动当地经济发展、发展相应的服务产业以及促进就业等方面，对当地给予支持。 国家征收的矿产资源补偿费在安排使用时，加大对民族自治地方的投入，并优先考虑原产地的民族自治地方。 国家加快建立生态补偿机制，根据开发者付费、受益者补偿、破坏者赔偿的原则，从区域、流域、产业三个层面，通过财政转移支付、项目支持等措施，对在野生动植物保护和自然保护区建设等生态环境保护方面作出贡献的民族自治地方，给予合理补偿。"	《民族区域自治法》授权民族自治地方管理、保护和优先开发利用本地方自然资源，不但可使民族自治地方充分发挥自然资源的开发利用对经济增长的带动作用，而且民族自治地方可以利用这一权利对民族自治地方的企事业及上级国家机关的企事业在民族自治地方的资源开发行为进行严格的规范，保护和建设民族自治地方生态环境
广泛的财政、税收管理自治权	修改后的《民族区域自治法》第一次明确规定"民族自治地方在全国统一的财政体制下，通过国家实行的规范的财政转移支付制度，享受上级财政的照顾"，并且在"上级国家机关职责"一章中进一步规定"随着国民经济的发展和财政收入的增长，上级财政逐步加大对民族自治地方财政转移支付力度。通过一般性财政转移支付、专项财政转移支付、民族优惠政策财政转移支付以及国家确定的其他方式，增加对民族自治地方的资金投入，用于加快民族自治地方经济发展和社会进步，逐步缩小与发达地区的差距"。 《国务院实施〈中华人民共和国民族区域自治法〉若干规定》第9条规定："国家通过一般性财政转移支付、专项财政转移支付、民族优惠政策财政转移支付以及其他方式，充分考虑民族自治地方的公共服务支出成本差异，逐步加大对民族自治地方财政转移支付力度。上级人民政府有关部门各种专项资金的分配，应当向民族自治地方倾斜。 上级财政支持民族自治地方财政保证民族自治地方的国家机关正常运转、财政供养人员工资按时足额发放、基础教育正常经费支出。 上级人民政府出台的税收减免政策造成民族自治地方财政减收部分，在测算转移支付时作为因素给予照顾。 国家规范省级以下财政转移支付制度，确保国家对民族自治地方的转移支付、税收返还等优惠政策落实到自治县。"	这些规定的出台使财政转移支付制度在民族自治地方规范实施有了法律的保障，更为西部大开发提供了有力的财政支持。《民族区域自治法》有关财政转移支付制度的规定加大了国家和上级国家机关对民族自治地方的资金投入和扶持力度，为西部大开发及民族自治地方经济发展创造了重要且良好的外部条件

续表

《民族区域自治法》赋予经济自治权	相关内容	意义
广泛的金融、贸易自治权	2001 年修订后的《民族区域自治法》中设专条规定"民族自治地方根据本地方经济和社会发展的需要，可以依照法律规定设立地方商业银行和城乡信用合作组织"。 第 35 条规定："国家根据统一规划和市场需求，优先在民族自治地方合理安排资源开发项目和基础设施项目。国家在重大基础设施投资项目中适当增加投资比重和政策性银行贷款比重。" 第 56 条规定："国家根据民族自治地方的经济发展特点和需要，综合运用货币市场和资本市场，加大对民族自治地方的金融扶持力度。金融机构对民族自治地方的固定资产投资项目和符合国家产业政策的企业，在开发资源、发展多种经济方面的合理资金需求，应当给予重点扶持。国家鼓励商业银行加大对民族自治地方的信贷投入，积极支持当地企业的合理资金需求。" 第 57 条规定："国家根据民族自治地方的经济发展特点和需要，综合运用货币市场和资本市场，加大对民族自治地方的金融扶持力度。金融机构对民族自治地方的固定资产投资项目和符合国家产业政策的企业，在开发资源、发展多种经济方面的合理资金需求，应当给予重点扶持。" "国家鼓励商业银行加大对民族自治地方的信贷投入，积极支持当地企业的合理资金需求。" 第 31 条第一款规定："民族自治地方依照国家规定，可以开展对外经济贸易活动，经国务院批准，可以开辟对外贸易口岸。" 第 31 条第三款规定："民族自治地方在对外经济贸易活动中，享受国家的优惠政策。"	这些规定，不但赋予民族自治地方贸易管理自治权，而且使民族自治地方享有的民族贸易优惠政策具体化、扩大化，并获得有效的法律保障

附表 3　试验区享受的国家优惠政策情况

类别	内容	影响市场情况
财政政策	加大中央财政转移支付力度，提高基层工资水平，保障被征地农民权益	影响劳动力、资本、收入
税收政策	公共设施、环保、节能节水项目，三免三减半税收；国内不能生产的设备免关税	影响资本投资
金融政策	鼓励各种金融机构进入，支持金融机构可贷资金 70%留与当地，加大对中小企业金融支持，发展农业保险和扶贫保险	影响资本投资
投资政策	中央投资向农业、扶贫、民生、基建、生态倾斜，加大对技术、特色、新兴产业支持，区外企业投资，给予土地优惠	影响资本投资
产业政策	重点支持旅游、特色、民族、生态产业，在信贷、用地给予优惠，支持旅游企业发行债券	影响资本投资
土地政策	新增地优先满足易地扶贫和生态移民需要，深化林权制度改革，规范集体土地流转试点	影响市场自由度、影响资本投资
生态补偿政策	继续实施生态修复工程，对贫困村碳汇生态效益林进行补偿，鼓励下游区对片区的生态补偿	影响收入消费
帮扶政策	加大定点扶贫，定期选派干部挂职锻炼，加大社会扶持力度，鼓励教育机构与片区深度合作	影响人力资本

类别	内容	影响市场情况
扶持重点群体	民族商品贷款实行利率优惠，民族产业人员优先培训，落实补贴。率先实施学龄前儿童营养项目，实施义务教育营养计划，关注留守儿童，支持妇女创业。开展"双学双比"活动，多种项目改造优先安排残疾人家庭	影响人力资本
生产结构性改革	"三去一降一补"	影响资本投资
行政审批制度改革	简政放权	影响市场自由度
公务用车制度改革	取消一般公务用车，发放公务交通补贴	影响收入消费
财政预决算管理和财税制度改革	推进预算公开，规范地方政府债务管理	影响市场自由度
户籍制度改革	全面放开建制镇和小城市落户限制，有序放开中等城市落户限制，合理确定大城市落户条件，严格控制特大城市人口规模	影响市场自由度
收入分配制度改革	逐步扩大中等收入者比重，有效调节过高收入，缩减收入差距	影响收入消费
机关事业单位养老保险制度改革	退休养老金双轨制	影响市场自由度
城乡居民基本医疗保险制度改革	推进城镇居民医保和新农合制度整合，统一城乡居民医保制度	影响市场自由度
职业教育改革	保持中等职业教育与普通高中教育的比例大体相当，扩大高等职业教育的规模	影响人力资本
西部开发政策	西部地区国家鼓励类产业的内资企业和外商投资企业，在2010年内，减按15%的税率征收企业所得税。	影响资本投资
西部开发政策	民族自治地方的企业经省级人民政府批准可以定期减征或免征企业所得税	影响资本投资
西部开发政策	西部地区新办交通、电力、水利、邮政、广播电视等企业，实行"三减两免"	影响资本投资
西部开发政策	鼓励在华外商合资企业到西部地区再投资，其再投资项目外资比例超过25%的，享受外商投资企业待遇	影响资本投资
民族地区金融政策	国有商业银行继续对民族贸易和民族特需商品定点生产企业的正常流动资金贷款利率实行比正常的一年期流动资金贷款基准利率低2.88个百分点的优惠利率政策，优惠贷款利率不得上浮，从2006年1月1日执行	影响资本投资
老区税收减免政策	国家确定的"老、少、边、穷"地区的新办企业，可在3年内减征或免征所得税	影响资本投资
中国农业银行专项政策	中国农业银行逐年增加扶贫贷款总量，主要用于重点贫困地区，支持能够带动贫困人口增加收入的种养业、劳动密集型企业、农产品加工企业、市场流通企业，以及基础设施建设项目。对各类企业到贫困地区兴办的有助于带动贫困户增加收入的项目，应视项目效益给予积极支持。扶贫贷款执行统一优惠利率（目前年利率为3%），优惠利率与中国人民银行颁布的一年期贷款利率之间的利差，由财政据实贴息，贴息期限为1年	影响资本投资
产业发展税收优惠政策	农业产业化重点企业免税、林业所得收入免税、集成电路生产企业减免税收、高新技术企业减免税收	影响资本投资

续表

类别	内容	影响市场情况
科技人才政策	享受国家其他扶持的项目范围有：科技兴贸、知识产权保护网建设、商务信息一体化建设、品牌万里行、境外经济贸易合作区、东桑西移、万村千乡、万商西进、人才强商、国有流通减债脱困工程、服务外包、千百拾工程等	影响市场自由度、影响资本投资
其他鼓励政策	降低西部地区企业申请进出口经营权的标准，注册资金由300万元降低到 200 万元，科研院所、高新技术企业和机电产品生产企业申请自营进出口经营权的标准由 200 万元降低到 100 万元	影响资本投资
	企业国际市场开拓资金：国家对中小企业创办网站、出国考察、境外各项质量认证、境外展销等事项实行事后按总支出费用不高于 70%的补助	影响资本投资
	外贸发展促进资金：国家对参与国际信用保险、境外注册商标、境外质量认证等实行补贴、出口企业使用流动资金或技术改造进行贴息	影响资本投资
	名优品牌鼓励资金：国家、省对由商务部或商务厅组织认定的名优产品，对企业实行最高不超过 50 万元的创名优补贴资金;国家对出口纺织品、高新技术产品实行每出口 1 美元奖励 1~2分人民币;湖北省对农副产品出口实行 1 美元补贴 3 分人民币	影响资本投资

后　记

　　2011 年开始，中国政府将扶贫攻坚的重点放在 14 个集中连片特困地区，并实施促进片区发展的"区域发展与扶贫攻坚规划"，旨在实现区域和贫困个体同步发展。规划实施三年后，2014 年底，中国政府全面实施精准扶贫精准脱贫措施，得到各个片区地方政府的积极响应和落实，当地工作重心转向精准扶贫。这种工作重心的调整，虽然可以较好地完成 2020 年脱贫摘帽任务，但可能对县域经济的发展，即片区发展带来一定的冲击。当然，在贫困民族地区，瞄准贫困农户的扶贫工作与瞄准区域发展的片区工作可以统一起来，通过片区工作来帮助贫困人口摆脱贫困（即区域经济增长的涓滴效应）。

　　湖北民族山区是武陵山片区的重要组成部分，其贫困人口在规模和贫困深度上均比较突出，脱贫攻坚任务比较重；同时，该地区是县域经济发展的洼地，与湖北省平原地区和东部地区经济社会发展有一定差距。可以说，湖北民族山区的精准扶贫和片区发展两项工作需要同步推进。距离 2020 年全面建成小康社会、脱贫摘帽目标还剩不到三年时间，湖北民族山区地方政府面临巨大压力。

　　可喜的是，湖北省委、省政府非常重视民族山区的精准扶贫和片区发展工作，采取了一系列扶持措施；有关部门积极行动，按照中央和省级政府指示，大力推进各项工作，使得民族山区部分县市的减贫与发展目标提前实现。

　　在这一大的形势和背景下，湖北省政府有关部门多次组织对民族山区精准扶贫和片区发展两项工作的调查，我们有幸参与其中，近距离观察地方政府工作实况，倾听基层干部和贫困农户的呼声。同时，我们还获得国家民族事务委员会和湖北省哲学社会科学办公室的项目基金资助，多次赴一州两县进行调查。本书就是对多次调查内容的一次汇总。在此，要感谢提供实地调查机会的部门单位，包括湖北省人民代表大会民族宗教侨务外事委员会（第二章）、湖北省民族宗教事务委员会（第六章、第七章）、湖北省扶贫开发办公室（第八章），湖北省鹤峰县政府（第五章）等，以及国家民族事务委员会民族问题研究后期资助项目、湖北省社科基金项目（第一章、第二章）。全书部分章节内容以调研报告形式送交有关部门，得到有关领导批示，并得到公开发表许可，在此一并感谢。硕士生陶冶（第七章）、谢晓寅（第八章）参与相关章节内容和资料收集工作。感谢为调研考察提供帮助的恩施州民族事务委员会、恩施州扶贫开发办公室、恩施市扶贫开发办公室、宣恩县政府办公室和扶贫开发办公室、鹤峰县政府办公室和扶贫开发办公室、利川市政府办公室和扶贫开发办公室，长阳县、五峰县民族事务委员会和扶贫开发办公室，以及各县市乡镇政府；文中相关内容还未来得及与之协商，不恰当之处和相关法律责任由本书著者承担。

　　感谢中南民族大学为本书出版提供帮助，特别是李俊杰副校长、成艾华院长还提出一些建设性的建议。感谢湖北省社会科学院的向丽博士，一起完成相关调查和报告写作。感谢科学出版社的徐倩女士，为本书出版付出巨大心血。

中南民族大学经济学院　　程蹊　　陈全功

2017 年 6 月于武汉